Kunst-Reiseführer in der Reihe DuMont Dokumente

W0066481

In der vorderen Umschlagklappe: Übersichtskarte Münsterland

In der hinteren Umschlagklappe: Sammelbild Münster. Lithographie um 1845. Westfälisches Landesmuseum für Kunst und Kulturgeschichte, Münster, Westfalia Picta

Das Rathaus zu Münster. Zeichnung von Johann Friedrich Lange, Westfälisches Landesmuseum für Kunst und Kulturgeschichte, Münster, Westfalia Picta

Bernd Fischer

Münster und das Münsterland

Geschichte und Kultur.
Ein Reisebegleiter in das Herz Westfalens

DuMont Buchverlag Köln

Umschlagvorderseite: Münster, Dom (Foto: D. Rensing, Münster)

Vordere Umschlaginnenklappe: Bauernhaus bei Kattenvenne (Foto: D. Rensing, Münster)

Umschlagrückseite: Burgsteinfurt, Partie an der Burg (Foto: W. Otto, Oberhausen)

© 1982 DuMont Buchverlag, Köln
4. Auflage 1986
Satz und Druck: Rasch, Bramsche
Buchbinderische Verarbeitung: Boss-Druck, Kleve

Printed in Germany   ISBN 3-7701-1278-4

Inhalt

Erdgeschichte und Landschaft

Wer einen besonders intensiven Eindruck von der Landschaft dieser Region gewinnen möchte, der fahre vom Industriegebiet her über die Lippe ins Münsterland. Nördlich des Flusses beherrschen plötzlich nicht mehr die weithin sichtbaren Insignien der Schacht- und Fabrikanlagen, sondern ausgedehnte Äcker, Wiesen und Weiden das Blickfeld. Sie werden von Hecken gesäumt, gelegentlich schiebt sich auch das dunklere Grün wenig ausgedehnter Forsten vor die Weite des Horizonts, dazwischen liegen die für das Münsterland so charakteristischen Einzelgehöfte. Die Glanzlichter aber sind die zahlreichen Wasserburgen, die sich in dem kaum bewegten Wasser ihrer Gräften und Hausteiche spiegeln. Auch die Flüsse und Bäche fließen hier still und getragen dahin, und die Erhebungen, die den Namen ›Berge‹ führen, erreichen nicht einmal Höhen von 200 Metern. Dieses Bild einer in weiten Teilen intakten, noch weitgehend agrarisch geprägten Landschaft stören auch die vereinzelten Industrieanlagen, die wenigen größeren Städte und die eine große Stadt kaum.

Das Münsterland bildet den nördlichen Teil der Westfälischen Bucht, im Süden begrenzt von der Lippe, im Norden und Nordwesten von der Flußterrassenlandschaft des Niederrheins und den Niederlanden, im Norden vom niedersächsischen Emsland. Die Ostgrenze ist schwieriger zu bestimmen, weil der heutige Regierungsbezirk Münster die nordwestlichen Ausläufer des Teutoburger Waldes, also das Tecklenburger Land, einbezieht, das früher östlich der Grenze des Hochstifts Münster lag.

Die heutige Oberflächengestalt der Region ist wesentlich bestimmt durch die Ereignisse im ausgehenden Erdmittelalter (Kreidezeit) und zu Beginn des Quartärs, also der zweiten Periode der Erdneuzeit. In der Kreidezeit dehnt sich das Meer auf einen bedeutenden Teil Norddeutschlands wie auch in die Westfälische Bucht aus. Dieser Ausläufer der Norddeutschen Tiefebene, der tief in die Mittelgebirgszone hineinbuchtet, war damals noch stärker abgesenkt als heute; erst die Erhebungen des Rheinischen Schiefergebirges konnten so die Wassermassen aufhalten. Die Ablagerungen des Meeres bilden über dem Grundgestein mächtige Schichten aus weichem Mergel und den härteren Kalk- bzw. Sandsteinbänken. Ausgangs der Kreidezeit hebt sich die Region, das Meer wird als Folge davon nach Norden zurückgedrängt. Nun sind die Sedimente der Zerstörungsarbeit von Wind und Wasser ausgesetzt, wobei die weniger widerstandsfähigen Mergelschichten natürlich sehr viel stärker angegriffen werden als die härteren Kalk- und Sandsteine. Die recht erheblichen

Höhenunterschiede, die aus der Verwitterungstätigkeit entstehen, werden im Quartär, also im Verlauf der Eiszeiten, jedoch wieder ausgeglichen. Das Eis schleift die Höhen, und Geröll skandinavischen Ursprungs – vom Eis bis in unser Gebiet transportiert – füllt die Eintiefungen auf, die Flußgeschiebe aus dem Rheinischen Schiefergebirge tun dazu ein übriges.

Die markantesten Höhenzüge des Münsterlandes sind demnach Schichtstufen, die nicht völlig nivelliert worden sind. So bauen sich die Baumberge aus Kalksandstein, die Beckumer Berge aus Kalk- und Mergelbänken auf. Die durch die Tätigkeit des Eises entstandenen Kiessandrücken sind flacher, doch immer noch hoch genug, um die Ebene zu beherrschen. Auf einem dieser Rücken lag ja auch das ›monasterium‹ Liudgers, von dem später die Metropole der Region, Münster, ihren Namen erhalten sollte.

Die politische und kunstgeschichtliche Entwicklung des Münsterlandes innerhalb Westfalens

Wenn wir Annette von Droste-Hülshoff, der großen Dichterin dieses Landes, folgen wollen, dann ist es im Münsterland am westfälischsten, denn hier leben die »Stockwestfalen«. Den zahllosen unbekannten begegnen wir nur im Lande selber oder wenn wir in der geschriebenen Geschichte zwischen den Zeilen zu lesen verstehen. Leichter ist es, den berühmten unter ihnen auf die Spur zu kommen.

Im Zusammenhang mit der Frage nach dem geschichtlichen Raum Westfalen ist auch die nach seiner Kunst zu stellen. Bis zur Renaissance geht das ›typisch Westfälische‹ über die heutigen Grenzen hinaus, und Einflüsse von außerhalb werden aufgenommen, abgewandelt. Die Kunst des 17. und 18. Jahrhunderts ist noch am ehesten auf westfälisches Gebiet einzugrenzen: Renaissance und Barock lassen jenseits des Mains bis auf wenige Ausnahmen ihre bedeutendsten Werke im Fürstentum Lippe und in den Bistümern Münster und Paderborn entstehen, während das Kunstschaffen unserer Zeit kaum noch zu landschaftlich geprägten Sonderformen neigt.

Auch auf dem Gebiet der Kunst kann also keine allgemeingültige, einheitliche, einfache Antwort gegeben werden. Um so wichtiger scheint mir zu sein, worauf Anton Henze in der Einführung seiner ›Westfälischen Kunstgeschichte‹ hinweist: »Die abendländische Kunst unter europäischen Gesichtspunkten zu werten, ist nicht nur aus diesem Grund das Ideal der Kunstgeschichte; es ergibt sich vor allem aus der geistigen Einheit Europas ... Die Einheit Europas in der Kunst erweist sich nicht als gesichtsloses Einerlei, sondern als Einheit in der Vielfalt.« (Anton Henze, Westfälische Kunstgeschichte, Recklinghausen 1957, S. 8)

Kelten, Germanen und Römer bestimmten zunächst die Geschicke des Landes, bevor der Cheruskerfürst Arminius, ›Hermann der Cherusker‹, die germanischen Stämme im Kampf gegen die Römer zusammenführte und diese im Jahre 9 n. Chr. besiegte. Die Vertreibung der Besatzungsmacht war jedoch auf kulturellem Gebiet nicht unbedingt ein Fortschritt; es scheint vielmehr, daß selbst zivilisatorische Errungenschaften, die für die Römer längst selbstverständlich waren, nun noch längere Zeit unbekannt blieben. Auch war Arminius kein Westfale; sie gab es zu jener Zeit noch gar nicht, zumindest nicht unter diesem Namen. Erst im 8. Jahrhundert werden sie als Teil des sächsischen Stammesverbandes genannt.

Die Franken waren über den Rhein nach Osten vorgedrungen und hatten ihr Reich aufgerichtet. Karl der Große begann 772 mit dem Ziel der Christianisierung einen mehr als

Der vhralten Einwohner dieser Lienses Klepbunge, Dabit vnd manier ju geben. vacant,

Die »uhralten Einwohner« Westfalens, wie sie sich Hermann Fley in seinen ›Annales Circuli Westphalici‹, Köln 1640, vorstellte

dreißig Jahre dauernden blutigen Krieg gegen die Sachsen, in dessen Verlauf auch sein erbittertster Gegner, der Westfalenherzog Widukind, überwunden wurde. In jene Zeit fällt die Gründung der Bistümer Minden (um 787), Osnabrück (um 790–800), Münster (um 804) und Paderborn (um 806). Durchgeführte Grabungen, besonders nach dem Zweiten Weltkrieg, haben zu der Erkenntnis geführt, daß Werke karolingischer sakraler Baukunst auf westfälischem Boden in relativ großer Zahl zu finden waren. Dabei zeigte sich auch, daß die ›karolingische Renaissance‹ für die Architektur den ganzen Formenreichtum nutzte, der sich während der frühchristlichen Zeit unter den römischen Kaisern herausgebildet hatte. Spärlicher sind die erhaltenen Denkmäler auf den Gebieten der Plastik und Malerei. Allgemein gilt jedoch, daß die uns bis heute bekannten Zeugnisse karolingischer Kunst im ostwestfälischen Raum, in Minden, Paderborn und Corvey konzentriert sind.

Der erste große Missionar Sachsens in fränkischer Zeit war Liudger, Nachfolger des Abtes Bernrad, über den die Quellen nur spärliche Auskunft geben. Liudger kam aus Friesland, war in York und Utrecht ausgebildet worden und hatte in Werden ein Benediktinerkloster gegründet, das ihm als rückwärtiger Stützpunkt für seine Missionstätigkeit diente. Erst als er sah, daß diese Aufgabe im wesentlichen abgeschlossen war, ließ er sich am 30. März 804 vom ersten Kölner Erzbischof zum Bischof weihen. Das Domstift monasterium, um das sich dann die heutige Stadt Münster legte, wurde zum Zentrum der weiteren missionarischen und seelsorgerischen Arbeit.

Nicht nur in den Bischofsstädten wurde die unter Karl dem Großen begonnene und unter Otto I. weitergeführte Bautätigkeit fortgesetzt. Noch heute künden zahlreiche romanische Kirchtürme und Dorfkirchen überall im Lande von jener frühchristlichen Zeit in Westfalen.

Neben der Organisation des kirchlichen Raumes setzte Karl der Große auch eine Neuordnung im weltlichen Bereich durch. Die von ihm 782 eingeführte Grafschaftsverfassung reizte die freien westfälischen Bauern stets erneut zum Widerstand, und tatsächlich ist es zu keinen dauernden räumlich-politischen Einheiten gekommen. Der Wirkungskreis der Amtsgrafen blieb in der Hauptsache auf administrative Tätigkeiten beschränkt, dagegen erhielten – besonders seit Otto dem Großen – die eingesetzten Bischöfe und Äbte durch die Verleihung der Immunität (Unabhängigkeit von der administrativen und richterlichen Gewalt der Herzöge und Grafen) erhebliche Machtbefugnis. Die Ausübung der weltlichen Rechte über die kirchlichen Institutionen (Vogteirechte) wurde den Grafen entzogen und Vögten übertragen, die alle dem hohen Adel entstammten. Die Kirche wurde zur wesentlichen Stütze der königlichen Macht, und so ist es verständlich, daß sie als größter Grundbesitzer schließlich auch die umfassenden Hoheitsrechte über ihre Herrschaftsgebiete beanspruchte. Während Grafen und Herzöge die Grenzen ihrer Machtsphäre im Lande kaum abstecken konnten, war dies den geistlichen Fürsten schon möglich. Münster, die kleinste der westfälischen Diözesen, hat sich als erste von ihren Vögten befreit, und der Bischof beherrschte außer wenigen kleinen Territorien wie zum Beispiel Anholt, Steinfurt und Gemen das ganze Gebiet seines Amtsbezirks.

Während sich fast überall im Europa des 13. Jahrhunderts die basilikale Form in den großen Kathedralen vollendete, entwickelten sich in Westfalen die verschiedenen Spielarten der Hallenkirche. Was damals vielleicht als Anachronismus erschien, erweist sich in der Rückschau als Beginn eines Gegenstils, der die Baukunst weiter Räume vor allem des nördlichen Europa bestimmen sollte.

Die Zeit der Spätgotik ist es dann, in der westfälische Maler Werke von europäischem Rang schaffen. Dabei ist es interessant, daß »der Einflußraum der westfälischen Tafelmalerei in den Jahrzehnten nach 1400 fast genau dem geografischen Verbreitungsgebiet des westfälischen Hallentyps entspricht« (Henze, Westfälische Kunstgeschichte, s. auch S. 16 ff.).

Das künstlerische Leben ist selbstverständlich in Zusammenhang mit der allgemeinen politischen Entwicklung zu sehen. Gegen Ende des Mittelalters gewann das Bürgertum an Bedeutung. Die Städte schlossen sich untereinander zu Bündnissen wie der Hanse zusammen, und den Bischöfen wurde es in ihren Domburgen immer unbehaglicher, so daß sie sich außerhalb der Stadtmauern eine sichere Unterkunft suchten. Für den Bischof von Münster wurde Schloß Wolbeck zum bevorzugten Aufenthalt. Ebenso hartnäckig und erfolgreich wie die Städte um ihre Selbständigkeit kämpften, wehrten sich alle westfälischen Länder dagegen, daß eines von ihnen eine Übermachtstellung erreichen und dazu benutzen konnte, einen ›Einheitsstaat‹ zu bilden. Und doch tauchte im späten Mittelalter der Gedanke daran auf, besonders dann, wenn es darum ging, den Einfluß des Kölner Erzbischofs zurückzudrängen.

Im 15. Jahrhundert flammte ein alter Streit zwischen dem niederrheinischen Haus Mörs und dem niedersächsischen Haus Hoya um die Besetzung des Bischofsstuhls von Münster wieder auf, der Kampf zwischen den Parteien der beiden Kandidaten ist als Münstersche Stiftsfehde in die Geschichte eingegangen. Graf Heinrich von Mörs (1424–1450) war gestorben, und nun forderte die von den Gilden unterstützte Bürgerschaft Münsters den Grafen Erich von Hoya als neuen Bischof; gewählt wurde jedoch Walram von Mörs. Johann von Hoya, ein Bruder Erichs, wurde als ›Statthalter‹ des Stifts aufgestellt. Als der Papst Walram von Mörs bestätigte, kam es zur offenen Auseinandersetzung: Johann besetzte zugunsten seines Bruders die Burgen und Städte des Landes und bemächtigte sich der obersten Gewalt in der Stadt Münster. Seine Gegner ließ er vertreiben und ihr Eigentum beschlagnahmen, eine Maßnahme, die zur ›Verhansung‹, dem Ausschluß Münsters aus der Hanse, führte (1454–1458). Der Erzbischof von Köln, Dietrich von Mörs, griff militärisch zugunsten Walrams ein; in der Schlacht bei Varlar (1454) schlug er die münsterischen Truppen. Trotzdem fand Walram in Münster keine Bleibe, und erst als er in Arnheim gestorben war, wurde die Stiftsfehde endgültig beigelegt: Durch päpstlichen Beschluß wurde ein Neutraler, Herzog Johann von Bayern, Bischof von Münster.

Dortmund hatte sich als freie Reichsstadt behaupten können, und auch Soest war gegen seinen Landesherrn siegreich geblieben, doch beide waren sie von ihrem Hinterland getrennt worden. So fiel Münster die Vormachtstellung unter den westfälischen Städten zu. Der Entfaltung künstlerischen Lebens konnte dies nur förderlich sein. Die ersten Wirren der Reformation beendeten diese Jahrzehnte während ruhige Entwicklungszeit. Der Augsburger Religionsfriede (1555) überließ den Landesherren die Entscheidung über die Religionszugehörigkeit. So blieben die geistlichen Fürstentümer Westfalens auf der Seite des Papstes, die meisten weltlichen Herren jedoch führten die Reformation ein, und in den Städten kam es zu Volksbewegungen zugunsten der neuen Lehre. Während es in der Bischofsstadt Osnabrück verhältnismäßig ruhig blieb, hatten in Münster die Auseinandersetzungen zwischen Domkapitel und Bürgerschaft geradezu verheerende Folgen. Zwar wurde die Herrschaft der Wiedertäufer (s. S. 63 ff.) dann schließlich von Katholiken und Lutheranern gemeinsam zerschlagen, innerhalb der Stadt blieb den Evangelischen die Glaubensfreiheit jedoch versagt.

Mit der Übertragung der Religionshoheit auf den Landesherrn setzte eine Entwicklung zum absoluten Fürstenstaat ein, was auch für die Kunst nicht ohne Folgen bleiben konnte. Sprach sich im Bau der Hallenkirchen doch auch das Selbstbewußtsein der bürgerlichen Gemeinschaft aus, so übernahmen im 16. Jahrhundert wieder die Fürsten und der Adel die bestimmende Position. Zwar vergaben auch sie reichlich Aufträge an Architekten, Maler und Bildhauer, aber neue Entwicklungen förderten sie kaum.

Bereits Süddeutschland und Frankreich waren von der neuen, in Italien begründeten Stilbewegung verspätet erfaßt worden, Norddeutschland und damit auch Westfalen erreichte sie auf weiteren Umwegen: Von Osten griff die sogenannte Weser-Renaissance auf die Bistümer Minden und Paderborn über, die sich schließlich mit den von Westen aus den

Niederlanden einfließenden, besonders im Münsterland wirksam werdenden neuen Stilformen verband. Und zuerst waren es nur Teile der Architektur, an denen sich das neue Formempfinden aussprach; vor allem den Giebeln von Wasserburgen und Rathäusern galt das Interesse der Bauherren und Steinmetzen. Die alte gotische Dreiecksform erhielt seitliche Stufen, meist mit Halbkreisaufsätzen, deren Felder dekorativ, zum Beispiel mit einer Muschel, ausgefüllt wurden. Manchmal bekamen die Randprofile dieser Aufsätze noch einen ein- oder mehrfachen Kugelbesatz. Um den Giebel von dem Mauerwerk darunter deutlich abzuheben, setzte man seitlich Kragsteine an. So wurde dieser Gebäudeteil zu einer Schauwand gestaltet, die uns, trotz aller Wiederholungen, doch außerordentlich vielfältig im Münsterland begegnet. Daneben sind Erker und Auslucht weitere Bauteile, die besonders kunstvoll gestaltet wurden.

Der Dreißigjährige Krieg brachte sowohl der Landbevölkerung Westfalens als auch den Städten Armut und Rechtlosigkeit. Ein lohnendes Geschäft war er dagegen für die Heerführer; so ließ sich zum Beispiel Alexander II. von Velen seine Wasserburg Raesfeld zu einem prächtigen Schloß ausbauen. Im 1648 geschlossenen Westfälischen Frieden konnten die Bistümer Münster und Paderborn der drohenden Säkularisierung entgehen, und vor allem Münster gewann unter der Regierung des kriegerischen Fürstbischofs Christoph Bernhard von Galen (1650–1678) wieder an Macht. Er war der letzte, der noch einmal gemeinwestfälische Politik versucht hat. Ihm folgte der friedliebende Ferdinand von Fürstenberg, mehr Gelehrter als Politiker, auf dem Bischofsstuhl, wiederum gefolgt von Maximilian Heinrich aus dem Hause Wittelsbach. Er kümmerte sich jedoch kaum um sein

Fürstbischof Christoph Bernhard von Galen, zeitgenössischer Kupferstich

13

Bistum, sondern besorgte mehr die Geschäfte Ludwigs XIV. Ob danach die Wahl des Domkapitels mit Friedrich Christian von Plettenberg glücklicher war, mag bezweifelt werden. Zwar war er von westfälischem Adel, kam also aus den eigenen Reihen, unter Christoph Bernhard hatte er sich zum klugen Diplomaten ausgebildet, doch wie sein Vorgänger versprach er sich die größten Vorteile im Fahrwasser Frankreichs. Uns ist er vor allem als Bauherr bekannt: Schloß Ahaus wurde für ihn errichtet und das nach dem Versailler Vorbild geplante und ausgeführte Schloß Nordkirchen. Gingen von Westfalen für die Kunst von Renaissance und Barock auch keine überregional wirksamen Impulse aus – im Gegensatz zur Epoche der Hallenkirche –, so hat aber doch gerade das Münsterland ein paar Meister aufzuweisen, die den größten Künstlern dieser Zeit zuzurechnen sind: die Malerfamilie tom Ring (im 16. Jahrhundert), den Bildhauer Johann Wilhelm Gröninger (1675–1732) und den Baumeister Johann Conrad Schlaun (1695–1773). Bedeutendes leisteten Ludger tom Ring und seine Söhne Hermann und Ludger der Jüngere auf den Gebieten des Andachtsbildes, des Portraits und des Stillebens. Erst hundertfünfzig Jahre später konnten Gröninger und Schlaun die plastische und die Baukunst auf eine vergleichbare Höhe führen.

Besonders günstig für das Kunstschaffen gestalteten sich in Münster die äußeren Bedingungen ab der zweiten Hälfte des 18. Jahrhunderts: Nach Beendigung des Siebenjährigen Krieges gab es in Deutschland keine Gebietsveränderungen; Preußen behielt seine Besitzungen in Westfalen, die geistlichen Fürstentümer konnte es nicht annektieren. Während nun in Paderborn die Domherren und der Adel in erster Linie am eigenen Profit interessiert waren, hatte Münster im fürstbischöflichen Minister Franz von Fürstenberg eine Persönlichkeit, deren Tatkraft sich für das Land außergewöhnlich segensreich auswirkte. Vor allem um das Bildungswesen hat er sich verdient gemacht. Er führte nicht nur die Schulpflicht im Bistum ein, sondern er sorgte auch dafür, daß Lehrer ausgebildet und ausreichend bezahlt wurden (in einer Zeit, in der meist ausgediente Soldaten fehlendes eigenes Wissen durch den Rohrstock bei der Unterrichtung der Kinder ersetzten). Die Krönung seines Wirkens erreichte er mit der Gründung der Universität zu Münster, die 1780 eröffnet wurde (s. auch S. 89).

Nachdem schon Ende des 18. Jahrhunderts, befördert auch durch die Ereignisse der Französischen Revolution, die Existenz geistlicher Staaten immer mehr in Frage gestellt worden war, wurden mit dem Reichsdeputationshauptschluß von 1803 25 Fürstbistümer aufgehoben und ihr Besitz kassiert. Vorausgegangen war die Abtretung des linken Rheinufers an Frankreich, die dort begüterten Adligen mußten nun aus der Masse des rechtsrheinischen Kirchenguts entschädigt werden. Nutznießer dieser Transaktion aber ist vor allem Preußen, das seinen westfälischen Besitz etwa verdoppelt, ihm fällt auch der östliche Teil des ehemaligen Oberstifts Münster zu.

Nach dem Sieg Napoleons über Preußen kommt der größte Teil Westfalens an Frankreich, nach der Niederlage des Kaisers wieder an Preußen, Münster wird Sitz des preußischen Oberpräsidenten, Ludwigs Freiherrn Fincke. Ihm als gebürtigem Westfalen und hervorragendem Verwaltungsfachmann gelingt es, das Zusammenwachsen der neuen Provinz wesentlich zu fördern.

Franz von Fürstenberg (1729–1810)

Der westfälische Beitrag zur Kunst des 19. Jahrhunderts ist gering. Lediglich auf dem Gebiet der Literatur behaupten Annette von Droste-Hülshoff und Christian Dietrich Grabbe bis heute unumstritten ihren Rang. Auf dem Gebiet der Bau- und Bildhauerkunst wie der Malerei sind dagegen kaum gleichwertige Persönlichkeiten zu nennen. Zwar lieferten August Reinking (Schloß Velen, Haus Stapel) und Adolf von Vagedes (Schloß Varlar, Schloß von Korff in Harkotten) einige gute Beispiele klassizistischer Architektur, doch konnte sich der an der Antike orientierte Formenkanon nirgendwo in Deutschland für längere Zeit durchsetzen. Schon um die Mitte des 19. Jahrhunderts begann man in Neuromanik, Neugotik und Neurenaissance das mittelalterliche Erbe nachzuahmen.

Erst mit dem Beginn des 20. Jahrhunderts und der Geburt der modernen Kunst übernimmt auch Westfalen wieder eine führende Rolle, zwar zögernd, aber durch das Wirken zahlreicher Persönlichkeiten doch beispielgebend. Vor allem dem Sammler, Theoretiker und Förderer Karl Ernst Osthaus aus Hagen sind wertvolle Ideen und Impulse zu verdanken.

Nach dem Zweiten Weltkrieg sah sich besonders die Architektur vor neue Aufgaben und Anforderungen gestellt. In Münster schufen vier junge Architekten, Harald Deilmann, Max von Hausen, Paul Ortwin Rave und Werner Ruhnau ein neues Stadttheater, das die moderne westfälische Baukunst ins Gespräch brachte. Im sakralen Bereich bauten Dominikus Böhm und sein Sohn Gottfried in Münster die Antoniuskirche zu einem Raum aus, der das neue Selbstverständnis der Kirche liturgisch und künstlerisch spiegelt.

Die westfälische Hallenkirche

Die Baukonzeption der Hallenkirche ist keine westfälische Erfindung; im 11. und 12. Jahrhundert entstanden in Frankreich, Spanien, Italien und auch im süddeutschen Raum Hallenkirchen. (Die älteste bekannte in Deutschland steht allerdings auf westfälischem Boden: Es ist die Bartholomäuskapelle neben dem Dom in Paderborn.) Doch wurde in Europa überwiegend nach basilikalem Schema gebaut, das ja auch noch die großen Kathedralen der Gotik übernahmen. In Westfalen setzte sich indessen das Hallenschema durch und strahlte von hier vor allem nach Osten und nach Skandinavien aus.

Schon die Gewölbebasilika bevorzugte in Westfalen ab etwa 1200 breite Maße (während andernorts die Längsrichtung betont wurde); die Querschiffarme wurden verkürzt oder traten kaum in Erscheinung, so daß ein fast quadratischer Grundriß entstand, auf dem ein »bergender« Raum errichtet werden konnte. Die unterschiedliche Höhe von Mittelschiff und Seitenschiffen, die jeweils ihre eigenen Fenster in den Außenwänden besaßen, hatte indessen einen sich überschneidenden Lichteinfall zur Folge, der die beabsichtigte Ruhe in der Raumwirkung störte. In der Hallenkirche dagegen steigen alle Schiffe zur gleichen Höhe empor, so daß der Innenraum sein Licht nur durch die Seitenfenster empfängt.

Dies war die Grundidee, und die französische Hallenkirche beschränkte sich dann auch darauf, die Gewölbe von Mittelschiff und Seitenschiffen auf gleiche Höhe zu bringen. Die Längstendenz wurde dort beibehalten, und auch die Pfeiler behielten ihre trennende Funktion, so daß es nach wie vor bei dem nach Osten ausgerichteten Nebeneinander der Schiffe blieb.

Die westfälische Vorstellung von einem möglichst konzentrierten Raum führt nun hier zu weiterer Entwicklung des Grundschemas. Entsprechend dem fast quadratischen Grundriß wird den Gewölben die rhythmische Bewegung genommen; als einheitliches Netz überspannen sie Mittelschiff und Seitenschiffe. Da man sich mit wenigen, dafür um so breiteren Jochen begnügt, stehen die Stützen weit auseinander, sie besitzen keine wandbildende Kraft mehr; das von den Seiten hereinfallende Licht kann den Raum gleichmäßig ausleuchten.

Während überall im Europa des 13. Jahrhunderts Basiliken gebaut werden, hält man im westfälischen Raum am Hallenkirchenschema fest, bei dem sich regional verschiedene Typen unterscheiden lassen. Eine Spielart, die den Grundgedanken besonders konsequent verwirklicht, entsteht in der Grafschaft Mark um Hamm und Dortmund. Ein gemeinsames

Satteldach überspannt die drei Kirchenschiffe, deren kuppelige Gewölbe dem fast quadratischen Raum eine feierlich-ernste Ausstrahlung vermitteln. Während hier, wenn auch verkürzt, manchmal noch ein Querhaus in Erscheinung tritt, verzichten die wuchtigen Hallenbauten des Sauer- und Siegerlandes ganz darauf. Eine eigentümliche Schwere lastet ihnen an. Anders dagegen der Soester Typ (Kirche Maria zur Höhe, ›Hohnekirche‹), der die weitere Entwicklung besonders stark beeinflußte. Der Raum wird breiter und wirkt noch harmonisch-geschlossener. (Ein großartiges Beispiel für solche Auffassung ist die Lambertikirche in Münster.)

Die Architektur des Münsterlandes schließlich kann Einflüsse aus dem Rheinland, wo nach wie vor das basilikale Schema bestimmend ist, nicht verleugnen. In den Kirchen von Münster, Billerbeck, Coesfeld, Legden, Metelen und anderen Orten verbinden sich die bekannten Hallenmerkmale eigenartig mit basilikalen Elementen. Die Münsterländer Kirchen übernehmen die ›Gebundene Ordnung‹, in der auf jeder Seite zwei Nebenschiffjoche mit einem Joch des Mittelschiffs korrespondieren. Die dadurch notwendig werdenden zahlreichen und engstehenden Stützen erhalten also zwangsläufig wieder eine raumteilende Funktion, wenn man auch versucht, durch den regelmäßigen Wechsel von Säulen und Pfeilern eine gewisse Auflockerung zu erreichen. Auch am Außenbau wird diese Gliederung sichtbar, Pultdächer decken nun wieder die Seitenschiffe. Da sie aber bis zur Dachtraufe des Mittelschiffs ansteigen, erhält dieses keine eigenen Fenster.

Als sich erweist, daß die konstruktiven und ornamentalen Mittel der Gotik auch für die Verwirklichung der Hallenraum-Idee eingesetzt werden können, gewinnt die Hallenkirche wesentlich größere Dimensionen. Die Kirchen werden höher, gleichzeitig aber auch länger und breiter, so daß das aus den Anfängen bekannte quadratische Maßverhältnis in Grund- und Aufriß gewahrt bleibt. Große Fenster öffnen den Mauerkranz, das hereinströmende Licht macht den ganzen Raum überschaubar, durchsichtig; die erstrebte Einheitlichkeit wird im Inneren auf vollendete Weise erreicht. Dagegen erscheint der Außenbau außerordentlich vielteilig, vor allem in der Dachgestaltung. An die Stelle einer einzigen Satteldachhaube tritt meist ein Dachsystem, bestehend aus einem in Längsrichtung verlaufenden Mitteldach und über den Jochen der Nebenschiffe quergestellten Seitendächern. Von der Herforder Münsterkirche über den Paderborner Dom und die Osnabrücker Johanniskirche bis zum Dom in Minden folgen die Baumeister diesem neuen Typ, beobachten immer stärker die konstruktiven Möglichkeiten gotischer Bauweise, ohne jedoch die Raumvorstellung der Hallenkirche aus dem Auge zu verlieren.

Das Münsterland entwickelt in dieser Zeit wiederum eine Sonderform: die Stufenhalle. Sie ist eine Weiterentwicklung des Gebundenen Systems aus dem 13. Jahrhundert. Das überhöhte Mittelschiffgewölbe ruht auf fensterlosen niedrigeren Seitenwänden, wodurch im Inneren ein basilikaler Eindruck entsteht. Im Äußeren jedoch – anders als bei der in gebundener Ordnung errichteten Halle – vereinen sich alle Schiffe wieder unter einem einzigen weitgespannten Satteldach.

Es liegt nahe, nach den geistigen, religiösen und sozialen Kräften zu fragen, die diese Entwicklung gefördert und getragen haben. Betrachtet man die baugeschichtliche Entwicklung der Hallenkirche – die, wie gesagt, ihren Ursprung nicht in Westfalen hatte, aber hier zu einer für Europa gültigen Form des Kirchbaus wurde – im Zusammenhang mit der politisch-gesellschaftlichen Entwicklung auf unserem Kontinent, so ist nicht zu übersehen, daß sie im Zusammenhang mit dem wachsenden Selbstbewußtsein der Bürger in den Städten steht. Während die Kathedrale als Sinnbild einer hierarchischen Weltordnung verstanden werden kann, könnte man im Zentralraum der Halle – als Kirche wie auch als profane Versammlungsstätte – ein Symbol für das erstarkende Bürgertum sehen.

Die westfälische Tafelmalerei im 15. Jahrhundert

Während Westfalen auf dem Gebiet der Architektur bereits im 13. Jahrhundert eine Entwicklung einleitete, die auf einen großen Teil Europas Einfluß nahm, konnte es in der Malerei zunächst keinen gleichwertigen Beitrag leisten. Zwar fehlt es auch vor 1400 nicht an großartigen Einzelleistungen – denken wir vor allem an die Wand- und Gewölbemalereien in den Soester Marienkirchen (erste Hälfte des 13. Jahrhunderts) –, doch gelingt der Durchbruch zu einer sich fortbildenden Tradition noch nicht. Hierzu kommt es erst im 15. Jahrhundert, als sich die Tafelmalerei gegen die auf Wände und Pfeiler gemalten Bilder durchsetzt. Sie erlebt dann allerdings innerhalb weniger Jahrzehnte und Künstlergenerationen eine großartige Entwicklung, die sich zunächst auf einen einzigen Gegenstand konzentriert, den Flügelaltar. Hier begegnen uns immer wieder die Passion Christi in großen Bildfolgen wie auch Szenen aus der Jugend Jesu und aus dem Leben Marias.

Das späte Mittelalter brachte vielen Städten nicht nur wirtschaftlichen Wohlstand, auch die bildenden Künste erlebten eine beachtliche Blütezeit, die für die westfälische Tafelmalerei des 15. Jahrhunderts mit dem Werk Conrads von Soest beginnt. Seine Abstammung ist nicht eindeutig geklärt, man nimmt an, daß er ein Sohn oder Enkel jenes »Wernerus pictor de Sosato« war. Bei diesem Maler Werner mag das »de Sosato« noch die Herkunft bezeichnet haben, Conrad führt das ›von Soest‹ lediglich als Beinamen; als er 1394 heiratet, ist er Dortmunder Bürger. Beziehungen zu Soest bestehen aber wohl doch, denn eines seiner Frühwerke malt er für die dortige Nikolauskapelle. Die in den folgenden Jahrzehnten geschaffenen Bilder spiegeln deutlich, woher der Dortmunder Meister um die Jahrhundertwende – wie andere deutsche Maler und Bildhauer auch – Anregungen erhält und wo er neue Ausdrucksformen erlernt: in Frankreich. Auf einem kleinen Altarflügel (Alte Pinakothek, München), der auf der ehemaligen Außenseite Dortmunds Stadtpatron St. Reinold zeigt, falten und wölben sich die Gewänder in sanftem, weichem Schwung. Die Kunst der francoflämischen Buchmaler wird für Conrad auf dieser Reise in den Westen fruchtbringend; er darf im nördlichen Deutschland als Hauptvertreter des Weichen Stils (einer Stilerscheinung in der gotischen Malerei und Plastik) gelten, der seine Zeitgenossen hier bei weitem überragt. Seine Erfahrungen fließen ein in den ›Wildunger Altar‹ (Stadtkirche, Bad Wildungen) – übrigens der einzige, der uns Conrads Namen überliefert.

Das letzte uns bekannte Werk des Meisters ist der Hochaltar in der Dortmunder Marienkirche. Wenn auch die Tafeln unglücklich beschnitten wurden, als man sie 1720 in einen barocken Altaraufbau einfügte, so zeigen die Bilder doch nicht nur die persönliche Weiterentwicklung des Conrad von Soest als Maler, sondern auch, daß er damit einen Beitrag zur Kunst der Übergangszeit vom Mittelalter zur Renaissance geleistet hat. Die früher kleinteilige, bewegte Darstellungsweise ist hier aufgegeben worden zugunsten einer stärkeren Monumentalität. Conrad konzentriert sich auf größere Gruppen, ohne durch erzählendes Beiwerk vom eigentlichen Thema abzulenken. So stellen die drei Bildfelder mit wenigen Figuren die Geburt Christi, die Anbetung des Kindes durch die Könige und den Tod Mariens dar. In einfachen, leuchtenden Farben heben sich die Gewänder vom Goldgrund ab. Doch ist bei aller Betonung farbiger Flächen auch eine plastische Wirkung erreicht worden; dem Spiel der Hände gibt der Künstler eine ungemeine Zartheit.

Fast alle Zeitgenossen des Conrad von Soest lehnen sich in den ersten drei Jahrzehnten des 15. Jahrhunderts an seinen Stil an. Lediglich bei dem Daruper Altar eines unbekannten Meisters (s. S. 20) – entstanden um 1430 – ist man geneigt, eine selbständige Leistung zu erkennen. Wie Conrad hat auch er offensichtlich Anregungen von der nordfranzösischen Buchmalerei empfangen, doch geht er bei der Darstellung der Natur mehr ins Detail als jener. In die unmittelbare Nähe dieses Malers gehört auch der Meister des Warendorfer Altars (s. S. 209 f.). Bei diesen Meistern vollzieht sich innerhalb der nur gering variierten religiösen Sujets, die auf den ersten Blick die große Konformität der verschiedenen Werke bedingen, eine sehr charakteristische Wende. Sie wird deutlich vor allem in der individualisierten Darstellung der Stifterfiguren und der Hineinnahme von alltäglichen Erfahrungen in die biblische Thematik.

Die folgenden westfälischen Malergenerationen, deren bedeutendste Meister aus dem Münsterland stammen, treiben diese Entwicklung weiter. Als erster muß hier der nach seinem Hauptwerk, dem um 1445 entstandenen Flügelaltar in der Schöppinger Pfarrkirche (s. S. 291 und Abb. 51), benannte Meister von Schöppingen erwähnt werden. Nur wenig früher (1443) hat er einen wohl für das Kloster Bentlage bei Rheine gestifteten Altar gemalt, von dem die Mitteltafel erhalten ist (heute im Westfälischen Landesmuseum, Münster). Zentrale Figur ist der heilige Nikolaus (er allein ist mit lehrender Gebärde dargestellt), der von Gregor und Hieronymus auf der einen und Ambrosius und Augustinus auf der anderen Seite flankiert wird. Der sogenannte Halderner Altar (um 1445) befindet sich jetzt im Kölner Dom. Die Gliederung folgt noch dem Wildunger Altar Conrads von Soest: in der Mitte ein großes Kreuzigungsbild und davon durch farbige Streifen getrennt auf den Seiten und Flügeln kleinere Darstellungen aus der Leidensgeschichte. In der Auffassung ist jedoch der Fortschritt deutlich zu erkennen: Zwar liegt der Himmel immer noch als Goldgrund über dem Horizont, umgeben große Nimben (Heiligenscheine) als reichgepunzte Scheiben die Köpfe der heiligen Personen, aber viele Details – zum Beispiel die Hände, Pflanzen, ein Steg – halten die reale Welt im Bild gegenwärtig. So steht das gesamte Werk des Schöppinger Meisters in einer Übergangsphase; es lebt aus der Tradition und öffnet sich bereits dem neuen Realismus.

Es wird angenommen, daß der Meister von Schöppingen identisch ist mit Dietrich zur Wayge, der 1429 als Diderick Meler im Bürgerbuch von Coesfeld eingetragen ist. Das würde auch zu der Vermutung passen, bei der in der Kalvarienbergszene des Schöppinger Altars am Bildhorizont dargestellten Stadtansicht handele es sich um die von Coesfeld.

Genaueres wissen wir dagegen über die Person Johann Koerbeckes, der zentralen Malerpersönlichkeit im Westfalen des 15. Jahrhunderts. Ab etwa 1440 lebt er als geachteter und wohlhabender Bürger in Münster, und dort stirbt er auch, hochbetagt, am 13. Juli 1491. Zum Frühwerk des Malers zählt ein Passionsaltar, den er in den vierziger Jahren für das Augustinerinnenstift Langenhorst schuf (heute im Westfälischen Landesmuseum, Münster). Schon hier deutet sich an, in welche Richtung das Realitätsverständnis Koerbeckes tendiert, nämlich zur Charakterisierung der in den Szenen dargestellten Menschen, die sich wie spontan zu Gruppen zusammenfinden. Man vergleiche damit die kunstvolle Komposition im Wildunger Altar. Wo Conrad von Soest die Trauer der Frauen in überirdisch verklärten Gesichtern zurücknimmt, scheut sich Koerbecke nicht, sie auf den bäuerlichen Zügen seiner Maria nach außen dringen zu lassen.

Die Impulsivität, die den Langenhorster Altar kennzeichnet, entwickelt sich zu sicherer, prägnanter Aussage in dem 1457 vollendeten Altar für das Zisterzienserkloster Marienfeld (Farbt. 7, 8). Dabei werden die Landschaften und städtischen Szenerien ausführlicher geschildert. Man muß versuchen, sich die heute verstreuten Teile im Zusammenhang vorzustellen, um den formalen Unterschied zwischen den Passionsbildern auf den Flügelaußenseiten und den gemalten Szenen aus dem Marienleben auf den Innenseiten zu würdigen und zu deuten. (In der ehemaligen Klosterkirche befindet sich nur noch die thronende Muttergottes aus dem geschnitzten Mittelschrein des Altars.) Die Passionsbilder lassen leicht das in reiferer und bereicherter Form erkennen, was im Frühwerk bereits angelegt war, doch »das Revolutionäre dieses ersten Realismus, der wie ein Protest wirkt gegen die Schönheitlichkeit der vorangehenden Generation, wird jetzt abgemildert, ohne in irgendeiner Weise an Kraft zu verlieren« (Paul Pieper, Meisterwerke der gotischen Malerei Westfalens, Honnef o. J., S. 14). Die Bilder der Flügelinnenseiten dagegen erscheinen wie ein Kompromiß mit der Malweise einer Zeit, die man überwunden glaubte. Die altertümliche Komposition, der Goldgrund des Himmels und die meist archaische Haltung der Personen erinnern an Stephan Lochner, der sich ja ganz bewußt am mittelalterlichen Formenkanon orientierte. Zu verstehen ist diese Malweise, wenn man bedenkt, daß die Flügelinnenseiten der Muttergottesstatue und den Reliquienbüsten im Mittelschrein zugewandt waren und mit diesen zusammen betrachtet wurden. Bei genauerem Hinschauen wird man die realistische Haltung Koerbeckes jedoch nicht übersehen: Vor allem im Gesichtsausdruck der dargestellten Personen gibt sie sich zu erkennen.

Das Westfälische Landesmuseum in Münster besitzt noch ein Bild Koerbeckes, das nach seinem Hauptwerk, dem Marienfelder Altar, entstanden ist: die ›Taufe Christi‹, wohl Teil eines um 1460 gemalten Johannesaltars. Idealistische und realistische Elemente verschmelzen hier noch einmal und stellen den Meister als selbständigsten seiner Zeit vor.

Wieder unbekannt ist der Schöpfer des zentralen Werks der dritten Malergeneration: der Meister des (1465 geweihten) Altars von Liesborn (s. S. 169). Auch dieser Altar ist nur in Resten erhalten, die nun in London und in Münster aufbewahrt werden.

Der zarte lyrische Stil zeigt den Anschluß an die Kunst Kölns, der Goldgrund, die nur stellenweise angedeutete Landschaft und die Anmut der Engel und Heiligen scheinen wie ein Rückgriff auf Conrad von Soest. Und doch sind die gerade gewonnenen Mittel des frühen Realismus nicht etwa verloren oder in Vergessenheit geraten. Sie werden vor allem in den Köpfen wirksam, deren Gesichtszüge durchaus individuell gestaltet sind, statt des etwas derben, vordergründigen Realismus bei Koerbecke jedoch von edler Schönheit beseelt sind. So stellt der Meister von Liesborn in seinem Werk noch einmal den metaphysischen Bezug her, indem er den Menschen als Gefäß des Heiligen erkennbar und begreifbar macht.

Bäuerliches Wohnen und Volkskunst

Die Unterschiede zwischen dem Münsterland und den übrigen westfälischen Gebieten werden besonders in den Siedlungsformen deutlich. Im ›gebirgigen‹ Süden Westfalens, der ja bis an die Grenzen von Rheinland-Pfalz und Hessen reicht, herrscht das Haufendorf vor, dessen Bauernhäuser eng aneinanderrücken; der Ostteil, zwischen Teutoburger Wald und Weser, zeigt bereits die auch für Niedersachsen so typischen Straßen- und Runddörfer. Das Münsterland dagegen wird geprägt von weit auseinanderliegenden Einzelhöfen; nur Handwerker und Händler fanden sich in geschlossenen Ortschaften zusammen.

Unterschiedlich wie die westfälischen Landschaften und in ihnen die Siedlungsformen sind auch die jeweiligen Haustypen, wenn sie auch verwandte Züge nicht verleugnen. Aus dem germanischen Hallenhaus entwickelte Westfalen im Zeitalter der Hallenkirche das Ständerhaus, das unter einem mächtigen Giebeldach allen Bereichen bäuerlichen Lebens Platz bot. Sowohl in Nordwestfalen als auch im Sauerland reihen sich die Tenne mit den Ställen, die Küche und die Wohnräume hintereinander. Der hohe, breite Eingang zur Tenne befindet sich in der vorderen Giebelseite.

Im Grundriß gleicht das typische münsterländische Bauernhaus also dem des Sauerlandes und dem am Hellweg. Der Hauptunterschied besteht darin, daß man dort meist zweistöckig baute, im Münsterland dagegen einstöckig. Das hohe, oft tief heruntergezogene Satteldach beherrscht das äußere Bild und läßt an die Zelte der einst nomadisierenden germanischen Bauern denken. Eine zunächst lockere Aufteilung bewirkten die aufgestellten Tragpfosten, die den Innenraum zu einer dreischiffigen Halle gestalteten. Mittelpunkt war das offene Herdfeuer, von dem aus die Hausfrau alles überblicken konnte: Kinder und Gesinde, das Vieh und die eingebrachte Ernte, die auf Spalthölzern unter dem Dachstuhl gelagert wurde. Da es noch keinen Kamin gab, durchzog der Rauch das ganze Haus; er konservierte dadurch das Holz, trocknete die aufgehängten Schinken und Würste, tötete Ungeziefer und nahm den Stalldunst mit zum Deelentor hinaus.

Im Laufe der Zeit wurde diese Hausform technisch weiterentwickelt; die Bauten wurden breiter, die seitlichen Stallungen pultartig abgedeckt, die Felder zwischen den Stützbalken mit Wänden aus Flechtwerk und Lehm ausgefüllt.

Die Münsterländer Bauern siedelten in Einzelgehöften inmitten der zugehörigen Felder, Wiesen und kleinen Waldungen. Wassergräben und Wallhecken schützten und grenzten gegen die Nachbarn ab. Aus diesen Höfen der Freien entwickelten sich dann die vielen kleinen Wasserburgen des Dienstadels, an denen das Münsterland auch heute noch so reich ist. Die meisten von ihnen entstanden im ausgehenden 13. und besonders im 14. Jahrhundert. Der ländlich-bäuerliche Charakter ist ihnen gemeinsam, liegen sie doch inmitten der Landwirtschaft und lebten doch die Burgherren als Bauern unter Bauern. Die schlichte Bezeichnung ›Haus‹ deutet darauf hin, daß sie aus Stein gebaut wurden. Noch 1745–1748 schuf sich kein Geringerer als der große westfälische Barockbaumeister Johann Conrad Schlaun mit Haus Rüschhaus einen Sommersitz, der an den Typ des münsterländischen Bauernhauses anschloß.

»Möbel und Gerät folgten dem Gesetz des Hauses. Die hochbeinige gotische Truhe, der zweitürige Kastenschrank und vor allem der niedrige Dreiecksessel des 15. Jahrhunderts hielten sich in schlichter Zweckform bis in das 19. Jahrhundert.« (Henze, Westfälische Kunstgeschichte, S. 378) Der Ausstattung des Herdplatzes galt besondere Aufmerksamkeit. Herdplatte, Feuerzange, Kesselhaken, Feuerhaube und Blasebalg wurden oft kunstvoll gestaltet. Die Töpferwaren wurden sorgfältig geformt und phantasievoll verziert. Viel Liebe zum Detail verraten die aus früheren Jahrhunderten herübergeretteten Weihnachtskrippen. Die holzgeschnitzten oder aus Wachs modellierten Figuren stellen westfälische Bauern, Kiepenkerle und adelige Damen und Herren dar. Auch im sakralen Bereich tat sich die westfälische Volkskunst hervor: in der Gestaltung der leinenen Fasten- oder Hungertücher, mit denen früher während der Fastenzeit der Altar verhängt wurde, bevor man im 17. und 18. Jahrhundert dazu überging, nur noch das Kruzifix zu verhüllen. Ein hervorragendes Beispiel ist das Hungertuch von 1623 aus der Pfarrkirche von Telgte (heute im dortigen Heimathaus Münsterland, s. Abb. 70). Tatsächlich lebte gerade im Münsterland dieser Fastenbrauch vielerorts fort, und heute wird er ja auch in anderen Landschaften wieder aufgegriffen.

Münster – Kunstwanderungen in der Metropole

> »Von allen Städten Westfalens ist Münster die vornehmste, ja, in ganz Deutschland gibt es keine, die ihr darin gleich kommt.«
>
> *Ricarda Huch, 1927*

Als die Dichterin Münster derart charakterisierte, stand ihr ein Stadtbild vor Augen, das bei aller Vielfalt doch seine Geschichte wie kaum ein anderes erkennen ließ. Den Dom als Mittelpunkt umgaben der Kranz der Domkurien, Pfarr- und Stiftskirchen, die Märkte und Bürgerviertel, die Adelspaläste aus der höfisch-dynastischen Epoche der Renaissance und des Barock und schließlich der grüne Ring der alten Wälle. Dann legten die Bomben des Zweiten Weltkriegs das meiste in Schutt und Asche, und die Stadtväter hatten sich nach 1945 zu fragen, ob nun, wie in vielen anderen alten Städten, die ebenfalls zerstört worden waren, ein modernes, ›großzügiges‹ Straßennetz angelegt werden sollte. Doch man beschloß, für die Altstadt den historischen Grundriß beizubehalten. Zu einer Zeit, als noch niemand von sogenannten Fußgängerzonen sprach, bemühten sich also die Verantwortlichen in Münster gar nicht erst, das Zentrum für Autofahrer optimal zu erschließen; der gewaltige Anstieg des Verkehrsaufkommens, der in den sechziger und siebziger Jahren dazu zwang, das Innere fast aller Großstädte für private Fahrzeuge zu sperren, sollte den münsterschen Stadtplanern recht geben. Man begann hier also mit dem Wiederaufbau nach jahrhundertealten Grundrissen und Mustern. Wo es möglich war und angebracht schien (wie zum Beispiel bei Dom und Rathaus), wurde alter Bestand restauriert oder werkgetreu nachgebaut; auf anderen Plätzen ging man mit den gewachsenen Strukturen freier um und versuchte nur, das alte Bauensemble atmosphärisch genau wiederzugeben (zum Beispiel am Prinzipalmarkt). Wer die Entwicklung Münsters an seiner Baugeschichte nachvollziehen will, ist also nicht nur auf vereinzelte, isolierte Objekte angewiesen; er darf sich auch heute noch wichtige Aufschlüsse für sein Vorhaben von der Anlage der Stadt erhoffen.

Am Anfang war der Dom

Im Laufe der Geschichte hatten die verschiedenen Stilepochen ihre eigenen – auch städtebaulichen – Schwerpunkte; räumlicher und geistiger Mittelpunkt aber war und ist der **Dom.**

Nur wenige Zeugnisse geben über die Gründung und anfängliche Entwicklung Münsters Auskunft. Folgt man der einzigen Quelle, die uns von der Entstehung der westfälischen

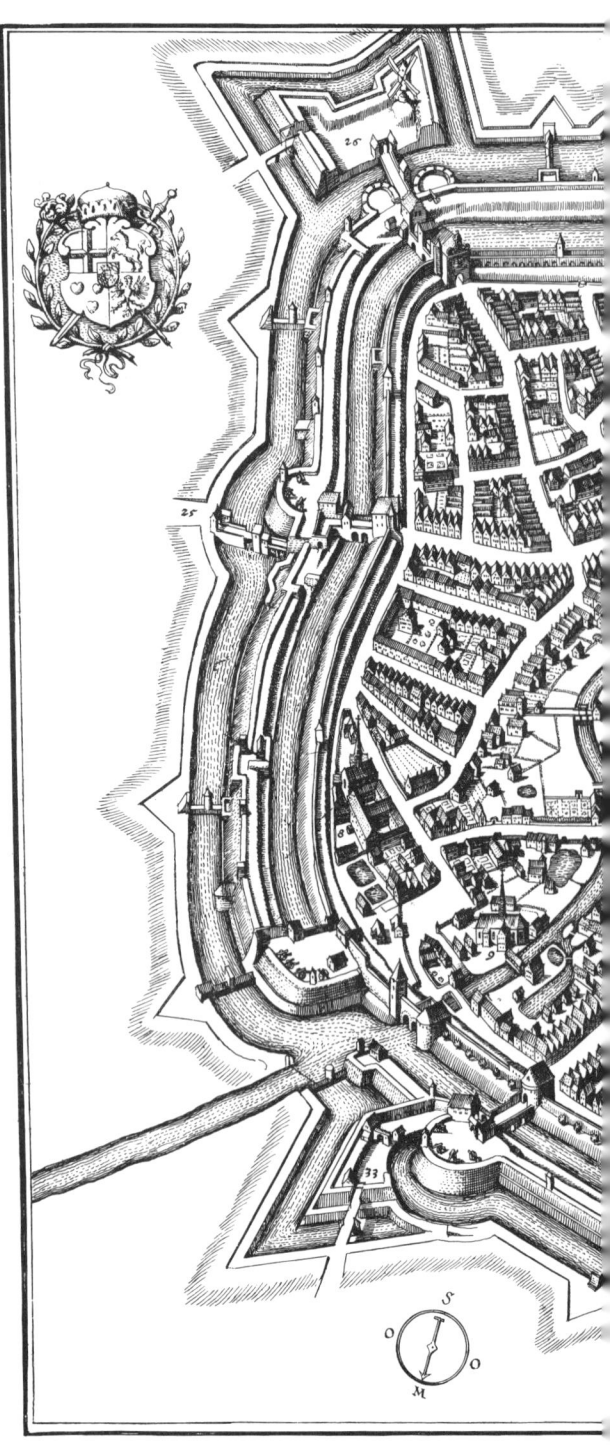

Münster. Kupferstich von
Matthaeus Merian

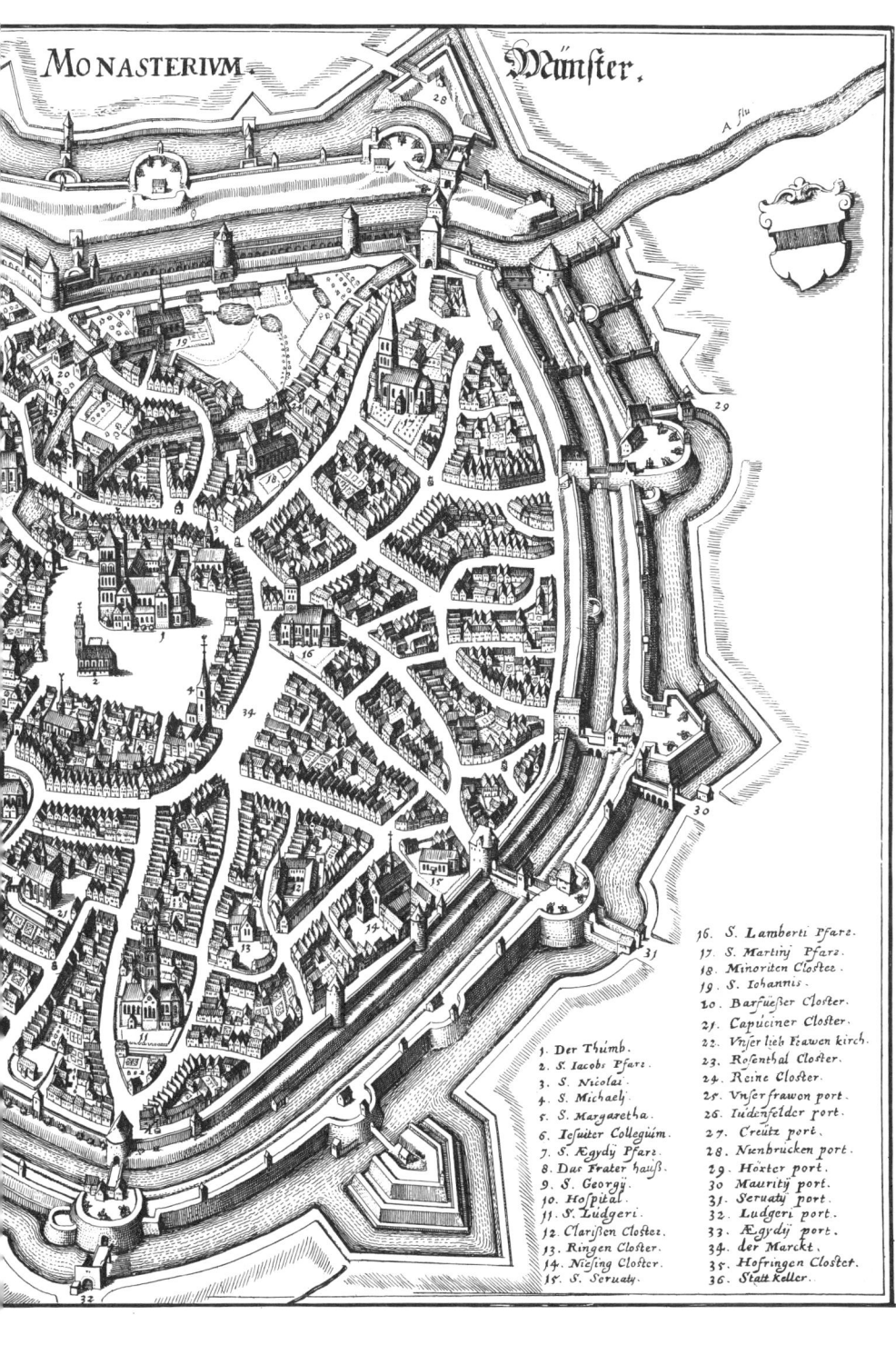

MONASTERIVM.

Münster.

A flu

16. S. Lamberti Pfarr.
17. S. Martinÿ Pfarr.
18. Minoriten Closter.
19. S. Iohannis.
20. Barfüeßer Closter.
21. Capuciner Closter.
22. Vnser lieb Frawen kirch.
23. Rosenthal Closter.
24. Reine Closter.
25. Vnser frawon port.
26. Iudenfelder port.
27. Creütz port.
28. Nienbrucken port.
29. Höxter port.
30. Mauritÿ port.
31. Seruatÿ port.
32. Ludgeri port.
33. Ægydÿ port.
34. der Marckt.
35. Hofringen Closter.
36. Statt Keller.

1. Der Thumb.
2. S. Iacobi Pfarr.
3. S. Nicolai.
4. S. Michaelÿ.
5. S. Margaretha.
6. Iesuiter Collegium.
7. S. Ægydÿ Pfarr.
8. Das Frater hauß.
9. S. Georgÿ.
10. Hospital.
11. S. Ludgeri.
12. Clarißen Closter.
13. Ringen Closter.
14. Nießing Closter.
15. S. Seruatÿ.

Metropole berichtet, dann hat der Friese Liudger (s. S. 10) auf jenem in die Talaue vorgeschobenen Ausläufer des münsterländischen Kiessandrückens, der später Domhügel genannt wurde, ein ›monasterium‹ gegründet, von dem aus er die Mission im westlichen Sachsen betrieb. Mimigernaford, wie der Ort nach seiner Lage an einer – bei der Befriedung Sachsens auch strategisch bedeutsamen – Aa-Furt hieß (erst ab 1068 taucht der Name Monasterium, ab 1173 Munstre und 1206 Münster in der schriftlichen Überlieferung auf), wurde 804 Bischofssitz, Liudger 805 sein erster Bischof.

Die um 793 erbaute Klosterkirche diente nach der Bischofsweihe Liudgers als Kathedrale. Nach Aussage der Quellen (die archäologischen Beobachtungen konnten diese Überlieferung bisher nicht bestätigen) hat sie sich nördlich des heutigen Paulus-Doms befunden und ist erst 1377 abgetragen worden, also lange Zeit nach der Indienstnahme des Erpho-Doms. Er war der eigentliche Vorgängerbau der heutigen Kathedrale und hat seinen Namen von jenem Bischof, unter dem der Dom wohl nach seiner Vollendung 1090 geweiht worden ist, wenn auch dieses – wiederum durch schriftliche Zeugnisse erschlossene – Datum keine absolut sichere Auskunft über den Erbauer geben kann, jedenfalls spricht eine andere Quelle davon, daß schon Bischof Dodo (†993) die Kapitelherren vom alten in den neuen Dom hinübergeleitet habe (»fratres de veteri ecclesia ad aliam transtulit«).

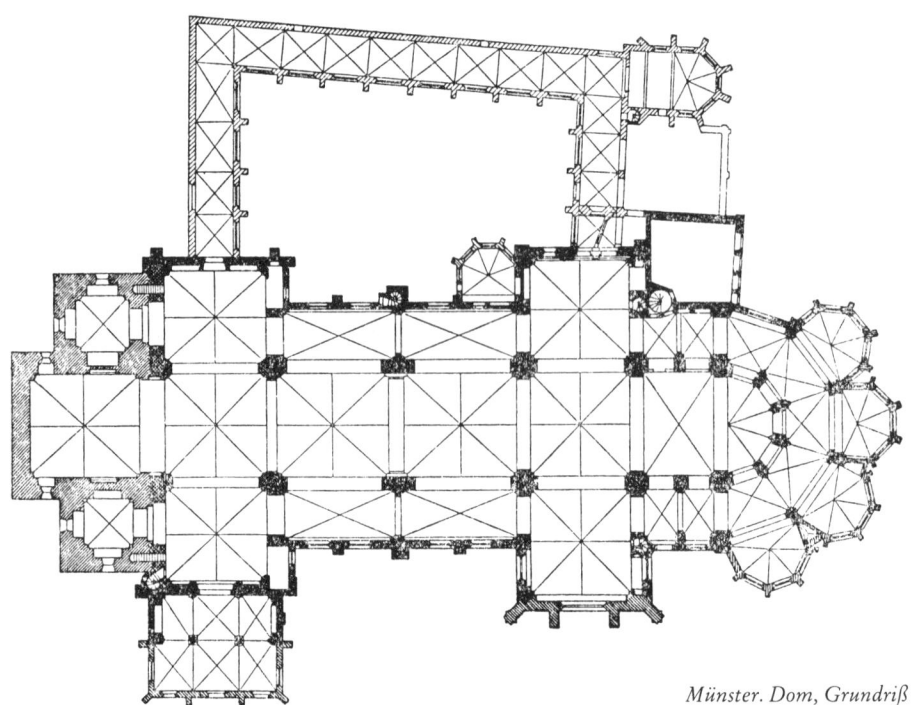

Münster. Dom, Grundriß

Der Brand von 1121 hatte auch den Dom stark in Mitleidenschaft gezogen, doch begnügte man sich ein Jahrhundert lang mit Wiederaufbau- und Ergänzungsarbeiten, bis Bischof Dietrich von Isenburg 1225 den Grundstein zum dritten Dombau legte. Dieses Gotteshaus steht heute – nachdem die Zerstörungen aus dem Zweiten Weltkrieg behoben worden sind – wieder in seiner alten Gestalt vor uns. Nach der Absetzung Dietrichs (s. S. 32 f.) nahmen die Bauaktivitäten unter seinem Nachfolger Ludolf von Holte ihren Fortgang, wobei man sich nicht nur am Grundriß des Erpho-Doms orientierte, sondern auch einen Teil seiner Grundmauern wieder verwendete. Die von West nach Ost fortschreitenden Arbeiten beließen dem schon vorher errichteten und weitgehend selbständigen Westbau (mit einem eigenen Weihedatum gegen Ende des 12. Jahrhunderts) seine großartige Archaik, er wurde später lediglich höher eingewölbt. Schon am Äußeren des Gotteshauses lassen unterschiedliche Mittel der architektonischen Gestaltung auf mindestens zwei Bauabschnitte schließen. Eine neue Gruppe von Bauleuten löste wohl die alte ab, nachdem das Westquerschiff mit dem alten Chor nahezu fertiggestellt war, jedenfalls läßt erstmals die Ostmauer des nördlichen Querschiffarms eine andere Handschrift erkennen. Sie hat sich auch dem Langhaus in den Rundbogenfenstern und Spitzbogenfriesen aufgeprägt. 17 Jahre nach dem Tod Ludolfs von Holte (1247) wurden Ostquerschiff und der polygonal schließende Chor vollendet, Bischof Gerhard von der Mark (1261–1272) konnte endlich 1264 den neuen Dom weihen. Er wurde in den folgenden Jahrhunderten noch sehr oft verändert und erweitert, so 1377–1397 durch den Anbau eines Kreuzgangs an der Nordseite (nun erst brach man den alten Liudger-Dom ab) und um 1516 durch die Gotisierung der Westfassade.

Trotz dieser abwechslungsreichen Baugeschichte, die im Erscheinungsbild der Kirche durchaus gegenwärtig ist, haben die baukünstlerischen Ideen der Romanik und der verschiedenen Entwicklungsstufen der Gotik hier ein Gotteshaus erstehen lassen, »das in seiner Einheitlichkeit, seiner Weite und seiner grandiosen Rhythmik in Deutschland ohnegleichen ist« (Dehio, Westfalen, S. 354).

Den Eindruck verhaltener Kraft vermittelt vor allem der Westbau; ungegliedert steigen seine massiven Türme empor, die vier obersten Geschosse sind durch Blenddekorationen und zweiteilige Schallöffnungen aufgelockert. Auf die Rekonstruktion der im Zweiten Weltkrieg zerstörten, 1516–1522 gotisierten Giebelfront mit dem prunkvollen Portal, Maßwerkfenster und Figurenschmuck hat man indessen verzichtet. Die – abgesehen von einem Kranz kleiner Rundfenster – nunmehr geschlossene und völlig schmucklose Wand will dem ursprünglichen Charakter des Gebäudeteils wieder gerecht werden.

Nach dieser Kargheit überrascht die reichgegliederte Südseite des Westquerschiffs mit ihrem Zusammenspiel früh- und spätgotischer Formen. Prächtige große Fensterrosen und kleine Rosetten schmücken den Giebel, vor dessen Front das Paradies gestellt ist. Die Seitenwände dieses Vorbaus schließen mit einem Maßwerkfries, der sich in den beiden Giebeln fortsetzt und an deren Schnittpunkt elegant ineinandergreift (Abb. 1).

Nach Osten schließt sich das nur zweijochige Langhaus an; die schon erwähnten rundbogigen Fenster im Hochschiff sind zu Dreiergruppen zusammengefaßt, sie bilden einen spannungsreichen Zusammenklang mit den spitzbogigen Maßwerkfenstern der

Münster. Dom mit dem alten Westportal, Aquarell von Johann Friedrich Lange. Westfälisches Landesmuseum für Kunst und Kulturgeschichte, Münster, Westfalia Picta

Seitenschiffe. Die prächtige südliche Schauseite des Ostquerhauses (Abb. 4) wurde in dieser Form erst 1512 gestaltet, hier führt die spätgotische Maßwerkkunst noch einmal den ganzen Reichtum ihrer Mittel vor (die Maßwerkgalerie am Giebel stammt sogar erst von 1565). Die abgetreppten, schön ausgezierten Strebepfeiler und das große Fenster betonen die Vertikale. Das Giebelfeld, seinerzeit von den Wiedertäufern zerstört, beherrschen die mächtigen, steingehauenen Darstellungen mit Motiven aus dem Leben Christi (seit 1905 Kopien nach den Originalen von Albert Reining, 1565), es wird gekrönt von Bernd Schmeddings lebensgroßer Bronzeplastik des auferstandenen Christus. Diese Szenen, die Architektur ihrer Rahmungen und die Figur Schmeddings verraten schon eine sichere Beherrschung der neuen künstlerischen Möglichkeiten des Renaissancestils, der indessen die gotische Konzeption der Front nicht beeinträchtigt.

Der Kapellenkranz um den Domchor (s. Umschlagvorderseite) schließlich entstand unter der Ägide des Fürstbischofs Christoph Bernhard von Galen. Er ließ der auch erst 1512

Münster. Dom, Paradies. Dietrich von Isenburg und der hl. Laurentius

errichteten nordöstlichen Kapelle drei weitere hinzufügen, deren Aufführung im Stil der Gotik zur Regierungszeit eines militanten Vertreters der Gegenreformation fast schon programmatischen Charakter besaß.

Unser Weg in den Dom führt durch das ›Paradies‹, jene gewölbte Eingangshalle an der Südseite des Westquerhauses, die – zunächst einjochig – 1516–1522 um ein zweites Joch erweitert wurde. Das großartige Bild, das hier den Betrachter empfängt, wird ihm ähnlich in keiner anderen Kirche Westfalens wiederbegegnen. Zu beiden Seiten des Portals stehen lebensgroße steinerne Apostelfiguren (entstanden zwischen 1235 und 1240, Abb. 2 zeigt die Figuren des Westgewändes); den Ehrenplatz am Mittelpfosten der Pforte nimmt St. Paulus, der Schutzpatron des Doms, ein. Weil die Wiedertäufer dieses Standbild zerstört hatten, schuf Johann Brabender gen. Beldensnyder 1540 eine neue Paulus-Figur, die sich harmonisch in den Zyklus einfügt.

Dieser Figurenzyklus, gewiß der bedeutendste seiner Art in Westfalen, hat der Forschung einige Rätsel hinsichtlich seiner Datierung und seiner Vorbilder aufgegeben. Die neuerdings hervorgehobene, teilweise frappante Ähnlichkeit (besonders der Johannes-Figur, auf Abb. 2 die vierte von links) mit Bildwerken in Reims und Chartres scheint nun eindeutig nach Nordfrankreich zu weisen, doch kann man keineswegs von einer ungebrochenen Übernahme sprechen. Davon zeugt auf sehr amüsante Weise schon der Apostel an der Westwand (die erste Figur von links); ihr Schöpfer hat sich offenbar nicht entscheiden können, ob seine Figur von einer Standplatte oder vom Rücken einer Tragefigur unterfangen werden sollte, beide Möglichkeiten hätte er – die Orientierung an den nordfranzösischen Vorbildern immer vorausgesetzt – realisieren können. So steht nun der eine Fuß auf der Platte, der andere aber erhöht auf der Tragefigur, und die ganze Plastik macht den irritierenden Eindruck eines treppensteigenden Apostels. Solche Unsicherheiten geben eine Vorstellung davon, wie weit man eigentlich vom Geist der gotischen Kathedralplastik Nord- und Westfrankreichs entfernt war, deutlich zeigt dies der im Vergleich mit den Vorbildern starre, hieratische Ausdruck der Gesichter, aber auch der Faltenwurf der Gewänder. An ihnen erweist sich das Beharrungsvermögen der späten westfälischen Romanik, die eine damals schon gewonnene Freiheit der Darstellung ignoriert. Auch die – in Frankreich vorgebildete – Integration der Figuren in ein Stufenportal mit hochentwickeltem Gewändeaufbau ist hier im Sinne einer älteren Tradition zurückgenommen, die Apostel von Münster sind zu Seiten eines schlichten Sturzstufenportals einfach in eine Reihe nebeneinander gestellt.

Die vier Figuren an den Seitenwänden erwiesen sich den Fragen der Forscher gegenüber kaum zugänglicher denn der Apostelzyklus. Dabei schien mit der zweifelsfreien Identifikation der Bischofsgestalt als Dietrich von Isenburg wenigstens über ihr Programm Klarheit zu bestehen. Das Ensemble sollte nach Meinung vieler Gelehrter dem Versuch einer Ehrenrettung dienen, die der Bischof Gerhard von der Mark seinem Onkel, dem Gründer des

1 Marktszene vor dem Dom ▷
2 Dom, Apostelzyklus im Paradies ▷

4 Dom, Salvatorgiebel
3 Dom, Blick durch das Langhaus in den Ostchor

5 Lambertikirche, neugotischer Turm
6 Lambertikirche, Blick ins Gewölbe
7 Prinzipalmarkt, im Hintergrund die Lambertikirche
8 Lambertikirche, Relief der Wurzel Jesse

10 Rathaus, Detail im Friedenssaal
◁ 9 Rathaus, Friedenssaal
12 St. Mauritz, Blick in den Chor

11 Rathaus, Detail im Friedenssaal (hl. Liudger)

13 St. Ägidii, Kanzeldetail

14 Türme von St. Mauritz   15 St. Martini, Turm von Osten

16 Gerard Ter Borch, Der Einzug des holländischen Gesandten Adriaen Pauw in Münster (um 1646), Westf.
    Landesmuseum

18 Schloß, rückwärtige Front
17 Erbdrostenhof, Festsaal
19 Haus Dyckburg im Stadtteil St. Mauritz

20 MÜNSTER-ANGELMODDE Grabmal der Amalia
von Gallitzin

21 MÜNSTER-NIENBERGE Haus Rüschhaus,
Herdplatte

22 MÜNSTER-WOLBECK Giebel des Drostenhofs

23 MÜNSTER-NIENBERGE Haus Rüschhaus

25 MÜNSTER-ROXEL Haus Hülshoff mit neugotischer Kapelle ▷

24 MÜNSTER-ROXEL Haus Hülshoff

Domneubaus, angedeihen lassen wollte. Dessen Bruder, Graf Friedrich von Isenburg, hatte am 7. November 1225 den Kölner Erzbischof Engelbert von Berg in einem Hohlweg bei Gevelsberg überfallen und ermorden lassen, und man brachte Dietrich, den bischöflichen Bruder des Grafen, mit dem Anschlag in Verbindung. 1226 starb Dietrich in Acht und Bann, bevor er sich rehabilitieren konnte.

Die aufgrund der bekannten historischen Ereignisse schlüssig gefolgerte Annahme, die Figuren bildeten ein Ensemble, muß sich zunächst mit der Vermutung auseinandersetzen, daß die Plastiken erst nachträglich an diesem Ort zusammengefunden haben. Dafür spricht ihre offenbar gewaltsame Einpassung in die schmalen Blendarkaden, deren Spuren etwa an der Mitra des Dietrich deutlich sichtbar sind. Schwerwiegendere Bedenken gegen die Ehrenrettungsthese, die ja ein gleiches Entstehungsdatum für alle Bildwerke voraussetzt, konnten freilich stilkritische Untersuchungen geltend machen. Vor allem die sogenannte Maria Magdalena (diese Namenszuschreibung stützt sich auf das als Salbtiegel erkannte Gefäß in ihrer Hand sowie auf die Tatsachen, daß Dietrich am Magdalenentag, also am 22. Juli 1218 zum Bischof gewählt worden ist und am 22. Juli 1225 den Grundstein zum dritten Dombau gelegt hat) hebt sich in ihren hochgotischen Formen von den übrigen, älteren Figuren ab. Sie sind – im Gegensatz zur weiblichen Heiligen – jedenfalls vor der Jahrhundertmitte entstanden; wiederum darf man die Vorbilder in Chartres vermuten. Unter ihnen sticht der hl. Laurentius hervor, zweifellos die grandioseste Plastik im ›Paradies‹, das an beeindruckenden Bildwerken wahrlich nicht arm ist. Der Heilige kann sich wirklich mit den besten Schöpfungen der neuen gotischen Bildhauerkunst messen, aus seinen Zügen und seiner Haltung spricht unverstellt der »Zauber der Seele« (Witelo).

Durch das ›Paradies‹ gelangen wir in das westliche Querschiff, dem die großen Radfenster in seiner Nord-, Süd- und südlichen Ostwand Licht geben. Der beherrschende Eindruck sind hier die ausladenden, steil ansteigenden Gewölbe, mit denen auch der etwas höher gelegene Alte Chor beim Bau des dritten Domes versehen wurde. Dem aufmerksamen Betrachter wird das Fehlen der Rippenzierscheiben in den beiden seitlichen Jochen nicht entgangen sein, es ist ein deutlicher Hinweis darauf, daß diese Teile der Bischofskirche bei ihrem dritten Bau zuerst fertiggestellt wurden. Das Langhaus von nur zwei Joch Tiefe und folglich nur einem Pfeilerpaar zeigt deutlich, welchen Einfluß die Hallenbauweise selbst auf eine Architektur nehmen konnte, die der basilikalen Form mit ihrem erhöhten Mittelschiff verpflichtet war. Die außerordentlich weiten, sehr tief ansetzenden Bögen der Mittelschiff- arkaden wollen die Sonderung der Seitenschiffe aufheben, diese selbst haben denn auch keine Zwischenstützen, die das Gebundene System vorschreibt und die zunächst auch vorgesehen waren, die jedoch der Hallenwirkung entgegengestanden hätten. Diese Wirkung unterstützen die gleichfalls imposanten Bogenspannungen oben im Gewölbe noch. Auffal- len muß der Rückgriff auf den romanischen runden Gurtbogen zwischen Vierung und Chorjoch, auch sein Pendant zum Chorhaupt hin ist nur eben eingeknickt.

Die Dreifensterensembles und Bogenfriese, die im Langhaus das Wirken einer neuen Baugruppe anzeigen, bestimmen ebenfalls das Ostquerhaus und den Chor, bei dessen

Wandgestaltung allerdings die spitzbogige Form sich des öfteren durchsetzen konnte. Beachtung verdient das einzige noch im ursprünglichen Zustand erhaltene frühgotische Maßwerkfenster an der nördlichen Stirnwand des Ostquerschiffes. Erst in diesem Bauabschnitt verschieben sich die Maßverhältnisse infolge der höher gelegten Kämpferzone optisch zugunsten der Höhendimension. Vor allem die letzte Erhöhung im Chorhaupt, die eine Folge seiner Gliederung in fünf Gewölbekappen mit nur wenig abfallenden Scheiteln ist, trägt zu dem anders akzentuierten Raumeindruck bei.

Trotz Bildersturm und Zerstörung durch Bomben ist der Dom immer noch so reich an wertvollen Bildwerken, daß hier nur eine Auswahl vorgestellt werden kann. Besonders eindrucksvoll ist der gewaltige Christophorus am ersten Langhauspfeiler (Farbabb. 2), dessen Gestalt das Blickfeld jedes Eintretenden beherrscht. Als Meister dieser 1627 von Heidenreich von Vörden zu Darfeld gestifteten Figur werden Gerhard Gröninger oder Johann von Bocholt genannt.

Im Westchor ist der ehemalige Hochaltar aufgestellt; seine qualitätvollen Schnitzarbeiten aus der Hand Gerhard Gröningers weisen noch Stilelemente des Manierismus auf. Die

Münster. Dom, Innenansicht. Stich von Wilhelm Riefstahl, Westfälisches Landesmuseum für Kunst und Kulturgeschichte, Münster, Westfalia Picta

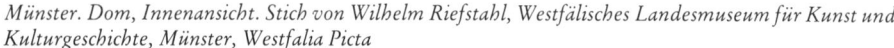

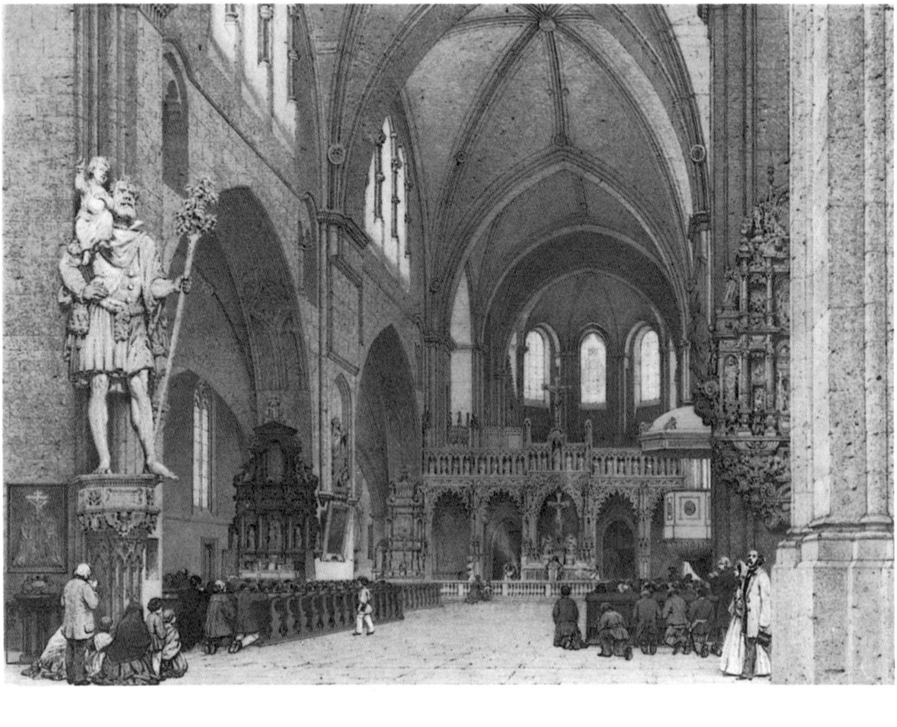

Malereien stammen von Adrian van den Bogart. Er legte einen niedrigeren Kostenanschlag vor als Peter Paul Rubens, den man ursprünglich als Maler hatte gewinnen wollen.

In der Taufkapelle im Südturm ruht auf fünf Löwenfüßen ein schweres kelchförmiges Bronzetaufbecken aus dem 14. Jahrhundert. Der Kruzifixus auf dem Altar stammt vom ehemaligen Lettner; Johann Brabender schnitzte ihn 1542. Demselben Künstler sind auch das Denkmal für den Domdechanten Theodor von Schade (an der Rückseite des Christophorus-Pfeilers) und die schöne Katharinen-Plastik (gegenüber der Kanzel) zu verdanken. Die Figuren im Chorumgang stammen hauptsächlich von Bernhard Katmann und von Johann Wilhelm Gröninger. Ein unbekannter Künstler schuf die Statue des heiligen Liborius (1631). Wenn in Münster der Bischof stirbt, wird ihm der Stab dieser Heiligenfigur mit ins Grab gegeben, und sein Nachfolger hat ihn zu ersetzen.

Dem Bauherrn des Kapellenkranzes, dem 1678 verstorbenen Christoph Bernhard von Galen, setzte sein Hofbildhauer Johann Mauritz Gröninger ein Denkmal, das die Persönlichkeit des Bischofs und Kriegsmannes überzeugend charakterisiert.

Den Hochaltar überspannt ein großer Bronzekronleuchter (16. Jahrhundert); sein Maßwerk gliedern fünf Engel, die Rosen mit den Wundmalen Christi halten. Im Laufgang unter der oberen Fensterreihe sind neun steinerne Engelfiguren (von Johann Brabender und seinem Sohn Franz) aufgestellt; sie stehen für die neun Chöre der himmlischen Heerscharen. Über dem neuen Altar hängt als Triumphkreuz ein Volto santo, das wohl gegen Ende des 13. Jahrhunderts in einer westfälischen Werkstatt geschaffen wurde. Es hat hier nach gründlicher Restaurierung einen Platz gefunden, der sowohl seinen imponierenden Maßen wie seiner Bedeutung angemessen ist.

Auf zwei Maler, die im 16. Jahrhundert zur Ausstattung des Doms wesentlich beitrugen, werden wir im Ostquerhaus aufmerksam: Ludger tom Ring der Ältere schuf das Votivbild (1538) des Domscholasten Rotger von Dobbe (im südlichen Querhausarm); von Hermann tom Ring stammt das Wandgemälde mit der Kreuzigungsszene und der Domansicht im nördlichen Querhausarm. Dieser Teil des Querhauses wird auch Stephanuschor genannt, vor allem wegen des Altars, für den Gerhard Gröninger um 1630 ein großartiges Figurenensemble schuf. Ihm gegenüber steht das prächtige Epitaph für den Fürstbischof Friedrich Christian von Plettenberg; von Johann Mauritz Gröninger begonnen, wurde es nach dessen Tod (1707) von Johann Wilhelm Gröninger und Gottfried Laurenz Pictorius vollendet. Es stellt nicht nur in der figürlichen Ausarbeitung eine Meisterleistung dar, sein sinnbildlicher Gehalt verrät auch viel vom Welt- und Selbstverständnis eines Barockfürsten. Zentrales Motiv ist dabei die Zeit, in die der sterbliche Mensch gestellt ist, symbolisiert durch die Uhr, die einst mit der astronomischen Uhr am Chor verbunden war. (Das seit 1956 im Nordarm des Ostquerhauses aufgestellte Grabmal stand ursprünglich im Hochchor.)

Die astronomische Uhr (Farbabb. 3) an der Südseite des Chorumgangs wurde um 1540 in Gang gesetzt. Der Mathematiker Dietrich Tzwyvel, der Minorit Johann von Aachen und der Schmied Nikolaus Windemaker hatten sie anstelle einer älteren, von den Wiedertäufern zerstörten Uhr erbaut. Die Malereien schuf Ludger tom Ring der Ältere, dagegen konnte der Meister der geschnitzten Figuren nicht eindeutig identifiziert werden.

Münster. Dom, der im 19. Jahrhundert abgetragene Lettner. Aquarell von Johann Friedrich Lange, 1842/43. Westfälisches Landesmuseum für Kunst und Kulturgeschichte, Münster, Westfalia Picta

Jeden Dombesuch rundet eine Besichtigung der erst kürzlich eröffneten Domkammer sinnvoll ab. In dem dreigeschossigen Gebäude wird die tausendjährige Geschichte des Doms hervorragend dokumentiert. Im Erdgeschoß, wo der Reliquienschatz der Bischofskirche ausgestellt ist, fällt zunächst das kostbare Büstenreliquiar des hl. Paulus aus dem 12. Jahrhundert in die Augen. Von hoher künstlerischer Bedeutung sind auch jene hier gezeigten Bildwerke, die vorzeiten den Dom selbst geschmückt haben, so der Zyklus der Propheten und Sibyllen von Herman tom Ring, die Bildhauerarbeiten des im 19. Jahrhundert abgetragenen Lettners von Johann Brabender (1542 fertiggestellt) und die gewaltigen Alabasterreliefs Johann Mauritz Gröningers. Im Tiefgeschoß ist als thematischer Schwerpunkt die ›Liturgie‹ gesetzt worden, hier findet sich unter anderem auch der kirchengeschichtlich sehr wertvolle Bestand an liturgischer Kleidung (Paramenten). Das Obergeschoß vereinigt Materialien und Dokumente zur Geschichte des Doms. Ihr werden die Arbeiten der verschiedenen Künstler und Architekten zugeordnet, die so nicht nur als Einzelstücke betrachtet werden können, sondern auch durch ihre Einordnung in die Epochen des Dombaus zusätzlich eine historische Dimension gewinnen (Öffnungszeiten der Domkammer: dienstags bis samstags 10–12 und 14–18 Uhr, sonntags nur 14–18 Uhr).

Im Bezirk der Domburg lagen neben dem Dom die Klostergebäude, der Bischofspalast und zunächst die Behausungen weltlicher Bediensteter, später auch die Domkurien. Das Terrain war anfangs durch Wall und Graben gesichert, ersterer wurde Ende des 9. oder Anfang des 10. Jahrhunderts durch eine Steinmauer ersetzt. Entgegen früheren Annahmen ist die Domburg und damit die bischöfliche Immunität also nicht mit dem Bau einer Mauer um 1100 gleichzeitig auch erweitert worden, sie verblieb vielmehr bis weit in die Hälfte des 13. Jahrhunderts hinein in den Grenzen der karolingischen civitas. Daran änderte auch die Eroberung der staufertreuen Stadt durch den Sachsenherzog Lothar von Süpplingenburg, den nachmaligen Kaiser Lothar III., 1121 nichts. Die kriegerischen Auseinandersetzungen und die anschließende verheerende Brandkatastrophe, vor allem aber die allmähliche Befestigung der Bürgerstadt um die Domburg herum brachten es wohl mit sich, daß man dieses Areal kaum mehr zum Zwecke seiner Verteidigung einrichtete. Welche keineswegs nur stadtgeschichtliche Bedeutung man diesem Platz über die Jahrhunderte hinweg dennoch zumessen darf, das zeigt der Bau des Regierungspräsidiums an jener Stelle, an der einst der Fürstenhof gestanden hat.

Die im 10. oder 11. Jahrhundert erfolgte Aufteilung des Grundbesitzes und der Ländereien, mit denen der Dom wie sein Kapitel reich ausgestattet waren, zwischen Bischof und den Kanonikern hatte die Einrichtung zweier Höfe zur Folge, von denen aus der jeweilige Besitz verwaltet wurde. Man kann unterstellen, daß bei dieser Vereinbarung die Aa als Grenze genommen wurde, jedenfalls wachte man im Brockhof über den Besitz des Kapitels rechts der Aa und im Bispinghof über den des Bischofs links des Flusses. Der Bispinghof hat bis 1809 seinen Status als Immunität gewahrt, ein Stachel im Fleisch der auf ihre Rechte bedachten Stadt, denn immerhin mußte sie innerhalb ihrer Mauern ein Gemeinwesen dulden, das ihrem Zugriff entzogen war.

Die Bürgerstadt

Trotz der überragenden Bedeutung des geistlichen Zentrums Domburg darf man seine Rolle beim Entstehen der Stadt nicht überschätzen. Deren Kern ist vielmehr der Markt und dann jene Kaufmannssiedlung, die sich an der Handelsstraße vor der Domburg im Gebiet des jetzigen Spiekerhofs, des Roggenmarkts und des Alten Steinwegs allmählich etablierte. Ihre Anlage orientierte sich an der ›Friesischen Straße‹ (Emden – Soest), in die noch auf der anderen Aa-Seite die ›Holländische Straße‹ (Deventer – Lippstadt – Paderborn) mündete, und hielt damit eine Ost-West-Achse ein. 1121 fiel bei den Kämpfen um die Domburg auch diese Siedlung den Flammen zum Opfer; sie wurde dann zwar bald wieder aufgebaut, richtete sich aber seit der Mitte des Jahrhunderts auf die von Südwest nach Nordost verlaufende ›Kölnische‹ oder ›Rheinische‹ Straße (Wesel – Haltern – Osnabrück) aus. Hier entstand ein neuer, langgestreckter Straßenmarkt, der um 1600 den Namen Prinzipalmarkt erhielt, und hier wurde auch der neue Hauptzugang zur Domburg angelegt. Nicht mehr die noch durch Liudgers Person begründeten, traditionell engen Beziehungen zu Friesland und Utrecht, sondern die Orientierung auf das Erzbistum Köln und das wirtschaftlich potente Lothringen bestimmten also fortan den Aufbau der Stadt.

Mit dem Datum des Stadtbrandes 1121 beginnt die eigentliche Geschichte der Stadt Münster. Die Kaufleute hatten wesentlichen Anteil an der folgenden Neuorganisation. Bald zog sich um die alte Marktsiedlung und die neue Marktanlage halbkreisförmig eine weitläufigere Bürgerstadt. Etwa für 1200 nimmt man den Bau der Stadtmauer an, die in einer Länge von ungefähr 4 km immerhin eine Fläche von 103 ha umschloß. Sie bot auf der anderen Seite der Aa auch dem ›Suburbium‹ Überwasser (s. S. 70) und dem bischöflichen Wirtschaftshof mit eigener Immunität (Bispinghof) Schutz.

Der genaue Zeitpunkt von Münsters Erhebung zur Stadt ist nicht mehr festzustellen, er muß aber zwischen 1173 und 1180 gelegen haben, da einerseits erst im Jahre 1173 die weltliche Territorialgewalt und damit der Titel zur Verleihung der Stadtrechte auf den Bischof überging, andererseits die Existenz eines Stadtrechts schon 1178 wenigstens mittelbar bezeugt ist. Die Geschicke dieser neuen Stadt wurden wesentlich von den Nachfahren der Fernhandelskaufleute, den sogenannten Erbmännern, bestimmt. Bis ins 15. Jahrhundert hinein konnten nur sie in das Schöffenkollegium und später in den Rat gewählt werden. Sie hatten sich die Bauplätze in den bevorzugten Marktlagen gesichert, ihnen gehörten seit dem 13. bzw. 14. Jahrhundert die weitläufigen Höfe an den Ausfallstraßen und im ländlichen Einzugsbereich der Stadt. Sie vor allem profitierten von der Parteinahme der Stadt für die Welfen und – als direkte Folge dieser politischen Entscheidung – von der plötzlichen und starken Belebung des Warenverkehrs mit England. Diese Handelsbeziehungen, die auch der Niedergang des welfischen Herrscherhauses nicht beeinträchtigen konnte, garantierten Münster einen großen Wohlstand. Ihre wirtschaftliche Kraft ließ die Stadt immer selbstbewußter gegenüber dem geistlichen Landesherrn auftreten, der schon um 1250 seine städtische Residenz verließ. Der Streit zwischen beiden Parteien führte schließlich zu einer kriegerischen Auseinandersetzung, bei der der Bischof den kürzeren zog. 1278 mußte

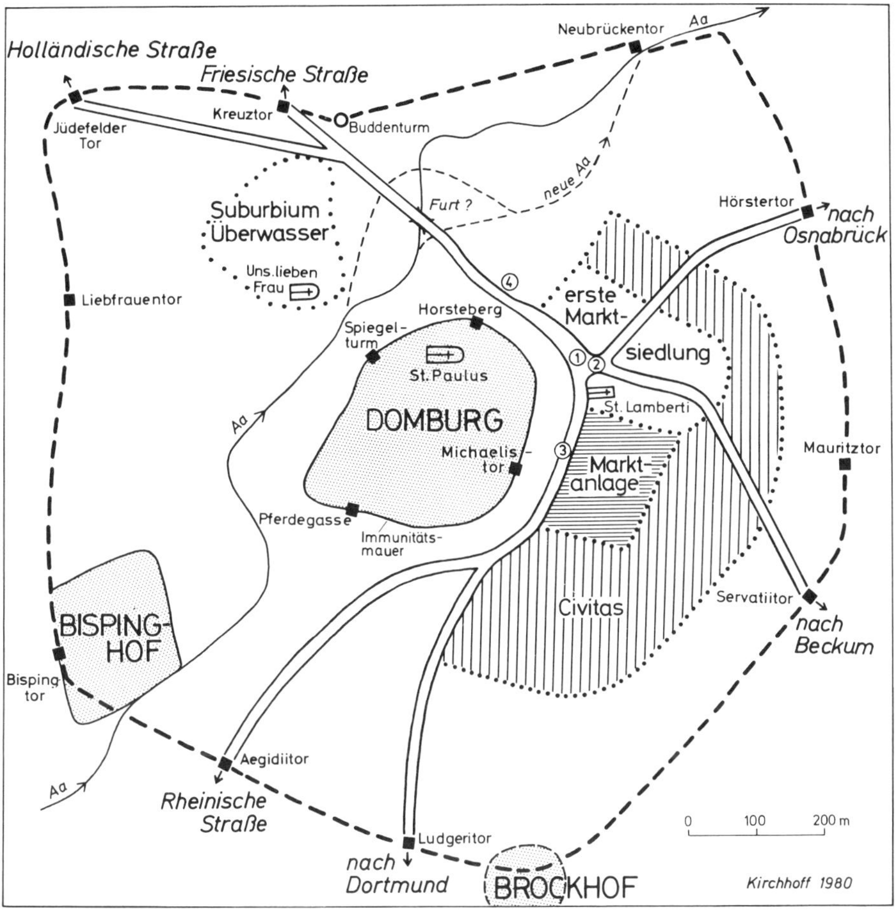

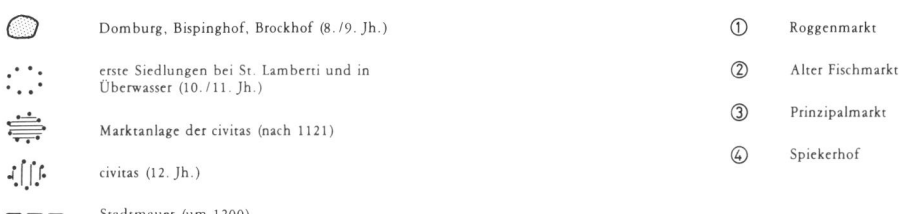

Holländische Straße
Friesische Straße
Neubrückentor   Aa
Jüdefelder Tor
Kreuztor
Buddenturm
Suburbium Überwasser
Furt ?
neue Aa
Hörstertor   nach Osnabrück
Uns. lieben Frau
Liebfrauentor
Spiegel-turm
Horsteberg
④
erste Markt-
siedlung
St. Paulus
①②
St. Lamberti
Aa
DOMBURG
Michaelis-tor
③
Markt-anlage
Mauritztor
Pferdegasse
Immunitäts-mauer
Civitas
Servatiitor   nach Beckum
BISPING-HOF
Bisping tor
Aegidiitor
Aa
Rheinische Straße
Ludgeritor
nach Dortmund
BROCKHOF
0   100   200 m
Kirchhoff 1980

Stufen der Stadtentwicklung

⬭	Domburg, Bispinghof, Brockhof (8./9. Jh.)	①	Roggenmarkt
⋰⋰	erste Siedlungen bei St. Lamberti und in Überwasser (10./11. Jh.)	②	Alter Fischmarkt
⬍	Marktanlage der civitas (nach 1121)	③	Prinzipalmarkt
⋮⎮⎮⋮	civitas (12. Jh.)	④	Spiekerhof
▬ ▬ ▬	Stadtmauer (um 1200)		

Münster. Plan zur Stadtentwicklung

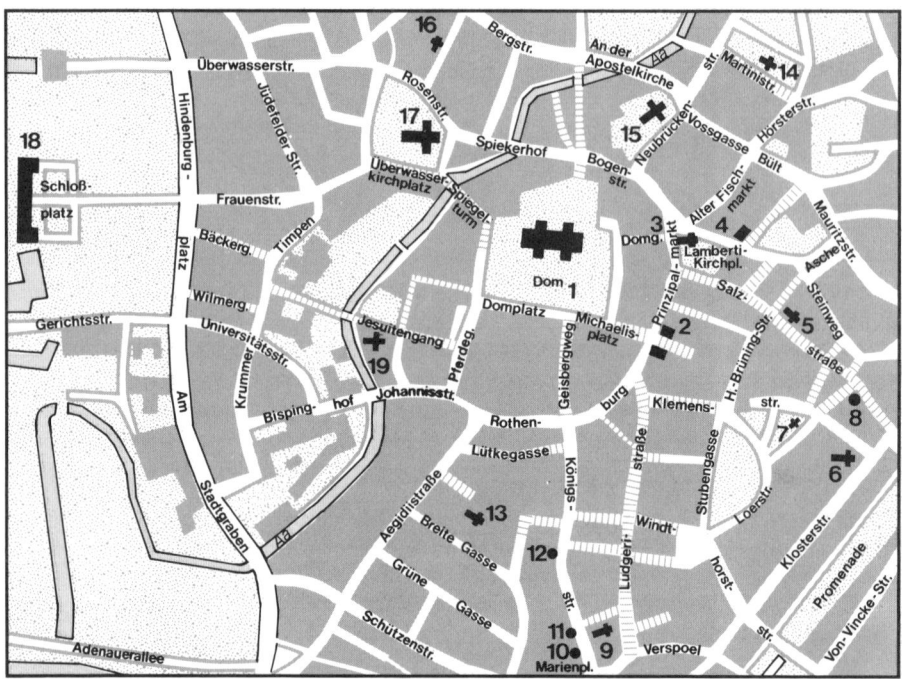

Münster, Stadtplan I   1 Dom – 2 Rathaus und Stadtweinhaus – 3 St. Lamberti – 4 Krameramtshaus –
5 Ehemalige Dominikanerkirche (kath. Universitätskirche) – 6 St. Servatii – 7 Clemenskirche – 8
Erbdrostenhof – 9 St. Ludgeri – 10 Oerscher Hof – 11 Sendenscher Hof – 12 Heeremannscher Hof – 13 St.
Ägidii – 14 St. Martini – 15 Apostelkirche – 16 Ehemalige Observantenkirche (evgl. Universitätskirche) –
17 Liebfrauen-Überwasser – 18 Schloß – 19 Petrikirche   (ein weiterer Plan zu neueren Bauwerken und
zu den Resten der Stadtbefestigung s. S. 83)

er der Stadt sehr weitgehende Selbstverwaltungsrechte einräumen, denen im Vertrag von
1309 weitere Zugeständnisse folgten. Wie stark sich das zum führenden Hansemitglied
aufgestiegene Münster um die Mitte des 15. Jahrhunderts fühlte, belegt sein Verhalten in der
Soester Fehde und der Münsterschen Stiftsfehde (s. S. 12); seine hervorragende Stellung im
westfälischen Raum zeigen schon seine Städtebündnisse des 13. Jahrhunderts an.

Auf der Domburg mußte man den neuen Verhältnissen Rechnung tragen. Analog der
neuen Anlage der Stadt nach 1121 richtete sich auch ihre Front auf die ›Kölnische Straße‹ aus.
Statt des Horsteberg-Tors im Norden wurde jetzt das (heute längst verschwundene)
Michaelistor ihr Hauptzugang. Genau dem Tor gegenüber war das 1250 erstmals urkundlich
genannte ›borgerhuss‹ errichtet worden, ein zweigeschossiges Steinhaus mit je einem Raum
in jedem Stockwerk. Dieses schlichte Rathaus erhielt nach der Überlieferung etwa hundert
Jahre später einen Vorbau, er ist das bedeutendste Zeugnis hochgotischer Profanarchitektur
in Westfalen (Farbt. 1).

56

Über einer von spitzbogigen Arkaden im Erdgeschoß gebildeten Laube liegt das Hauptgeschoß, dessen vier große Maßwerkfenster die rhythmische Gliederung der Laube aufnehmen. Die außerordentlich kräftigen Gesimse betonen hier noch die Breitenwirkung der beiden Geschosse, zu der die Höhenwirkung des Giebels in einem spannungsvollen Gegensatz steht. Diesen Gegensatz unterstreicht der Wechsel von den vier Achsen der Laube und des Hauptgeschosses zu den sieben Achsen des Giebels. Zwar hält die ebenfalls energisch ausgearbeitete Stufenbildung immer wieder zur Rückbesinnung auf die Horizontale an, die übereck gestellten schmalen Pfeiler sind jedoch nachdrücklich über die waagerechten Stufenabdeckungen hinausgeführt, geben filigranen Maßwerkfüllungen Halt und schließen als Fialen mit aufgesetzten Figuren ab.

Während diese Schauseite nach dem Zweiten Weltkrieg nur als Kopie wiedererstehen konnte, ist die Holztäfelung des sogenannten Friedenssaals (Abb. 9) erhalten geblieben. Reizvoll passen sich die noch gotisch geprägten Schnitzarbeiten (Abb. 10, 11) aus dem 2. Viertel des 15. Jahrhunderts der 1577 in den Formen der Renaissance erneuerten Ausstattung ein. Jahrhundertelang diente der Raum als Rats- und Gerichtssaal und am 15. Mai 1648 als Münsters vornehmste Bühne für die feierliche Kundgabe des ›Westfälischen Friedens‹, genauer des Teilfriedens zwischen Spanien und den niederländischen Generalstaaten, mit dem der Dreißigjährige Krieg sein Ende fand. – Der mächtige Kamin, der heute die Stelle des im Krieg zerstörten einnimmt, stammt aus dem Krameramtshaus. Erfreulicherweise zeigt

Der Westfälische Friede wird verkündet. Kupferstich von 1648

sich das Rathaus mit seinem Nachbarn zur Linken, dem Stadtweinhaus, und zur Rechten (Haus Nr. 11) seit jüngstem wieder als bedeutendes städtebauliches Ensemble. Das Stadtweinhaus besitzt zwar nicht mehr sein originales Erdgeschoß, doch sonst ist dieses schöne Beispiel der münsterländischen Spätrenaissance so wiederaufgebaut worden, wie es Johann von Bocholt 1615 geschaffen hat. Während die Umrisse seines Volutengiebels sehr stark vom ornamentalen Element bestimmt werden, bleibt bei dem Staffelgiebel am Haus Nr. 11 das architektonische vorherrschend. Er konnte erst kürzlich dank des außerordentlich gut dokumentierten Zustands seiner Giebelfelder und der vielen Vergleichsmöglichkeiten für den Aufbau seiner Fialen rekonstruiert werden.

Den besten Eindruck von der städtebaulichen Konzeption des *Prinzipalmarkts* (Abb. 7) bekommen wir, wenn wir von Süden (Rothenburg) auf ihn einbiegen. Platzartig weitet sich die Straße, eingefaßt von den schmalen Fronten der Häuser, die sich über Bogengängen erheben. Ihre Giebel zeigten einst den ganzen verschwenderischen Formenreichtum der Spätgotik und Renaissance; doch haben die Bomben nur wenig verschont. Sicher wäre aufgrund vorhandenen Bildmaterials eine getreuere Wiederherstellung möglich gewesen, aber man begnügte sich damit, die alten Konturen in vereinfachter Form nachzubilden, nur ein einziger Giebel von 1627 (Haus Nr. 48) ist noch original erhalten. Neben den Giebeln sind es vor allem die Bogengänge, die die historische Bedeutung des Prinzipalmarkts gegenwärtig halten. Während erstere eher der Repräsentation dienten, gehorchte die Errichtung der Bogen der Not jener Kaufleute, deren rückwärtige Häuserfront auf der Westseite des Marktes an den Immunitätsbezirk der Domburg stieß. Da es ihnen auf den schmalen Grundstücken an Platz mangelte, nutzten sie jede Möglichkeit, die Grenze zur Immunität zu verletzen, die in der gedachten Mitte des ehemaligen Burggrabens verlief. Solche Versuche steigerten sich gewöhnlich bis zu dem Anbau von Örtlichkeiten, deren sehr weltliche Gerüche den Unwillen der ihnen schutzlos preisgegebenen Domherren erregten. Das beharrliche Festhalten der hohen Geistlichkeit an dieser Linie, der entlang 1264 sogar eine Immunitätsmauer gebaut wurde, zwang die Bürger, ihre Häuser zum Markt hin zu erweitern. Etwa ab 1330 bauten sie den Oberstock in die Straße hinein aus und sicherten das neue Gebäudeteil durch die Pfeiler respektive Säulen der »stenen bogen over de dore«.

Von der Macht und dem Einfluß der Gilden und ihrer Mitglieder war schon die Rede, hier am Prinzipalmarkt wurden sie für alle sichtbar vorgezeigt. Deshalb soll bereits in diesem Zusammenhang auf das einzige heute noch erhaltene Gildehaus hingewiesen werden, obwohl es nicht am Prinzipalmarkt selbst, wenn auch ganz in seiner Nähe zu finden ist. Das 1588 entstandene *Krameramtshaus*, die heutige Stadtbibliothek (Alter Steinweg 7), ist nach dem Zweiten Weltkrieg wiederhergestellt worden, wobei auch der Saal mit der geschnitzten Wandvertäfelung von Heinrich Paßmann erhalten werden konnte. Auffällig ist die Schauseite gegliedert: Wie beim Drostenhof zu Wolbeck sind die Backsteinflächen in ein strenges Gerüst aus Haustein gefügt und die Giebelstufen mit kugelbesetzten Halbrosetten verziert.

◁ *Münster. Prinzipalmarkt mit Lambertikirche, Aquarell von Johann Friedrich Lange.*
Westfälisches Landesmuseum für Kunst und Kulturgeschichte, Münster

Münster. Lambertikirche, Aquarell von Johann Friedrich Lange. Westfälisches Landesmuseum für Kunst und Kulturgeschichte, Münster. Die Abbildung zeigt noch den alten Turm

Die Vornehmheit, von der Ricarda Huch sprach, hat der Prinzipalmarkt, was das äußere Erscheinungsbild angeht, zweifellos verloren, doch anheimelnd im Zusammenstimmen der einzelnen Elemente wirkt er immer noch, und einen großartigen Schlußakzent setzt der Bau der *Lambertikirche*. Dieses Gotteshaus war nicht nur für die Bürger Münsters als ihr geistliches Zentrum immer von großer Bedeutung; das gilt auch noch für die jüngste Vergangenheit, als hier Bischof Graf Clemens von Galen gegen das Euthanasieprogramm des Nazi-Regimes predigte.

Die heutige Kirche, am Schnittpunkt der beiden alten Handelsstraßen (s. S. 54) gelegen, hatte als Marktkirche einige Vorgänger gehabt. So fanden sich Hinweise auf eine vorromanische Gründung, doch gesichert ist erst die Existenz eines langgestreckten, einschiffigen Saalbaus aus der 2. Hälfte des 12. Jahrhunderts und einer frühgotischen, wohl 1270 fertiggestellten Hallenkirche. Der Bau aus den Jahren 1375–1450 wäre demnach der vierte an dieser Stelle, allerdings wird man seinen auffälligsten Bauteil, den Turm, auf alten Stadtansichten vergebens suchen, denn er ersetzte erst gegen Ende des 19. Jahrhunderts den alten, noch vom romanischen Vorgänger stammenden Westturm, der 1887 wegen Baufälligkeit abgerissen werden mußte.

Es hat immer nahegelegen, das Patrozinium des hl. Lambertus auf Verbindungen der Fernhändler nach Lüttich zurückzuführen (dort wurde der Dom neben der Gottesmutter nach diesem Heiligen benannt). Wenn sich dem auch entgegenhalten ließ, daß die Verehrung des hl. Lambertus in ganz Westfalen verbreitet gewesen sei, so kann wenigstens über die Bedeutung des Fernhandels für den Bau der prächtigsten westfälischen Hallenkirche kein Zweifel bestehen. Der Reichtum der Kaufleute hat hier ein Werk ermöglicht, dessen Schönheit sich keineswegs nur auf die dem Markt zugewandte Schauseite beschränkt. Besonders der Chorbereich des Kircheninneren besticht durch die Ornamentik der umlaufenden Maßwerkbrüstung im Hauptchor, seine reiche Bauplastik, vor allem aber auch den ungewöhnlichen, übereck gestellten sogenannten Alten Chor, der an das südliche Seitenschiff anschließt.

Die Hallenidee hat in dieser Kirche mit dem annähernd quadratischen Grundriß des Langhauses und dem Wegfall des Querschiffs ihre konsequenteste Verwirklichung erfahren. Nicht allein sind Mittelschiff und Seitenschiffe gleich hoch, die sehr flach gehaltenen Spitzbögen des Gewölbes lassen die raumtrennende Funktion der Gurt- und Scheidbögen kaum mehr zum Tragen kommen (Abb. 6). Die Netzgewölbe im Mittelschiff und die Sterngewölbe in den Seitenschiffen verschleifen sich bei hoch ansetzender Kämpferzone, und die Gewölberippen können ein einheitsstiftendes Muster bilden, das sich bis weit in den Chor hinein fortsetzt und im Westen auch noch die Turmanlage mit einbezieht. So verzichtet der Raum zwar auf markante Durchgestaltung zugunsten einer saalähnlichen

Münster. St. Lamberti, Grundriß

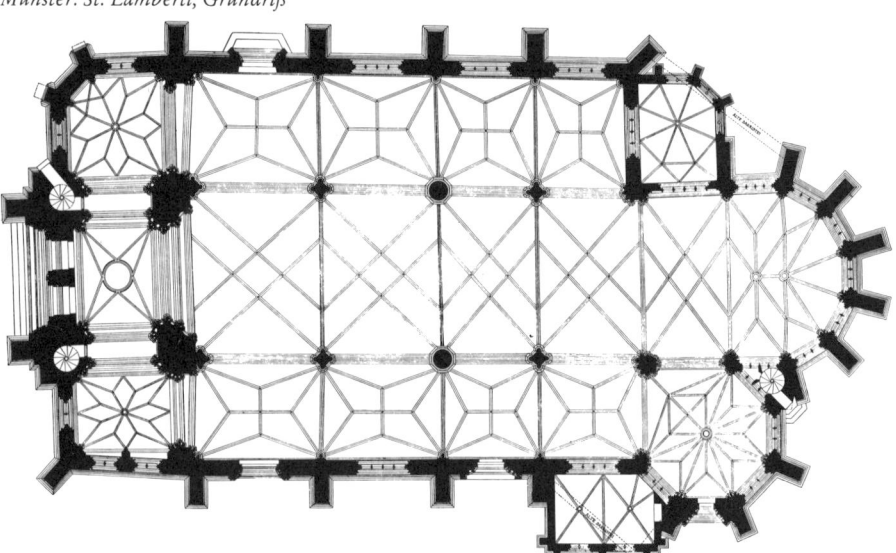

Wirkung, besitzt dafür aber eine Lichtheit und Weite, die sicher auch ein Moment von Kontemplation in sich beschließen.

Ein gewisser Verlust an Dynamik, der wohl unvermeidlich aus einer so entschieden durchgehaltenen Hallenkonzeption folgt, läßt sich desgleichen am Außenbau beobachten. Das gilt weniger für den Chor, dessen Tektonik die konstruktiven Elemente noch betont, als für die immer wieder hervorgehobenen Strebepfeiler des Langhauses, also eines jüngeren Bauabschnitts, deren feine Abstufung sie als durchgehende Form und damit in ihrer baulichen Funktion nur schwer erkennen läßt. Die überaus reiche Verzierung am Südportal mit dem so extrem hoch gezogenen Tympanon, das – heute der Kopie – einer ganzen Wurzel Jesse (Abb. 8) Platz bieten muß, kann bei allem Entzücken über den virtuosen Umgang mit dem Formenangebot der Spätgotik doch nicht den Eindruck verwischen, hier werde das Dekorative zum Selbstzweck.

Den neugotischen, hochaufragenden Turm (Abb. 5) errichteten Hilger und Bernhard Hertel nach 1887, wobei ihnen der Münsterturm in Freiburg als Vorbild diente. Mag ihr Werk hier als Fremdkörper erscheinen, eng mit der Stadtgeschichte verbunden sind jedenfalls die in seiner Höhe aufgehängten eisernen Käfige, in denen 1536 die Leichen der Wiedertäuferanführer vermoderten.

Gottes ›Tausendjähriges Reich‹, das in Münster Wirklichkeit werden sollte, hatte nicht lange Bestand, doch was war während dieser kurzen Zeit alles geschehen!

Es gibt wohl kaum ein Kapitel münsterscher Geschichtsschreibung, dessen Darstellung so von der Parteien Gunst und vor allem Haß bestimmt worden ist. Sicher haben die Führer der Täuferbewegung in Münster – besonders der spätere ›König‹ Jan (Bockelson) van Leiden – den Gegnern die krasse Verurteilung ihrer Bewegung leicht gemacht, doch mit einseitigen, verzerrten Deutungen, wie sie hier und da sogar von einheimischen Autoren gepflegt werden, läßt man weder dem Täufertum noch den Münsteranern Gerechtigkeit widerfahren. Neuere Forschungsergebnisse haben eine differenziertere Betrachtung dieser religiös-sozialen Bewegung nicht nur im Rahmen der Reformationsgeschichte ermöglicht.

Die Ausbreitung reformatorischen Gedankenguts in Münster muß im Zusammenhang mit der allgemeinen politischen und wirtschaftlichen Situation der Bischofs- und Hansestadt zu Beginn des 16. Jahrhunderts gesehen werden. Der Rückgang des Handels hatte zu einer ökonomischen Krise geführt, die der Fürstbischof als Territorialherr zur verstärkten politischen Einflußnahme nutzte. Zu den Sprechern der bürgerlichen Opposition wurden zwei Persönlichkeiten: Bernhard Rothmann und Bernt Knipperdolling. Sie forcierten nicht nur das Vordringen des Luthertums, sondern bereiteten auch der Täuferherrschaft den Boden. Dabei vollzog sich ihr Aufstieg nicht »in rechtswidrigen Aktionen gegen die Obrigkeit, sondern als Akt legitimer bürgerlicher Selbsthilfe gegen die Einmischung des Bischofs in innerstädtische Angelegenheiten und wurde von der Mehrzahl der Bürger gutgeheißen« (Richard van Dülmen, Reformation als Revolution, München 1977, S. 266). Die Opponenten hatten an einen gewaltsamen Umsturz wohl nicht gedacht; was den Bischof keineswegs daran hinderte, die Blockade der Stadt zu befehlen. Doch konnten sich

Belagerung der Stadt Münster, 1534. Holzschnitt von Eberhard Schoen, Westfälisches Landesmuseum für Kunst und Kulturgeschichte, Münster

zu vber geben/ vnd nachmals an Sant Egidien abent an fünff orten an gelauffen/
vnd hefftig geſtürmbt worden. Alda jr ſeer vil vom Adel ſambt anderm kriegs
volck auff beiden theylen erlegen ſeind/ wie etlich ſagen/ bey drey tauſenden/ Gott

beide Seiten zunächst auf der Grundlage des Augsburger Religionsfriedens einigen; die Stellung der reformatorischen Bewegung in der Stadt war damit gefestigt. Deren Exponenten im Rat sahen sich jedoch bald darauf ihrerseits einer neuen Opposition ausgesetzt, nämlich den eingewanderten Gegnern der Kindertaufe, allen voran dem Haarlemer Jan Matthys. Er wollte mit radikalen Maßnahmen die ›Reinigung‹ der Stadt in die Wege leiten. Münster sollte das ›Neue Jerusalem‹, die Hauptstadt des ›Reiches der Gerechtigkeit‹ werden. Eingedenk des bischöflichen Mandats ließ der Rat die Täuferprediger ausweisen; von dieser Maßnahme war nur Rothmann ausgenommen, obwohl er sich diesen Prädikanten inzwischen angeschlossen hatte. Auf den Druck der Bürgerschaft hin mußte der Rat jedoch den Täufern bald Glaubensfreiheit gewähren. Wie stark diese Bewegung tatsächlich geworden war, offenbarte der Sieg ihrer Anhänger bei den neuen Ratswahlen am 23. Februar 1534. Nun wurde die Erwachsenentaufe obligatorisch, wer sich ihr nicht unterziehen wollte, hatte die Stadt zu verlassen. War der einsetzende Bildersturm hauptsächlich religiös motiviert, so wies die in Angriff genommene Änderung der Vermögensverhältnisse weit über diesen Rahmen hinaus, wenn sie sich auch auf die urchristliche Idee der Gütergemeinschaft berufen konnte.

Am Tage nach der Wahl hatte Bischof Franz von Waldeck den Ring der Belagerer noch enger um die Stadt gezogen, Anfang April starb Jan Matthys bei einem Ausfallversuch. Im September des gleichen Jahres wurde, nachdem der Bischof die Stadt zum zweiten Mal erfolglos berannt hatte, Jan Bockelson zum König ausgerufen. Schon vorher hatte man die Polygamie dekretiert, doch der Zwang dazu wurde Ende 1534 unter Druck der Mitgläubigen wieder gemildert. Die Machtstellung des neuen Königs aber war trotz solcher Querelen und seines oft blutig konsequenten Regiments unangefochten. Selbst als sich die bischöfliche Blockade im Frühjahr 1535 auszuwirken begann, vermochte er es, kraft seines Charismas als weltlicher und geistlicher Führer, den Widerstand zu organisieren. Doch konnte sich die Stadt nur noch bis zum 25. Juni desselben Jahres durchhungern, dann fielen die Tore. Die Hauptanführer der Wiedertäufer, Jan Bockelson van Leiden, sein ›Schwertträger‹ Bernt Knipperdolling – er hatte die strikte Einhaltung der neuen Gesetze zu überwachen – und Bernd Krechting wurden gefangen im Lande herumgeführt und schließlich auf Befehl des Bischofs am 22. Januar 1536 hingerichtet. Ihre Leichen ließ er in drei Käfigen am Turm der Lambertikirche aufhängen.

Eine Folge all dieser Ereignisse war, daß Münster wieder katholisch wurde. Zwar hatten Katholische und Evangelische gemeinsam die Stadt zurückerobert, aber das Domkapitel, das sich von Köln und Kleve unterstützt wußte, konnte sich gegenüber Franz von Waldeck, der innerlich mit der Reformation sympathisierte, durchsetzen. Die Stadt ging aller mühsam erkämpften Rechte zunächst verlustig, erhielt sie jedoch schon sechs Jahre später wieder zurück und hatte auch bald ihre alte Stellung erneut inne, wiewohl die Glaubenskonflikte noch lange nicht ausgestanden sein sollten.

Auch heute noch kann die Lage der mittelalterlichen Kirchen Münsters einen Begriff von der Ausdehnung der jungen Stadt vermitteln. Und wenn man weiß, daß die Gründungen der

Jan von Leiden und Bernt Knipperdolling, Kupferstiche von Heinrich Aldegrever

Pfarrkirchen St. Ägidii, St. Ludgeri, St. Martini und St. Servatii mit ihren seelsorgerischen Rechten und Pflichten, vor allem aber mit den Einkünften, die ihnen als Pfarrkirchen zustanden, sämtlich im letzten Viertel des 12. Jahrhunderts gegründet wurden, dann kann man ermessen, wie rasch sich die Zahl der Neusiedlungen außerhalb der bis 1121 verbindlichen Grenze vergrößert haben mußte. Dieser Entwicklung trugen die Bischöfe Ludwig und Hermann nur Rechnung, als sie den Pfarrbezirk der Pfarre St. Lamberti, die bisher für die ganze Stadt allein zuständig gewesen war, aufteilten.

Die genannten Kirchen, die – von St. Martini vielleicht abgesehen – alle auf die Nord-Süd-Achse orientiert waren (s. S. 54), können bis auf St. Ägidii (die Kirche stürzte im 19. Jahrhundert endgültig ein) auch in ihrem heutigen Zustand noch gute Auskunft über die frühe Entwicklung der Hallenkirchen geben. Das gilt zuallererst für die Kirche *St. Ludgeri*, wenn auch die beiden – später hinzugefügten – Geschosse, vor allem aber ihr filigran gestalteter Abschluß in den Formen der reifen Gotik ausgeführt sind und stark an den Turm der Überwasserkirche (s. S. 71) erinnern. Der spätromanische Bau darf als Prototyp der münsterländischen Stufenhalle angesehen werden, einer Sonderform der Hallenkirche, die sich gegenüber anderen Konzeptionen durch die Beibehaltung eines basilikalen Grundrisses und Dachaufbaus auszeichnet. Daß St. Ludgeri mit seinem Chorjoch, Querschiff, Langhaus und den beiden Westtürmen in der Tradition dieser Bauform steht, kann auch der heutige Besucher leicht erkennen, obgleich der um 1400 neu aufgeführte Chor nicht zu diesem

Eindruck stimmt. Wer die durch das Gebundene System eigentlich geforderten Zwischenstützen in den Seitenschiffen vermißt, wird bei genauerem Hinsehen deren Ansätze an den
Wänden entdecken. Mit der Entfernung dieser Stützen und der neuen gotischen Einwölbung der Seitenschiffe ist der Hallencharakter der Kirche noch deutlicher ausgeprägt
worden, der mit der durchgängig gleichen Höhe aller Gewölbe schon vorgegeben war. Die
Kirche erhält so nur von den Seiten und nicht mehr – wie eine Basilika – durch den
Obergaden Licht.

Die rundbogige Ausführung bei den meisten Gewölben und Fenstern betont die
romanische Schlichtheit des Gotteshauses, die nur um so stärker empfinden wird, wer unter
den Gurtbogen zwischen Vierung und dem hohen Chor her wie durch ein Tor in eine ganz
andere Welt tritt. Vor allem der $\frac{7}{10}$-Schluß des Chors zeigt nicht allein den Formenreichtum
der reifsten Gotik, sondern auch die bis zum Verspielten sublime Durchformung der Details
aus dem Geist einer Spätzeit. Die noch jüngere, sehr schön restaurierte Kapelle an der
Südseite des Chors beherrschen die tief verinnerten Züge eines Schmerzensmanns, der um
1420 in einer süddeutschen Werkstatt entstanden ist und für diese Kapelle erst vor nicht
langer Zeit erworben wurde.

Weniger aufwendig umgesetzt kehrt die Konzeption dieses Gotteshauses in der lediglich
zweijochigen *Servatiikirche* wieder. Hier fehlt ein Querschiff, und die Pfeiler (wie die hier
noch vorhandenen Zwischensäulen) sind ungleich schlanker. Bis zum Gewölbeansatz bildet
der Raum beinahe einen Würfel, die steil ansteigenden Gewölbe führen dann noch einmal
um etwa die gleiche Kantenlänge in die Höhe. Zu solch klaren Maßverhältnissen stimmt das
äußerst zurückhaltend eingesetzte Dekor, von dem eigentlich nur die Wulstrippen der
Mittelschiffgewölbe und deren hängender Schlußstein als bauplastischer Schmuck auffallen.

Münster. St. Ludgeri, Grundriß

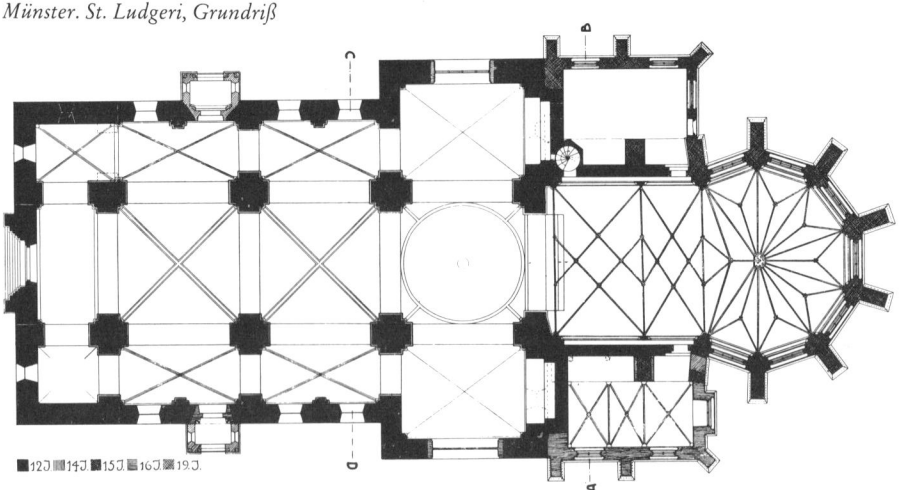

Münster. St. Ludgeri, Aquarell von Johann Friedrich Lange. Westfälisches Landesmuseum für Kunst und Kulturgeschichte, Münster, Westfalia Picta

Wie St. Ludgeri orientiert sich diese Hallenkirche mit dem Grundriß des Gebundenen Systems und der etwas höher geführten Wand des Mittelschiffs noch am basilikalen Schema, hier wie dort bestimmt die gleiche Höhe aller Gewölbeansätze den Raumeindruck, doch dominiert bei St. Servatii der Spitzbogen den Aufbau des Gewölbes und verrät die Weiterentwicklung der Bauformen hin zur Gotik. Gleich dem der älteren Kirche hat auch der Chor von St. Servatii erst in der Spätgotik seine heutige Gestalt erhalten, der Rundturm ist sogar noch jüngeren Datums, er kam erst mit der Wiedererrichtung des Gotteshauses nach schwersten Kriegsschäden hinzu; damals hat man auch die Fenster der Kirche vergrößert.

Während der Turm der Kirche *St. Martini* bis auf das Glockengeschoß und die barocke Haube (Abb. 15) noch von der romanischen Anlage stammt, datiert der übrige Bau aus dem 14. Jahrhundert, wobei sich diese weite Bestimmung aufgrund detaillierter stilkritischer Vergleiche für einzelne Bauteile noch eingrenzen läßt, doch fehlen zeitgenössische Dokumente, die über die genaue Entstehungszeit Aufschluß geben könnten. Wenn man auch das Gotteshaus mit seinen vier bzw. dreieinhalb Jochen des Mittelschiffs zuweilen als Longitudinalbau angesehen hat, erlauben die quadratischen Joche keinen Zweifel daran, daß St.

Martini in der Tradition der westfälischen Hallenkirche steht. Im Vergleich zu denen des Mittelschiffs sind die Joche der Seitenschiffe sehr schmal, die relativ geringe Höhe der Kirche mit ihren abgeflachten Gewölbekappen vermittelt den Eindruck lastender Schwere, der durch die sehr massiven, kurzen Rundpfeiler – sie haben überdies noch einen Sockel von fast einem Meter Höhe – noch verstärkt wird und mangelnde Vertrautheit mit den Möglichkeiten gotischer Architektur anzeigt. Nichtsdestoweniger tritt bei dieser Kirche ihr Hallencharakter deutlicher hervor als etwa bei St. Ludgeri, denn die im Fall der älteren Kirche noch stark ausgeprägten, raumteilenden Gurtbögen sind hier zurückgenommen. Dank solcher Reserve und der schon erwähnten deutlichen Abflachung der Gewölbe weist das Innere von St. Martini eine größere Geschlossenheit auf. Das Geheimnis dieses Raums wird sich dem Besucher jedoch erst mitteilen, wenn er im Mittelschiff der Kirche stehend in den langgestreckten, lichterfüllten gotischen Chor blickt, hinter sich aber den dämmerigen Raum des noch romanischen Turmgeschosses weiß. – Wenigstens einen Hinweis muß das *Kapitelskreuz* im Kirchenschatz von St. Martini wert sein, das allerdings 1974 dem Westfälischen Landesmuseum als Dauerleihgabe überlassen wurde. Die Herkunft der herrlichen Arbeit aus dem ersten Drittel des 14. Jahrhunderts (Rückseite und Fuß wurden im späten 19. Jahrhundert bearbeitet bzw. hinzugefügt) liegt noch im Dunkeln, mit Sicherheit stammt sie aber aus keiner westfälischen Werkstatt.

Über Roggenmarkt, Bogenstraße und Spiekerhof gelangen wir – jenseits der Aa – in das Stadtviertel Überwasser. Das einst selbständige ›suburbium‹ wuchs um ein von Bischof Hermann (1332–1342) gegründetes Damenstift mit eigener Immunität. Der Landesherr hat sich von diesem Schritt sicher nicht nur eine bessere seelsorgerische Betreuung der umliegenden Anwesen versprochen, sondern auch einen wirtschaftlichen Gewinn. Jedenfalls hat hier, entlang der ›Friesischen‹ Straße, lange Zeit das Zentrum des Handels mit friesischem Vieh gelegen; wiederaufgelebt ist heute der Name ›Kuhviertel‹ für den Stadtteil um die Liebfrauenkirche. Als »suburbium« wird es 1123 erstmals erwähnt, wie weit bis zu seiner Einbeziehung in das weitläufige Befestigungssystem der Altstadt auf dem anderen Aa-Ufer die Selbstverwaltung bereits entwickelt war, kann wegen der dürftigen Quellen nicht mehr ermittelt werden. Die Zusammenlegung war 1189 offenbar schon erfolgt, denn in diesem Jahr spricht eine Urkunde von Überwasser als einem Teil der Stadt.

Die heutige *Pfarrkirche Liebfrauen (Überwasserkirche)* war zunächst das Gotteshaus des gleichnamigen Stifts. Nach einem Brand wird ihr zweiter Bau in den achtziger Jahren des 11. Jahrhunderts geweiht, der nördlich des eigentlichen Turms gelegene, heute abgebrochene und als Kapelle genutzte Ludgerusturm (genauer seine Bausubstanz) wird als Überrest dieser Kirche betrachtet. Das Innere weist gewisse Ähnlichkeiten mit dem der Apostelkirche (s. S. 113), also einer ehemaligen Bettelordenkirche, auf. Denkt man an die übrigen Hallenkirchen des Münsterlands, dann überrascht die im Verhältnis zur Breite geringe Tiefe der sechs Joche im Mittelschiff, denen in den Seitenschiffen quadratische Joche entsprechen. Diese ungewöhnlichen Maßverhältnisse bedingen einen relativ kurzen Pfeilerabstand, der wiederum gravierende Folgen für die Raumwirkung hat: Die Seitenschiffe werden optisch

Münster. Überwasserkirche, Aquarell von Johann Friedrich Lange. Westfälisches Landesmuseum für Kunst und Kulturgeschichte, Münster, Westfalia Picta

vom Mittelschiff abgetrennt. So kann, obwohl Seitenschiffe und Mittelschiff gleich hoch sind, im Gegensatz zu den bisher vorgestellten Kirchen mit ihren weiten Pfeilerabständen, ein Halleneindruck kaum entstehen, schon beim Eintritt in die Vorhalle des Turms können die schönen Votivtafeln Ludger und Hermann tom Rings kaum der Vereinnahmung des Blicks durch die bedrängende Gewalt der Längsflucht wehren.

Der Außenbau erweckt den Eindruck massiger Geschlossenheit vor allem wegen des hohen, alle drei Schiffe überspannenden Satteldachs und des helmlosen, quadratischen Westturms, der dem Bau erst einige Jahrzehnte später hinzugefügt wurde. Der dank seiner Maßwerkfenster und -blenden außerordentlich kraftgespannte Aufbau des Turms findet in dem ins Achteck überführten obersten Geschoß mit seinen filigran gearbeiteten Ecktürmchen einen beinahe spielerischen Abschluß. Die auf die Fläche orientierte, schmückende Gliederung kennzeichnet den Turm als Werk der Spätgotik, wobei das Obergeschoß sicher schon ins 15. Jahrhundert zu datieren ist.

Der Turm war nicht immer ohne Helm. Den ersten brachen die Wiedertäufer ab, um hier oben ihre Kanonen aufstellen zu können, der zweite war wohl nicht sorgfältig genug befestigt worden, denn er wurde 1704 von einem Sturm abgeweht. Die Wiedertäufer hatten auch die Figuren von dem großen Maßwerkportal abgerissen und als Befestigungsmaterial für die Wälle benutzt. 1898 fand man den Zyklus – Madonna und Apostel –, der zu den Meisterwerken deutscher Plastik des 14. Jahrhunderts zählt, bei Grabungen an der Kreuzschanze wieder und brachte ihn ins Westfälische Landesmuseum. Die heutigen Portalfiguren schuf Anton Rüller 1903.

Stadt des Adels – Stadt des Barock

Nur in der Königsstraße haben einige Adelshöfe oder wenigstens Teile von ihnen den Zweiten Weltkrieg überstanden und vermögen eine schwache Vorstellung von der Prachtentfaltung an dieser früheren ›Straße des Adels‹ zu geben. Allen voran sei noch die in Renaissanceformen aufgeführte Fassade des ehemaligen *Heeremannschen Hofs* (Nr. 47, heute Oberverwaltungsgericht) aus dem 16. Jahrhundert genannt. Seine Planung wird Ludger tom Ring zugeschrieben, weil die Architektur dieses Gebäudes frappierende Ähnlichkeit mit derjenigen aufweist, die den gemalten oberen Abschluß der astronomischen Uhr im Dom (s. S. 51) bildet. An die enorme Bautätigkeit vor allem zu Beginn des 18. Jahrhunderts erinnern nurmehr der einzig noch erhaltene Nordflügel des Beverfoerder (Nr. 46), der Oersche (Nr. 42) und der – so jedenfalls glaubte man lange Zeit – der Droste zu Sendensche Hof. Dabei steht der Gebäudeteil des *Beverfoerder Hofs* für die Zeit zu Beginn des 18. Jahrhunderts, »alß sehr viele kostliche palläste in der statt Münster gebauet worden«. Die ganze Dreiflügelanlage, an der sich dann viele adlige Bauherrn in Münster orientiert haben, war ein Werk des Gottfried Laurenz Pictorius (1663–1729). Sein Name und der Lambert Friedrich Corfeys (1668–1733) sind eng mit dieser Phase feudaler Repräsentation im Fürstbistum verknüpft. Beide Architekten standen in den Diensten der kleinen münsterschen Armee, zuletzt als Artilleriekommandant Corfey, als Landingenieur Pictorius. Trotz ihrer vielen Entwürfe und Pläne wäre es falsch, ihnen den Beruf des Architekten oder, wie im Falle Corfeys geschehen, den Titel eines ›Oberbaudirektors‹ zuzuschreiben. Ihre militärischen Aufgaben haben stets im Vordergrund gestanden, jedenfalls wollte Corfey seine Zuarbeit für die Bauvorhaben des Adels eher als persönliche Gefälligkeit aufgefaßt wissen (es ist noch nicht einmal sicher, ob er je ein Honorar verlangte) und auch bei Gottfried Laurenz Pictorius hebt die zeitgenössische Bischofschronik zuerst hervor, daß er »wie ein tapfferer Kriegs-Officier (...) sein Leib und Leben vor das gemeine Wese dargebotten zum anderen wie ein in der Kriegs-Bau-Kunst trefflich wohl erfahrner Ingenieur mit scharffsinnigen Verstand, verständigen Ratschlägen das gemeine Beste befördert«, bevor sie anfügt, er habe »nicht weniger in anderen vornehmen Gebewen einen Kunstreichen Directeur abgeben«.

Mit dem *Sendenschen Hof* hat es eine eigene Bewandtnis. Nachdem die Bomben ihn weitgehend verschont hatten, lief er mehrfach Gefahr, modernen Repräsentationsbedürfnissen zum Opfer zu fallen. Als dann das Wirtschaftsgebäude (1756 entstanden), die Erweiterungsbauten aus dem Jahr 1873 und der Saalflügel am Herrenhaus unter der

Gottfried Laurenz Pictorius (1663–1729)

Bedingung, die erhaltenswerten Teile der Innenausstattung ins Vorderhaus zu integrieren, abgerissen worden waren, ging man an die gründliche Untersuchung dieses allein übriggebliebenen Gebäudeteils. Man kam zu dem überraschenden Ergebnis, daß er kaum mehr barocke Bausubstanz besaß. Wegen seiner wichtigen Funktion als einer der wenigen Zeugen des alten Münsterschen Stadtbildes gab man aber dem erneuten Drängen des Eigentümers auf Abriß auch des Vorderhauses nur mit der Auflage eines Wiederaufbaus bei gesicherten Fundamenten nach. In seinem heutigen Zustand dürfte nun der Hof ohne den Seitengiebel und mit Kreuzsprossenfenstern seinem ursprünglichen Aussehen näherkommen, doch steht der Betrachter ansonsten vor einer barock nachempfundenen Architektur von 1873. So viel zu den Abenteuern zeitgenössischer Denkmalpflege.

Bleibt mithin als einziger original erhaltener Adelshof der nebenan gelegene *Oersche Hof*, sicher eines der schlichteren Gebäude jener Zeit. Auch um die Erhaltung dieses giebelständigen, zweigeschossigen Herrenhauses (1748 errichtet) und des um 1800 angefügten Seitenflügels mit Tordurchfahrt gab es langwierige Verhandlungen, doch dann konnten die Restauratoren mit ihrer Arbeit beginnen. Nach Abnahme der Putzschicht besticht der Backsteinbau heute wieder durch die vornehme Zurückhaltung seiner lisenengegliederten Front. Da auch das Innere kaum gelitten hatte und sogar die alte Raumaufteilung noch weitgehend erhalten war, konnten die Wiederherstellungsarbeiten zu einem optimalen Ergebnis führen. Damit läßt der Oersche Hof wieder die unverwechselbare Handschrift des Mannes erkennen, dessen Name untrennbar mit den Glanzlichtern barocker Architektur in Münster verknüpft ist.

73

Johann Conrad Schlaun (1695–1773)

Johann Conrad Schlaun, Westfalens größter Baumeister, wurde 1695 in Noerde bei Warburg geboren und ging nach wenig erfolgreichem Schulbesuch den Weg, den vor ihm schon Corfey und Pictorius gegangen waren. Bei der Hannoverschen Infanterie und ab 1715 als Leutnant der Artillerie und Ingenieur des Fürstbistums Paderborn konnte er sich mit dem Handwerkszeug seiner eigentlichen Profession bestens vertraut machen. In das Jahr des Übertritts zur Armee Paderborns fällt jedoch schon der Baubeginn der Kapuzinerkirche in Brakel, des ersten Werks, dessen Entwurf nachweislich aus der Hand Schlauns stammt. Die Behandlung ihrer Fassade deutet schon auf die Wandreliefs der reiferen Jahre voraus und auch die ein Jahr später erbaute Kirche in Rheder bei Höxter zeigt im souveränen Umgang mit der hierzulande immer noch präsenten Nachgotik das kräftige Talent des jungen Baumeisters.

Die prägenden Eindrücke für seine Arbeit erfährt Schlaun indessen auf seiner 1720 begonnenen Studienreise, die ihn über Würzburg nach Rom und auf der Heimreise über Paris führt. Ein Jahr nachdem der (damals trotz seiner Abkunft noch kaiserlich gesinnte) Wittelsbacher Clemens August sein Landesherr geworden war, lernt Schlaun in Würzburg unter der Anleitung Balthasar Neumanns – Ingenieur und Artillerist auch er – eine Bauauffassung kennen, welche bei aller Eigenständigkeit ihre Orientierung an den prächtigen Bauten des Wiener Barock nicht verleugnet. Hatten ihn schon Johann Dientzenhofers Schöpfungen in der Umgebung Würzburgs mit ihren römischen Vorbildern wenigstens mittelbar vertraut gemacht, so konnte er 1722 in Rom diese selbst studieren. Während seines kurzen Pariser Aufenthalts schließlich beeindruckt ihn der Typ des Stadthauses (hôtel) und der ländlicheren ›maison de plaisance‹, die beide mehr Bedacht auf Wohnlichkeit als auf Repräsentation nehmen.

Einen ersten Ertrag dieser Reise stellt die Fassade der *Kapuzinerkirche* (heute *St. Ägidii*) zu Münster dar. Besonders die Simsführung und das Portal, das aus der flach gehaltenen, noch an Brakel orientierten Gliederung der Wand hervortritt und vor allem mit seinem aufgebogenen Giebel einen spannungsreichen Gegensatz zu ihr bildet, verraten ein an Borromini geschultes Formempfinden. Übrigens glaubt man heute Anhaltspunkte dafür zu haben, daß auch die Kanzel der Kirche (Abb. 13), zweifellos ihr auffälligstes Ausstattungsstück und ihrer naturalistischen Ausführung einmalig im westfälischen Raum, von Schlaun entworfen wurde.

Bis zum Bau der *Clemenskirche* haben den inzwischen weit bekannten Baumeister noch einige Aufträge nach Münster selbst gerufen, doch zeugen davon außer dem Haus Dyckburg im Stadtteil St. Mauritz (Abb. 19) kaum einmal mehr Relikte. Und auch zu Schlauns großartigstem Kirchenbau hätten die Bomben das letzte Wort gehabt, wenn nicht die Denkmalpflege seinen Wiederaufbau bis hin zu einer phantastisch getreuen Rekonstruktion des Inneren über Jahrzehnte hinweg betrieben hätte. Diese Kirche war einst Teil des St. Clemenshospitals der Barmherzigen Brüder, eines Komplexes, dessen großangelegter Entwurf bis zu seiner Verwirklichung manche Abstriche hatte hinnehmen müssen. Zwischen zwei im spitzen Winkel aufeinander zulaufenden Hospitaltrakten gelegen, stellt sie eine Ecklösung dar, die die heiklen Raumverhältnisse nur zu einer um so überzeugenderen

Münster. Clemenskirche, Entwurf von Johann Conrad Schlaun

Konzeption genutzt hat. Der damals allein sichtbaren Hälfte des zylindrischen Baus ist eine Fassade vorgeblendet, deren Aufbau und Schwung an die Fassadenbehandlung Borrominis erinnern (man hat nach dem Zweiten Weltkrieg die Konzeption der Schaufront vereinfacht wiederholt, wobei man sich auf einen voraufgegangenen Entwurf Schlauns berufen konnte). Das für Schlaun so charakteristische Zentralmotiv weist für seinen Teil noch einmal und nachdrücklicher den großen Atem der Durchbildung vor, der den ganzen Bau belebt. Die außen angebrachten Pilaster verweisen auf die Dreiergruppen dieser Pfeiler zu Seiten der Pfosten; doch rahmen diese beiden Gruppen nicht einfach das Portal, sondern streben hoch darüber hinaus, um erst in einer hier stark verbreiteten unteren Simszone von einem gekröpften Giebel überdacht zu werden, der seinerseits aus jener zwar heraustritt, sie jedoch – vor allem im Schlußakzent der Fassade (dem Wappen des Kurfürsten Clemens August) – auch wieder unter sich läßt. Die imponierende Kuppelhaube mit der ungewöhnlich hoch gezogenen Laterne nimmt diese Bewegung auf, indem sie sie steigert.

Wenn heute der Innenraum seinem ursprünglichen Aussehen wieder nahekommt, so ist das ein Verdienst der Restauratoren, deren Arbeit die Intentionen derjenigen, die hier zuerst Hand angelegt haben, genauer treffen dürfte, als das die im Trümmerschutt begrabene Ausgestaltung tat. Das reichlich einfallende Licht trifft auf die zarten Farben der Pilaster und Wandflächen, das schwelgerische Dekor des Hauptaltars und der Seitenaltäre in den Nischen hat die bewegte Anmut des Rokoko. Den Charakter der Kuppel akzentuiert das figurenreiche Deckengemälde des Johann Adam Schöpf, der solche Aufgaben schon in seiner bayerischen Heimat mit Bravour gelöst hatte.

Man hat des öfteren vermutet, daß die nach innen schwingende Front des *Erbdrostenhofes* (Farbabb. 6) der vorgewölbten der benachbarten Clemenskirche entspreche, daß beider Baumeister also eine Ensemblewirkung im Auge gehabt habe. Auch die Anlage dieses Palais mußte sich einem Eckgrundstück einpassen, welches im Winkel von Salzstraße und Ringoldsgasse lag. Der Straßenführung Rechnung tragend, hat man vor dem Palais einen dreieckigen Ehrenhof angelegt, dessen Einfriedung, ein geschwungenes Gitter, auf die Toreinfahrt an der Spitze des Dreiecks zuläuft. Von ihr aus führt die Auffahrt geradewegs in die Eingangshalle hinein. Sie nimmt die ganze Tiefe des Gebäudes ein, die Karossen konnten also ohne irgendwelche Wendemanöver an ihrer Rückfront wieder hinaus zu den hier gelegenen Stallungen und Remisen fahren. Seitlich geht in der Halle rechts und links je eine Treppe ab, die in die Nebentrakte führen. Nur von dort gelangt man in den zweigeschossigen, über dem Vestibül gelegenen Festsaal (Abb. 17), der wie jenes die ganze lichterfüllte Raumtiefe für seine repräsentativen Aufgaben nutzt. Er ist heute wieder in der Pracht seiner völligen (rekonstruierten) Ausmalung mit den beiden überlebensgroßen Portraits von Kaiser Franz I. und dem Landesherrn Clemens August zu bewundern.

Die größte Aufmerksamkeit aber verdient die ingeniöse Linienführung des Gebäudes. Sie hält die Dreiflügelanlage der Adelspaläste gegenwärtig, ohne jedoch deren bloße Reduktionsform zu sein. Überdies zeigt der Grundriß, daß die Fassade keineswegs eine einfache, nach innen gewölbte Linie beschreibt. Zunächst weist der übergiebelte Mittelrisalit in sich eine leichte Einbuchtung auf, während die Front über die beiden folgenden Achsen hin völlig gerade abschließt und erst mit den drei äußeren Achsen die Bewegung nach vorn vollzieht, die sich dann im Gitter fortsetzt. Doch auch diese Beschreibung kann noch keine angemessene Idee von der Fassadengestaltung vermitteln, deren Beschwingtheit das Moment des Verschleifens der Bauteile entspricht. Denn der gegenüber seinem vorspringen-

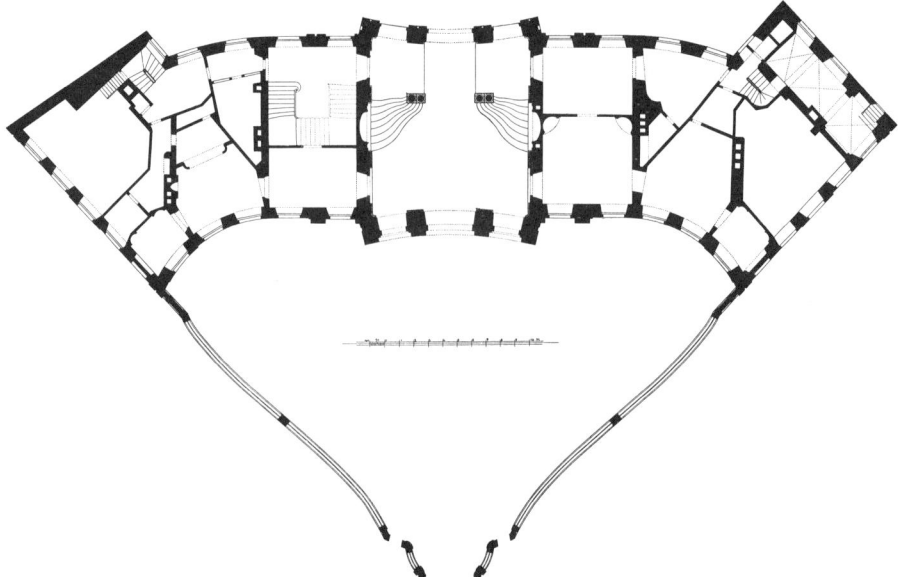

Münster. Erbdrostenhof, Grundriß des Erdgeschosses und des Hofgitters

den Zentrum jeweils um eine Achse erweiterte Mittelpavillon (er wird durch das höher gezogene Dach zusätzlich betont) hat mit dieser Erweiterung ebenso Anteil am geraden Verlauf der Seitentrakte, die erst mit der nächstfolgenden Achse einschwingen. Hier wird also die Bewegung zurückgehalten und ist durch diesen Kunstgriff nicht Sache einzelner, voneinander stark abgetrennter Teile, sondern des ganzen Baukörpers, der in den rahmenden Bändern der letzten vertikalen Fensterreihe und dem der Hauskante wie beiläufig abschließt.

Schlauns aufwendigstes Unternehmen sollte ihn während seiner letzten Lebensjahre bis zu seinem Tode in die Pflicht nehmen. Das *Fürstbischöfliche Schloß* (Farbabb. 5, Abb. 18) kam nicht nur einem Vermächtnis des Baumeisters gleich, es ist auch die letzte Manifestation des Barock in einer Epoche, die schon allerorten klassizistisch baute. Ehrgeizige Pläne für die Errichtung einer Residenz hatten lange vorher existiert, immer wieder war der Fürstbischof von den Landständen zu deren Verwirklichung gedrängt worden, doch erst mit dem Ableben Clemens Augusts konnten sie anläßlich der Wahl des neuen Landesherren Maximilian Friedrich von Königsegg-Rothenfels die günstige Gelegenheit nutzen, um ihren Willen durchzusetzen. Eine Wahlkapitulation vom 15. 9. 1762 legt fest: »Zu Erbauung einer Fürstlichen Residenz in der Stadt Münster, zu wessen ersterer Errichtung die Landschafft gern ein Merkliches beyzutragen geneigt sein wird, wird der Neu erwehlender Herr ein Erkleckliches (...) mit Fürst Väterlicher Freygebigkeit umb so mehr (beyzutragen) geneigt sein, weilen sothaner Bau zu derselben und der Herren Successoren Commodität gereichet (...)«. Außer solcher Verpflichtung beförderte aber auch die Ernennung Franz von Fürstenbergs zum Minister wesentlich das zügige Voranschreiten des Baus, wie das Territorium in seiner Person erstmals seit langer Zeit überhaupt einen engagierten Vertreter seiner Interessen beim Kurfürsten gewonnen hatte.

Die Schloßanlage sollte auf dem Platz der Zitadelle Christoph Bernhards von Galen erstehen, die der Stadt stets als Zwingburg verhaßt geblieben war. 1767 genehmigt der Kurfürst von Köln und Fürstbischof von Münster Maximilian Friedrich endgültig entsprechende Pläne und betraut den zweiundsiebzigjährigen Schlaun mit der Leitung des Schloßbaus. Der Baumeister wußte, daß ihm nicht mehr viel Zeit für die Erfüllung dieser Aufgabe blieb. Als er 1773 starb, war denn auch nur der Außenbau fertiggestellt. Die Umwandlung der Befestigungsanlagen innerhalb der breiten Wassergräben zu einem großen Park nach französischem Muster hatte begonnen, die freie Fläche zwischen der ehemaligen Zitadelle und der Stadt war als von Alleen durchzogener Neuplatz gestaltet oder zumindest entworfen worden, und zwischen beiden lag, dreiflügelig der Stadt zugewandt, das Schloß. Scharf grenzt sich sein fünfachsiger Mittelpavillon vom übrigen Hauptgebäude ab, die Flügel sind an ihrem Ende eigentümlich verbreitert und weisen zur Stadt hin eigene Schauseiten auf. Sie haben im Verhältnis zum 91 m langen Corps de logis erstaunlich wenig Tiefe; man darf – des Erbdrostenhofs eingedenk – annehmen, daß der damit erreichte offene Charakter der Anlage von Schlaun gewollt war.

Auch bei diesem Bau ist das Zentralmotiv wieder besonders deutlich schon durch die eigene Bewegung der vorgewölbten drei Achsen ausgeprägt. Im Gegensatz zu den Pilastern, die den Mittelpavillon abgrenzen, sind hier vier Säulen aufgeführt, die ein Dreiecksgiebel mit einer Famagruppe in seiner Mitte überspannt. Der außerordentlich starke Akzent des Mittelpavillons erfährt durch diese wuchtige vorgewölbte Front, die einen Tempel imaginiert, noch einmal eine Steigerung. Man hat es Schlaun zuweilen als kompositorische Unausgewogenheit angelastet, daß ein derart dominantes Motiv zumindest auf der Stadtseite so ohne Entsprechung, ohne Vorbereitung bleibt. Doch könnte gerade diese Isoliertheit auf die historische Stellung des Schloßbaus hindeuten; ein letztes einsames Beschwören der vergangenen Epoche, das um seine Unzeitgemäßheit weiß und deshalb die buchstäbliche Exekution der alten Regel vermeidet.

Der Tod Schlauns bezeichnet also unwiderruflich das – durch den Schloßbau hinausgezögerte – Ende des deutschen Spätbarock, dessen Repräsentanten ihre am römischen Hochbarock orientierten Werke erst schufen, als man sich andernorts von den Prinzipien barocker Architektur schon abgewandt hatte, und der wegen der herausragenden Leistungen eines Johann Dientzenhofer, F. M. Fischer oder Balthasar Neumann eine der glänzendsten Epochen deutscher Bauhistorie genannt werden darf. Daß der zu Schlauns Lebzeiten

Echelle de 500 Verges du Rhin.

La ville de Residence,.

LA CITADELLE DE MÜNSTERBATIE. 1662

DESSINÉ PAR

incipauté de Munster

RTZENBACH

CHANGÉE EN RESIDENCE. 1767

Plan.   Echelle de 100 Verges du Rhin
A. Chateau de 1. à 2. 3.   6. Corps de Garde.
B. cours Electo.   7. la maison de Stecklin.
C. premier.   8. Jardin de plaisance.
E. Forge.   9. Jardin potager.

fertiggestellte Außenbau in seinem wohlausgewogenen Einsatz von rotem Ziegel, gelbem Baumberger Sandstein und dem dunklen Blau der Schieferdeckung einen würdigen Schluß-punkt setzt, haben die Fachgelehrten immer wieder betont. Daß aber sein Nachfolger, der Kanonikus Wilhelm Ferdinand Lipper mit den Plänen Schlauns, die ihm zur Ausführung vorlagen, nicht einverstanden sein konnte, ist sehr verständlich. Die noch ganz vom barocken Repräsentationsgedanken beherrschten Entwürfe Schlauns mußten auf den Widerstand eines Vertreters der frühklassizistischen Bauweise stoßen. Er moniert denn auch die »widersinnigen cartouchen«, das »ungereimte Laub und schnörkelwerck«, doch stößt er bei seinem Landesherrn mit weitgehenden Umbauplänen auf wenig Gegenliebe. Seine Ausgestaltung der Räume, bei der er freie Hand hatte, ist indessen außerordentlich gerühmt worden, ohne daß wir heute etwa das Urteil Gurlitts, »eines der glänzendsten Beispiele der klassizistischen Schule in Deutschland«, nachvollziehen könnten, denn die Residenz brannte im Zweiten Weltkrieg völlig aus und wurde danach entsprechend den Bedürfnissen der auch heute noch in ihren Räumen untergebrachten Universität wieder eingerichtet.

Rundgang auf den Wällen

Der Dom ist als Mittelpunkt der Diözese nach den furchtbaren Kriegszerstörungen wiedererstanden, und auch die alte Bürgerstadt blieb mit dem – wenngleich reduzierten – Wiederaufbau des Prinzipalmarktes nicht nur als historische Staffage gegenwärtig, sondern wurde auch zum festen Bestandteil des neuen Lebens. Von den Palästen des Adels aber ist, abgesehen vom Erbdrostenhof und der Residenz, nur sehr weniges auf uns gekommen, und auch die genannten spektakulären Ausnahmen dienen nicht mehr ihrem ursprünglichen Zweck. Alle städtebaulichen Entwicklungen, für die die bekannten Namen hier stehen mögen, vollzogen sich jedoch innerhalb der um 1200 angelegten Stadtbefestigung, deren Grenzen bis zur Mitte des vorigen Jahrhunderts nie überschritten worden sind.

Noch vor Abschluß der Friedensverhandlungen zum Siebenjährigen Krieg mußte der neue Bischof Maximilian Friedrich den Landständen zusichern, für die Schleifung der gewaltigen Festungswerke der Stadt Sorge zu tragen. Die Bewohner Münsters hatten die bittere Erfahrung machen müssen, daß ihre oft hart umkämpften, nie aber erstürmten Verteidigungsanlagen von der Entwicklung des modernen Kriegswesens überholt worden waren. Der Minister Franz von Fürstenberg war es dann, der ab 1770 mit der Einebnung der Wälle und ihrer Umgestaltung in Promenaden begann. Im Laufe der Zeit wurde »der Stadt ein Lindengürtel beschert, der ihr Gesicht in glücklichster Weise für alle Zeiten als das der ›Stadt im Lindenkranz‹ bestimmt hat«. (Joseph Prinz, Mimigernaford-Münster, Münster 1960, S. 221)

Über viereinhalb Kilometer zieht sich der ehemalige Festungswall rund um die Altstadt, gesäumt von gepflegten Parkanlagen, ausgestattet mit zahlreichen Ruheplätzen. Kein Wunder, daß die Wallpromenade zu den bevorzugten Sonntagsnachmittagsunternehmun-gen der Münsteraner Bevölkerung gehört. Lassen auch Sie sich also zu einem echt

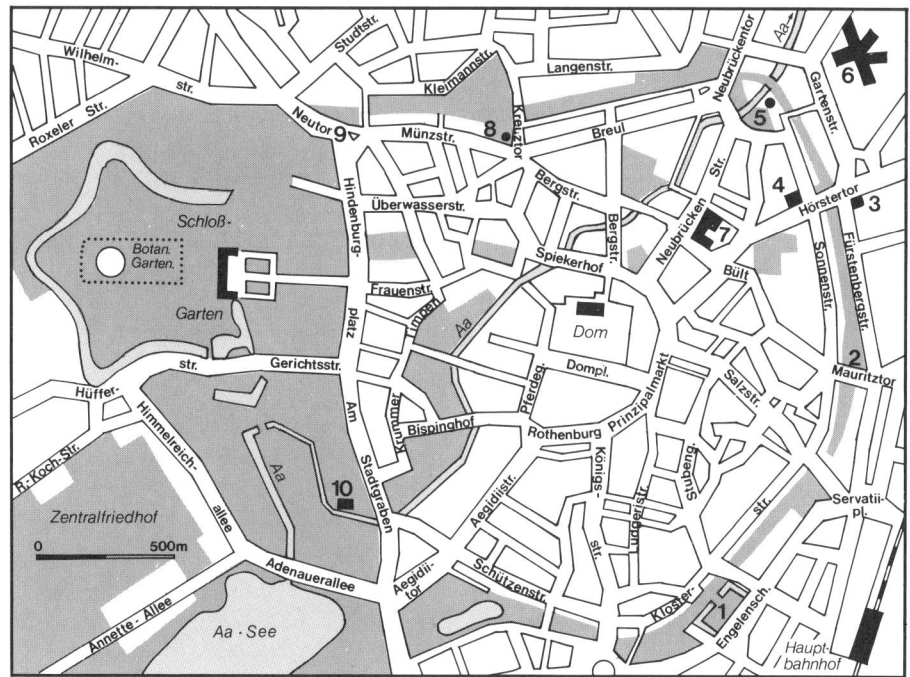

Münster, Stadtplan II   1 Engelenschanze – 2 Mauritztor – 3 Staatsarchiv – 4 ehemalige Lotharingerkirche – 5 Zwinger – 6 Justizvollzugsanstalt – 7 Stadttheater – 8 Buddenturm – 9 Neutor – 10 Neuwerk

münsterschen Spaziergang einladen, und seien Sie bitte nicht böse, wenn er etwas länger dauert, als die Zahl der Kilometer es vermuten läßt, denn den einen oder anderen Abstecher werden wir nicht der einmal vorgegebenen Route opfern wollen.

Beginnen wir im Süden, am Ludgeriplatz. Links zieht sich der Kanonengraben hin, dessen Name schon seine einstige Funktion als Teil der Stadtbefestigung verrät. Vom Kanonenberg haben wir einen schönen Blick auf den Aasee, an dem wir unseren Rundgang beschließen werden.

Im gegengesetzten Uhrzeigersinn folgen wir nun der Promenade um die Altstadt herum. Unser Weg führt uns zuerst über die *Engelenschanze,* die 1960 zum Bürgerpark gestaltet wurde. George Rickey schuf die Plastik ›Drei rotierende Quadrate‹; den geschwungenen Bau der Landwirtschaftskammer (Schorlemerstraße 26) entwarfen die Architekten Hämer und Ruhnau (1953/1954). Am *Mauritztor* ist von ehemals zwei spiegelbildlich einander zugeordneten klassizistischen Torpavillons (1825 und 1827 erbaut) nur mehr der südliche erhalten. An die Kriege von 1864, 1866 und 1870/1871 erinnert ein Rundbau aus Kalkstein (1908), das tüchtige Werk des Jugendstils stammt von Bernhard Frydag.

Der um 1890 erbaute rote Backsteinbau des *Staatsarchivs* rechter Hand an der Kreuzung Fürstenbergstraße/Bohlweg ist eine Reminiszenz an die Adelssitze der Renaissancezeit. Die Stufen seiner hohen Treppengiebel tragen kugelbesetzte Halbradaufsätze. – Geht man an dieser Kreuzung die Hörsterstraße ein weniges stadteinwärts, stößt man auf den Bau der *ehemaligen Lotharingerkirche*. Das Spätwerk Schlauns entstand als Teil einer ganzen Klosteranlage zur Zeit des Schloßbaus. Nach der Säkularisierung des Klosters diente es von 1827–1931 als Kaserne, die nach schweren Zerstörungen im Zweiten Weltkrieg bis auf die Kirche abgerissen wurde. Ihren Außenbau hat man erhalten, ohne an das Original in allen Teilen möglichst exakt anzuschließen. Das erreichten erst die späteren Rekonstruktionsversuche des Landesdenkmalamts, die sich auf einen Entwurf aus der Schlaunschen Werkstatt stützen konnten. Die Front des Gotteshauses, das eher den Eindruck eines profanen Gebäudes macht, weist alle für Schlauns Bauten charakteristischen Merkmale auf: Die elegant geschwungenen Flanken des Mittelrisaliten verleihen der Fassade eine eigene Bewegtheit, Tür und Portal gruppieren sich zum vertrauten Zentralmotiv, und schließlich zeigt sich die Hand des Meisters in dem raffiniert-schlichten System der Wandverblendung.

Den nordöstlichen Punkt des einstigen Festungsrings erreichen wir am Neubrückentor. Hier, wo die Aa die Altstadt verläßt, steht der mächtige, runde Wehrbau des *Zwingers*, der in früheren Zeiten an diesem neuralgischen Punkt der Stadtbefestigung besonderen Schutz gewähren sollte. Ein Blick in das finstere, unheimliche Gemäuer läßt Geschichte und Geschichten wach werden: Als Franz von Waldeck 1535 die Wiedertäuferstadt erobert hatte, stationierte er im Zwinger eine bischöfliche Truppe. Ob damals im Binnenhof ein Galgen gestanden hat, an dem fahnenflüchtige Soldaten aufgehängt wurden, ist nicht verbürgt, Tatsache aber ist, daß zweihundert Jahre später kein Geringerer denn Johann Conrad Schlaun das alte Bollwerk zum Gefängnis umbaute. Als Franz von Fürstenberg die mittelalterlichen Festungsanlagen schleifen ließ, hielten die zwei Meter dicken Mauern des Zwingers stand. Alle noch in unserem Jahrhundert unternommenen Versuche, das dunkle Bauwerk freundlicher zu gestalten, scheiterten. Weder Künstler noch Jugendgruppen wurden auf Dauer hier heimisch.

Vom Zwinger aus bieten sich gleich mehrere Abstecher an: Der erste führt uns zum ehemaligen neuen Zuchthaus, der jetzigen *Justizvollzugsanstalt* (Gartenstr. 26). Ein Schinkel-Mitarbeiter, Carl Ferdinand Busse, entwarf den um 1850 entstandenen, dunkelroten Ziegelsteinbau, aus dessen zinnenbekröntem Mittelteil der Turm wie bei einem mittelalterlichen Schloß herausragt.

Das *Stadttheater* an der Ecke Neubrückenstraße/Voßgasse schuf 1954–1956 eine Gruppe junger Architekten (Harald Deilmann, Max von Hausen, Paul Ortwin Rave und Werner Ruhnau). Die großzügige Anlage aus modernen Baustoffen war vielen Münsteranern zu kalt, zu glatt (›Onassis' Badeanstalt‹), nach dem Urteil der Fachwelt ist sie indessen – auch durch die Einbeziehung der Ruine des Romberger Hofes – zu einem »der architektonisch gelungensten Theaterbauten der letzten Zeit« (Dehio) geworden.

Der dritte Abstecher, nämlich die Aa-Uferpromenade, führt uns noch weiter vom Wall weg. Während diese nach Norden hin die Stadt verläßt (ein reizvoller Spaziergang von etwa

2 km bis zur Höhe des Nevinghoff-Gutes), durchzieht sie in der entgegengesetzten Richtung diagonal die Altstadt und mündet schließlich am Aa-See im Südwesten der Stadt.

Bleiben wir jedoch auf dem Wall, so kommen wir an der Kreuzschanze zu einem der interessantesten Abschnitte unseres Rundgangs. Noch einmal werden wir an die Zeiten erinnert, in denen Münster von einem starken Festungsring gesichert war. Ungefähr dort, wo 1535 die Belagerer in die Stadt eindrangen, erhebt sich aus noch vorhandenen Resten der Stadtmauer der *Buddenturm* mit seinem roten Kegeldach. Von den Türmen, die die Stadtumwehrung zwischen den einzelnen Toren sicherten, ist er der einzig erhaltene, seine Bausubstanz dürfte also noch aus dem späten 12. Jahrhundert datieren, als man die Stadt mit einem ersten Befestigungsring umgab, dessen Verlauf später nur mehr ganz geringfügig korrigiert werden sollte. Der Bischof Franz von Waldeck nutzte den Turm nach der Wiedergewinnung der Stadt zunächst als Stützpunkt und quartierte hier eine Wachmannschaft ein. Später geriet das Gemäuer bei den Soldaten in Verruf, denn wer von ihnen sich eines Vergehens schuldig gemacht hatte, wurde hierhin verbracht und wahrscheinlich auch gefoltert. Als »rotgehäupter Satan« war der Turm gefürchtet.

In den Parkanlagen erinnern marmorne Denkmäler von Anton Rüller (1896 und 1905) an Annette von Droste-Hülshoff und an den Musikdirektor Julius Otto Grimme, einen Freund

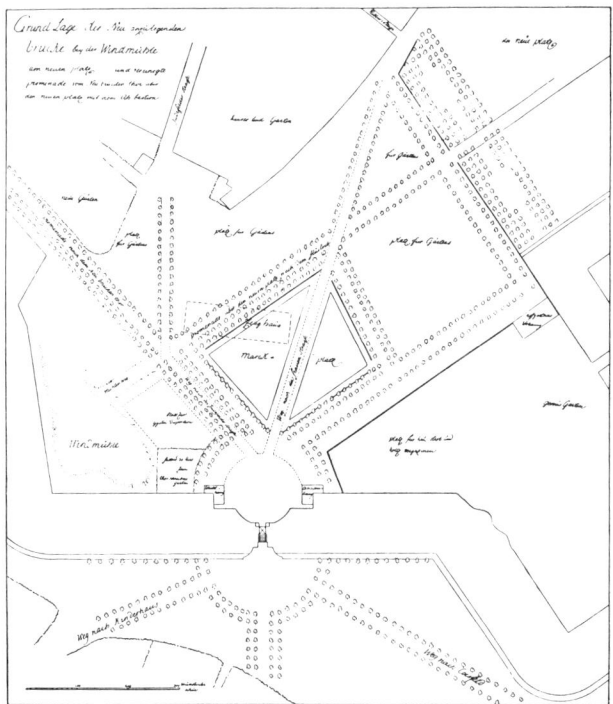

Münster. Gestaltung des nörd-lichen Neuplatzes, Entwurf. Entwurf von W. F. Lipper

85

Brahms'. Zum Neutor hin, rechts des Promenadenwalls, liegt der sogenannte ›Wasserbär‹, eine Stauanlage mit ziegelgemauertem Rundturm (16. Jahrhundert).

Am *Neutor* (Hindenburgplatz 75 und 77) verdienen zwei einander gegenüberstehende Wachthäuser, deren übergiebelter Säulenportikus sie als Werke des Frühklassizismus ausweist, eingehendere Würdigung, denn sie sind die beiden einzigen erhaltenen Bauten des Wilhelm Ferdinand Lipper in Münster. Der Nachfolger Schlauns als Leiter des Schloßbaus wurde am 28. April 1733 in Münster geboren und konnte einschlägig qualifizierte Ahnen vorweisen: Sein Großvater war der Landingenieur und Architekt Gottfried Laurenz Pictorius (s. S. 72). Im Gegensatz zu ihm und auch noch zu Schlaun war seine Laufbahn nicht – wie damals üblich – an eine militärische Ausbildung gebunden; für das geistliche Amt ausersehen, hat es Lipper indes nur zum Kanonikus gebracht, wozu, jedenfalls in Westfalen, die ordines minores hinreichen. Wenn sich auch die Quellen über Lippers weiteren Werdegang als Architekt ausschweigen, kann ihm 1774 doch kaum ohne den hinreichenden Ausweis seiner Fähigkeiten die Leitung des Schloßbaus übertragen worden sein. So belegen mannigfache Zeugnisse aus der nachfolgenden Zeit, daß ihm alle Sparten seines Metiers vertraut waren, was dem Zusammenwirken mit den einzelnen leitenden Mitarbeitern nicht immer zum Vorteil gereicht hat, denn anders als Schlaun wacht er selbst über jeden Arbeitsvorgang. Im Mai 1777 erhält er dann Titel und Amt des Oberbaudirektors und wird von der Stadt Münster wie führenden Adelsfamilien mit Planung und Durchführung verschiedener Bauaufgaben betraut, von denen das Comödienhaus (im Zweiten Weltkrieg zerstört), der Romberger Hof (nur noch als Ruinenfassade ins Stadttheater integriert, s. S. 84) und die Deutschordenskirche in Nürnberg das glänzendste Zeugnis seines Könnens ablegten. In Nürnberg ist er dann 1790 gestorben.

Die beiden Torhäuschen sind Teil einer Gesamtkonzeption des Neuplatzes und seiner Umgebung, also einer angemessenen städtebaulichen Eingliederung der Schloßanlage nach dem Niederlegen der Stadtbefestigung. Pläne zu diesem Unternehmen haben Lipper zeitlebens beschäftigt, ihre Ausführung litt zuletzt sehr unter dem Regiment des neuen Bischofs Franz von Österreich, der »aller Üppigkeit prächtige Nasen« verpaßte.

Dieser geistliche Landesherr lehnte auch die imponierenden Entwürfe Lippers zur Gestaltung des Gartens hinter der Residenz ab oder beschränkte sie auf das Nötigste. 1803 wurde auf diesem Gelände ein Botanischer Garten angelegt, der auch heute noch zu einem Besuch einlädt. Die ganze Anlage ließ der preußische König Friedrich Wilhelm IV. in einen Landschaftsgarten umwandeln. – In der Nähe liegt auch das Mineralogische Museum (Hüfferstraße 1). Das Westfälische Landesmuseum für Naturkunde (ehemals Himmelreichallee 50) hat 1981 einen Neubau am Zoo bezogen, dem ein Planetarium angegliedert ist.

Etwa dort, wo die Straße ›Am Stadtgraben‹ über die Aa führt, stoßen wir auf die Reste eines gleichfalls sehr wichtigen Teils der Stadtbefestigung, des *Neuwerks*. Wie der Zwinger den Austritt, mußte das Neuwerk den Eintritt der Aa in den Stadtbereich besonders sichern. Die Münsteraner nannten die zwischen 1531 und 1533 errichtete Bastion eine Zeitlang mit feinem Spott ›Engelsburg‹; Jahre, nachdem die Wiedertäufer sich hier eingerichtet hatten, kam der Abt von Marienfeld um die Begleichung einer Rechnung über einige tausend Ziegel ein, die die Stadt für jenes Befestigungswerk beschlagnahmt hatte, »dat se de Engelsborgh genompt und dat des Düwels borgh gewest ist«.

Nach rechts wird es uns nun zum Aa-See ziehen (Segeln, Rudern, Paddeln, Tretboot fahren), zum Zoo oder auch in das Freilichtmuseum ›Mühlenhof‹ mit seinen volkskundlichen Sammlungen (geöffnet: Dezember bis März werktags 13.30–16.30 Uhr, sonntags 11.00–16.30; sonst täglich 9.30–17.00 Uhr). Schauen wir linker Hand noch einmal über den einzigen erhaltenen Teil der alten Stadtmauer, das Neuwerk und die Westerholtsche Wiese, dann eröffnet sich uns – gewissermaßen in ›einem Blick nach innen‹ – das prächtige Panorama der Altstadt.

Zwei ›Pättkesfahrten‹ an den Rand der Stadt

Nach Angelmodde und Wolbeck

Die 1975 auch hier durchgeführte kommunale Neugliederung stieß bei der Bevölkerung auf weit weniger Widerstand als in anderen Gegenden Deutschlands. Vor allem die Eingemeindung der neun früher selbständigen Gemeinden Albachten, Amelsbüren, Angelmodde, Handorf, Hiltrup, St. Mauritz, Nienberge, Roxel und Wolbeck nach Münster vollzog sich problemlos. Denn wie die Münsterländer Münster schon immer als Mittelpunkt ihrer Region anerkannt haben, sahen die Münsteraner im Umland nichts Geringeres als den ländlichen Teil ihrer Stadt.

Schlagen wir um den Dom als Zentrum einen Kreis mit einem Radius von etwa zehn Kilometern, so finden wir in bescheideneren Dimensionen schon alles beisammen, was diese Region insgesamt auszeichnet: Wiesen und Wälder, Heide und Moor, Bauernhöfe, Dorfkirchen und Wasserburgen prägen hier das Landschaftsbild. Und warum sollten wir nicht, wie die Münsteraner es selber tun, mit dem Rad hinausfahren? Vielleicht zuerst nach Wolbeck im Südosten der Stadt, wo noch im 18. Jahrhundert eine Landesburg der münsterschen Bischöfe stand.

Vom Hauptbahnhof Münster (Fahrradverleih!) fahren wir durch die Unterführung in die Schillerstraße, überqueren den Hohenzollernring, dann den Dortmund-Ems-Kanal und die Umgehungsstraße. Vor uns liegt nun *Haus Lütkenbeck,* ein altes bischöfliches Lehen, das noch heute im Besitz der Grafen Droste zu Vischering ist. Ende des 17. Jahrhunderts war das barocke Herrenhaus von den Brüdern Pictorius erstellt worden, bereits 1714 aber abgebrannt. Die im Zweiten Weltkrieg beschädigte Vorburg von Lambert Friedrich von Corfey aus dem ersten Viertel des 18. Jahrhunderts wurde nach 1956 wieder aufgebaut. Axial hat man die Wirtschaftsgebäude ausgerichtet; sie sind jeweils über Zwischentrakte mit zwei vorgestellten achteckigen Pavillons untereinander erreichbar. Der südliche Pavillon diente früher als Gerichtshaus, im Nordpavillon verdient die Stukkatur der Marienkapelle Beachtung.

Wir schlagen um Haus Lütkenbeck einen Bogen nach links, unterqueren die Eisenbahnstrecke und halten uns im Wald an das Wanderzeichen. Das Ortszentrum von Gremmendorf lassen wir rechts liegen und folgen auf dem Radweg der Landstraße über den Hof

Vornholt nach **Angelmodde.** Im Mittelpunkt der dörflichen Idylle steht die alte romanische *Pfarrkirche St. Agatha,* ein kleiner gewölbter Saal aus Bruchsteinen, sauber verputzt und gekälkt, mit niedrigerem Chor und gedrungenem Westturm. An der südlichen Außenwand entdecken wir das Grabmal der Fürstin Amalie von Gallitzin (1748–1806), die in Angelmodde ihren Landsitz hatte (Abb. 20). Der existiert heute nicht mehr, doch das Andenken an die gastfreundliche und geistvolle Dame und den eng mit ihr verbundenen Generalvikar und Minister Franz von Fürstenberg lebt weiter.

Der Freundeskreis, der sich um die beiden bildete und dessentwegen Münster damals das ›deutsche Athen‹ genannt wurde, unterschied sich von anderen geistigen Zirkeln jener Zeit dadurch, daß er Naturschwärmerei und Empfindsamkeit, die Diskussion philosophisch-pädagogischer und sprachlich-literarischer Fragen streng in die katholische Glaubens- und Sittenlehre einband. Die Bezeichnung ›Familia sacra‹, unter der dieser Kreis bekannt wurde, mag heute die irrige Vorstellung dogmatischer Religiosität wecken, Goethe jedenfalls empfand die Gemeinschaft anläßlich eines Besuches bei der Fürstin (1792) ganz anders: »Das Verhältnis von meiner Seite war rein, ich kannte die Glieder des Zirkels früher genugsam, ich wußte, daß ich in einen frommen sittlichen Kreis hereintrat, und betrug mich danach. Von jeder Seite benahm man sich gesellig, klug und nicht beschränkend ... Zum einfältigen Wahren wollte man in allem zurückkehren, ... das ewig Künftige hatten sie in einer Religion gefunden, die das, was andere lehrend hoffen lassen, heilig beteuernd zusagt und verspricht.«

Amalie von Gallitzin, Zeichnung von Franz Hemsterhuis

Solchem Vorgriff auf die romantische Auffassung katholischer Religiosität hat der ehemalige Hainbündler Friedrich Leopold Graf zu Stolberg in seiner ›Geschichte der Religion Jesu Christi‹ literarische Konturen gegeben. Er war – ein damals noch sehr ungewöhnlicher Schritt – zur katholischen Kirche übergetreten und hatte 1800 an den Kreis um die Fürstin Anschluß gefunden. Auch seinem Glauben verlieh diese Gemeinschaft, deren Verständnis von Frömmigkeit noch auf Annette von Droste-Hülshoff prägenden Einfluß haben sollte, erst eigentlich die Stimme.

Bis ins benachbarte **Wolbeck** sind es dann nur noch 2 km. Die 1185 erstmals erwähnte Siedlung, die ihren Namen vom Waldbach herleitet, hat nie Stadtrechte besessen, doch viel fehlte daran nicht, als ihr im 13. Jahrhundert Befestigungs- und Marktrecht, eigene Gerichtsbarkeit, eine gewisse Selbstverwaltung und Finanzhoheit verliehen wurden.

Die Landesburg, einer der Lieblingsaufenthalte der münsterschen Bischöfe, hat man nach dem Siebenjährigen Krieg abgebrochen. Was die Wolbecker heute noch ›Schloß‹ nennen, ist der *Drostenhof* (Farbabb. 23), ein ehemaliger Burgmannshof. Die Burgmannen waren Ritter, die die Landesburgen des Bischofs zu verteidigen hatten. Einer von ihnen verwaltete als Amtmann oder Droste das weitläufige (heutigen Kreisen vergleichbare) Amt Wolbeck.

Gleich an der Hauptstraße liegt das Torhaus mit seinem Fialengiebel aus Backstein (erbaut 1545), das Stilelemente der Spätgotik und der Frührenaissance vereinigt. Wie jenes, so ist auch das dahinter gelegene, 1557 vollendete Herrenhaus aus Ziegeln gebaut und durch Werksteinschmuck gegliedert. Langwierige Restaurationsarbeiten haben den Bau in seinen einzig ausgewogenen Maßverhältnissen und der ganzen Schönheit seiner feingliedrigen Architektur wiedererstehen lassen. Besondere Aufmerksamkeit dürfen natürlich der Nord- und der Südgiebel beanspruchen, die im Münsterland zum ersten Mal sowohl Lisenen und Simse wie auch Halbkreisaufsätze als gestalterische Elemente nutzen (Abb. 22). Während die Simse die Horizontale, die Lisenen aber die Vertikale betonen, werden diese gegenläufigen Bewegungen von den halbkreisförmigen, als Fächerrosetten gestalteten Aufsätzen gleichsam versöhnt. Bunte Ziegelreihen, die etwa ein Rautenmuster bilden, beleben die an Formen so reiche Giebelfassade zusätzlich. – Von der Innenausstattung verdienen die Stuckdecken zweier Räume im Erdgeschoß (es diente früher ausschließlich der Repräsentation) Interesse. Die Stukkaturen aus dem 17. Jahrhundert zeigen eine Folge von Jagdszenen.

Als Dependance des Westfälischen Landesmuseums für Kunst und Kulturgeschichte finden im Erdgeschoß des Drostenhofs, der sich seit 1389 im Besitz der Familie von Merveldt befindet, heute Ausstellungen mit volks- und landeskundlicher Thematik statt (geöffnet: dienstags bis sonntags 10–18 Uhr). Im oberen Stockwerk ist ein Kultur- und Dokumentationszentrum der Landsmannschaft Westpreußen untergebracht (Patenschaft mit dem Landschaftsverband Westfalen-Lippe).

Von der einstigen Burg der Bischöfe steht nichts mehr. Doch blieb uns der Tiergarten, kein Zoo und keine Parkanlage, sondern ein 1300 Morgen großes Waldgebiet. Einst Jagdrevier der fürstlichen Herren – das barocke Jagdschlößchen von 1712 erinnert daran –, wird es heute für den »bürgerlichen Zeitvertreib« genutzt.

Wolbeck. Drostenhof, Jagdszenen

Bevor wir nach Münster zurückradeln, sollten wir auf das Straßenbild mit den niedrigen Ziegel- und Ziegelfachwerkhäusern rings um die *Pfarrkirche* achten, das für das Münsterland so charakteristisch ist. Das dreischiffige, vierjochige Gotteshaus mit seinem ⅜-Chorschluß ist ein schönes Beispiel für die Hallenkirchen dieses Landstrichs. Es erinnert in manchem an die Überwasserkirche zu Münster (s. S. 70 f.), wenn auch seine Seitenjoche einen längsrechteckigen Grundriß aufweisen. Die Rundpfeiler mit ihren vier Diensten jedenfalls schließen eng an ihre Vorbilder im genannten Gotteshaus der Bischofsstadt an, erreichen

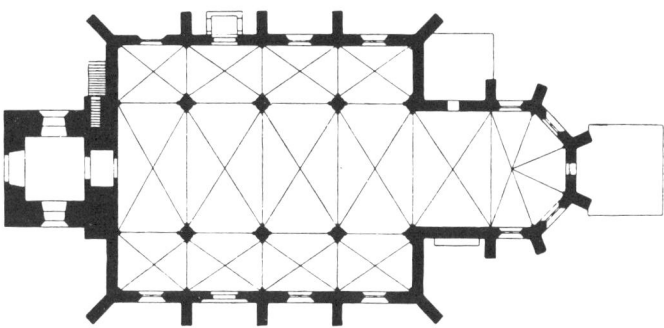

*Wolbeck. Pfarrkirche,
Grundriß*

allerdings nicht deren Höhe. Da auch die Rippen tief hinabgezogen sind, erweckt der Raum den Eindruck lastender Schwere, daran ändern auch die über das Kämpfergesims hinaufgeführten Vertikalen der Gurtbögen in den Seitenschiffen nichts. Die Kirche besitzt einen Johann Conrad Schlaun zugeschriebenen Altar, dessen Aufbau stark architektonisch geprägt ist. Errichtet wurde der Altar zum Gedächtnis für Graf Goswin von Merveldt († 1727), der Großprior des Malteserordens gewesen war. Unter den fünf wappenverzierten Epitaphen (16. und 17. Jahrhundert) für Mitglieder derselben Grafenfamilie finden wir auch den des Dietrich von Merveldt († 1564, er hatte den Drostenhof erbaut) und seiner Gattin Gertrud von Nagel († 1578).

Die Kreisstraße Wolbeck – Münster bringt uns an den Südrand der Laerheide, zur Werse (Freibad) und schließlich in die Stadt zurück.

Auf den Spuren der Annette von Droste-Hülshoff: Zu den Wasserschlössern Haus Hülshoff und Haus Rüschhaus

Auf dieser zweiten ›Pättkesfahrt‹ wollen wir den Westen Münsters kennenlernen. In diese Richtung hat sich die moderne Großstadt am stärksten ausgedehnt, vor allem die ständig wachsende Universität mit ihren Instituten, Studentenwohnheimen und dem Großklinikum an der Roxeler Straße hat an dieser Expansion Anteil. Von Nord nach Süd durchzieht die Autobahn ›Hansalinie‹ dieses Gebiet. Doch keine Sorge, für Radwanderer bleiben immer noch ruhige Straßen und Wege!

Als Ausgangspunkt wählen wir diesmal das Mühlenhof-Freilichtmuseum an der Sentruper Straße (Fahrradverleih!), die uns durch die Aa-Niederung der Bauerschaft Altenroxel zuführt, biegen dann rechts ein und fahren in nordwestlicher Richtung nach **Roxel,** wo wir an der Kirche (sie besitzt einen wertvollen, guterhaltenen romanischen Taufstein) wieder rechts abbiegen. Von hier sind es etwa 2,5 km zum *Haus Hülshoff* (Abb. 24,25), wo am 10. Januar 1797 Annette von Droste-Hülshoff geboren wurde.

»Ich fahre durch die lange, weite Eichenhalle, wo die schlanken Stämme ihre schwachbelaubten Wipfel über mich breiten; ich sehe zwischen den Lücken der Bäume einen weiten Wasserspiegel, graue Türme vortreten; bei Gott! es war mir doch seltsam zu Mute, als ich über die Zugbrücke rollte und über dem Tore den steinernen Kreuzritter mit seinem Hunde sah.«

Das Anwesen, das die Dichterin hier beschreibt und auf dem sie fast drei Jahrzehnte ihres Lebens zubrachte, findet sich erstmals 1349 erwähnt. Damals stand eine Burg an diesem Platz, sie kam 1417 in den Besitz der Herren von Deckenbrock, die sich später ›von Droste‹ nannten. Eindrucksvoll ist schon die Vorburg, deren Wirtschaftsgebäude von zwei quadratischen Türmen flankiert werden, dem sogenannten ›Hundeturm‹ (1580) und dem ›Gärtnersturm‹ (1628). Diesen schmückt ein frühbarockes Relief, das wahrscheinlich Heinrich II. von Droste-Hülshoff darstellt. Das heutige Herrenhaus ließ Heinrich I. von Droste-

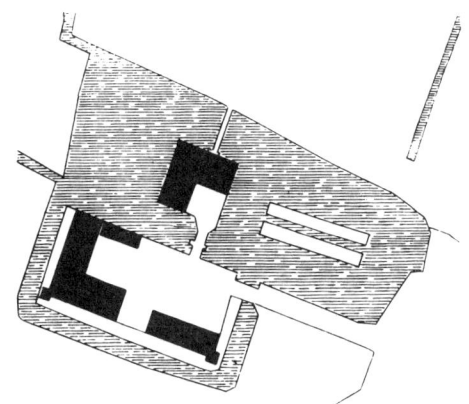

Roxel. Haus Hülshoff, Plan der Anlage

Hülshoff um 1540–1545 errichten. Typisch münsterländisch sind die hohen Giebel mit den Seitenstaffeln und Firstschornsteinen, die hier noch ohne jeden zusätzlichen Schmuck erscheinen.

1789, also wenige Jahre vor Annettes Geburt, wurde das Haus im Inneren durchgreifend umgebaut; auch die Fenster erhielten dabei ihre heutige Form. Der neugotische Kapellenan-bau stammt aus der Zeit um 1880. (Die Besichtigung von Haus Hülshoff ist nach Voranmeldung möglich; ☎ 02534/1052. Die Burggaststätte im Keller ist täglich – außer montags – geöffnet.)

Die Kindertage im Haus Hülshoff und ihre ersten Dichtversuche hat die Droste noch drei Jahre vor ihrem Tod in Versen festgehalten. Die Arbeit an ihrem ersten großen Gedichtzy-klus ›Das geistliche Jahr‹ beginnt die Dichterin hier und bricht sie bald wieder ab; auch für ihre religiösen Erfahrungen läßt sich wie für alle anderen keine bündig-glättende Formel finden. Desgleichen hat die Droste nicht immer Halt im christlichen Glauben gefunden, so herrscht gerade in den ›Heidebildern‹, mithin jenem Gedichtzyklus, der des öfteren ihre münsterländische Heimat direkt zum Thema macht, oft die Naturmagie, und kaum je läßt sich das Walten einer göttlichen Ordnung erkennen.

Dies ist ein Beispiel für viele weitere, die sich anführen ließen, um vor einer unbedenkli-chen Einordnung der Droste zu warnen. Ebensowenig wie man sie ohne weiteres als religiöse Dichterin ansprechen kann, darf man in ihr nur die bodenständige Westfälin sehen. Daß sie sich selbst als solche gefühlt hat, soll dabei gar nicht bestritten werden, und daß sie dem Münsterland mit ganzer Liebe angehangen hat, belegen viele Zeugnisse. Ihre Mitarbeit am Westfalen-Buch Schückings und Freiligraths ist oft unterschätzt worden, recht selten hat die große Literaturgeschichtsschreibung ihr Lob der engeren Heimat zur Kenntnis genom-men. Ja, sie stilisierte sogar das Münsterland zum Arkadien einer eigentlich bereits untergegangenen Epoche und pries ihrer Landsleute »tiefe, überschwengliche Gutmütig-keit, die selbst den Teufel nicht ins Labyrinth führen möchte«. Übrigens setzte sie gegen solche Unschuld die Verschlagenheit der Bewohner des südlichen Westfalens negativ ab;

Annette von Droste-Hülshoff, Porträt von Johannes Sprick, 1840. Westfälisches Landesmuseum für Kunst und Kulturgeschichte, Münster.

nicht umsonst entwirft die Geschichte des Mörders Friedrich Mergel, Annette von Droste-Hülshoffs berühmteste Novelle ›Die Judenbuche‹, ein »Sittengemälde aus dem gebirgichten Westfalen«.

In *Rüschhaus* (Abb. 21, 23), wohin Annette von Droste-Hülshoff 1826 mit ihrer Mutter und ihrer Schwester übersiedelt, entstehen dann jene Gedichte, die man unbedenklich zu den besten deutschsprachiger Lyrik wird rechnen dürfen. Haus Rüschhaus, diese »Einsiedelei voll Frieden und Sonnenschein«, mußten sich die Nienberger in unseren Tagen durch einen Lärmschutzwall erhalten, den sie längs der Autobahn ›Hansalinie‹ aufwarfen. Doch noch immer findet man in der Umgebung Plätze, wie sie die Droste beschrieben hat, und das Droste-Museum (geöffnet täglich, außer samstags, von 9.00–12.00 und 14.30–17.00 Uhr) erlaubt einen guten Einblick in die Lebensverhältnisse der Dichterin, die hier bis zu ihrer dritten Meersburg-Reise (1846) lebte, von der sie nicht mehr zurückkehren sollte.

Während ihres zweiten Meersburger Aufenthalts, aber auch im Rüschhaus sind die späten Gedichte entstanden, in denen die Droste ganz zu ihren Möglichkeiten gefunden hat und deren Ton in der deutschsprachigen Dichtung ohne Beispiel ist. Hier entfaltet ihre spezifische Gestaltungskraft, deren Ergebnisse man mit dem Schlagwort ›psychologischer Realismus‹ nur unzureichend faßt, einen bannenden Reiz; die visionär gesteigerte Empfind-

Nienberge. Haus Rüschhaus, Holzstich aus dem berühmten Westfalen-Buch Levin Schückings und Ferdinand Freiligraths, an dem auch Annette von Droste-Hülshoff mitgearbeitet hat

samkeit für die kleinen Dinge vereinigt sich mit einer versessenen genauen Beschreibung des Details. Dieses Sich-Versenken in die selten glückhafte, öfter verstörende Erfahrung der eigenen Befindlichkeit dort, wo es dem Wortsinn nach nur um das vielfältige Leben auf einer mittäglichen durchsonnten Wiese geht, der »süße Taumel im Gras«, das prekäre Ineins von Innenwelt und Außenwelt wird mit einer Schonungslosigkeit zur Sprache gebracht, die mit der Droste äußerlicher Unterwerfung unter die Konventionen etwa ihres Standes niemals zusammenstimmt. Die diagnostische Schärfe, deren Unerbittlichkeit ein nur ganz selten klassisch-beruhigter Sprachduktus entspricht, steht eindrucksvoll gegen jene Dutzendware banaler Naturschilderungen, die nicht nur zu Lebzeiten der Dichterin im Überfluß produziert worden sind.

Aber Rüschhaus verdient nicht nur als Wohnstätte der Dichterin Erwähnung. Die Anlage selbst ist eine der größten Taten Johann Conrad Schlauns, wiewohl von den Dimensionen her eine der bescheidensten. Der Landsitz, zwischen 1745 und 1748 errichtet, hat sogar die Fachwelt des öfteren irritiert, weil sich hier zwei sehr entgegengesetzte Gebäudetypen durchdringen, der Münsterländer Bauernhof und die französische ›maison de plaisance‹. Eine Allee führt auf die geschwungene Hoffassade des Haupthauses zu, das mit den beiden, einander symmetrisch zugeordneten und wie Flügel angelegten Wirtschaftsgebäuden den Hof umfaßt. Während die Gartenfront mit ihrer Freitreppe am deutlichsten an den Typ des Herrenhauses anschließt, entspricht die original erhaltene Aufteilung der Räume im Innern der der hiesigen Bauernhäuser. Bei der Ausstattung geben vor allem der ausklappbare Wandaltar und der Kamin im Salon wie die Tapeten im ehemaligen Schlafzimmer Schlauns einen Begriff von der Wohnkultur des Bauherrn.

Nun läßt sich zwar beschreiben, wie Schlaun eine derart ungewöhnliche Kombination zweier Bautypen realisiert hat, doch gibt die bloße Beschreibung keinerlei Aufschluß darüber, welche Absichten den Erbauer bei der Verwirklichung gerade eines solchen Projekts geleitet haben. Während einige vermuten, Schlaun habe in schönster Souveränität die feudale Bauweise für ein bodenständiges Unternehmen genutzt, dürfen andere mit gleichem Recht annehmen, hier sei der bürgerliche Architekt aus Gründen der politischen Opportunität vor einem aufwendigeren Bauvorhaben zurückgeschreckt. Vielleicht wird eine – noch ausstehende – gründliche Untersuchung des Rüschhauses auch solche Spekulationen auf eine gesichertere Basis zurückführen können.

26 LÜDINGHAUSEN Burg Vischering ▷

28 BOCHOLT Rathaus

27 HALTERN Pfarrkirche, Gabelkruzifixus (um 1330/40)

29 BOCHOLT Pfarrkirche St. Georg,
Blick in den Chor

30 BORKEN Probsteikirche St. Remigius, romanischer Taufstein

31 BORKEN Jugendburg Gemen

32 WERTH Turmwindmühle

33 WERTH Rathaus

34 Wildpferde im MERFELDER BRUCH

35 Pferdeweide bei GREVEN

36 CAPPENBERG   Kopfreliquiar (Portrait Friedrich
Barbarossas)

37 CAPPENBERG   Ehemalige Stiftskirche, Stifter-
denkmal

39 BECKUM   Probsteikirche, Detail aus dem Prudentia-Schrein

38 CAPPENBERG   Ehemalige Stiftskirche, Chorgestühl

41   LIPPBORG   Haus Assen
40   DRENSTEINFURT   Torhaus des Wasserschlosses

43 BILLERBECK St. Johanniskirche, Rankenfries   44 BILLERBECK   St. Johanniskirche, Uhr auf der
   des Nordportals (Detail)   Nordseite
42 COESFELD   Pfarrkirche St. Lamberti, frühgotischer Gabelkruzifixus (Detail)
45 BILLERBECK   St. Johanniskirche, Nordseite

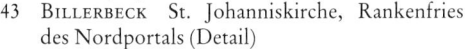

47/48 BILLERBECK Probstei- und Wallfahrtskirche St. Ludgerus, Giebel des Querhauses und Relief über dem Südportal

◁ 46 BILLERBECK Probstei- und Wallfahrtskirche St. Ludgerus (Der sog. Dom)

50 HavixBeck   Haus Havixbeck

◁ 49 Welbergen   Haus Welbergen

Was es in Münster sonst noch zu sehen gibt

Sakralbauten

Evangelische Apostelkirche (Neubrückenstraße): Die ehemalige Minoritenkirche ist der erste rein gotische Bau in Münster. Auch sie hat der Ordensgewohnheit gemäß keinen Turm. Ornamentale Malereien aus Gotik und Renaissance überziehen die Gewölbe.

Dominikanerkirche (katholische Universitätskirche), erbaut 1708–1727 von Lambert Corfey. Sie ist die erste Kirche Münsters, bei der der barocke Zentralraumgedanke konsequent verwirklicht worden ist. Ihren auffallendsten Bauteil besitzt sie zweifellos in der Vierungskuppel mit der abschließenden Laterne, auch deren Innengliederung wird dem Besucher auffallen, wenn er in die Kirche eintritt. Das bemerkenswerteste Ausstattungsstück des Gotteshauses ist der gewaltige Barockaltar von Heinrich Gröne, dessen ganze Pracht und hervorragende Qualität die Restauratoren wieder sichtbar gemacht haben.

Katholische Pfarrkirche St. Mauritz: Die Kirche war das Gotteshaus eines Kanonikerstifts, das die früheste Gründung dieser Art in Münster war (um 1070). Zwischen den zwei Türmen im Osten und dem mächtigen Turm im Westen erstreckte sich bis zum 19. Jahrhundert das einschiffige Langhaus, das dann basilikal in neoromanischen Formen neu aufgeführt wurde. Bemerkenswertester Bauteil der Kirche ist wohl die Empore im Westturm, die sich weit zum Schiff hin öffnet und zu der ein großzügig angelegter, heute nur schwer einsehbarer Treppenaufgang führt. Wenn dieser Emporenraum auch nicht zum Gründungsbau gehörte, so ist er doch wohl schon im 12. Jahrhundert eingerichtet worden. Obwohl die Obergeschosse der Türme erst in spätromanischer Zeit ihre heutige Gestalt erhielten, finden sich an den beiden östlichen doch jeweils fünf Sandsteinreliefs aus dem 11. Jahrhundert. Sie sind freilich weitgehend Kopien (vier Originale liegen im Westfälischen Landesmuseum für Kunst und Kulturgeschichte), von deren Vorlagen man vermutet, daß sie aus der früheren Innenausstattung der Kirche stammen.

Katholische Pfarrkirche St. Petri: Der einheimische Baumeister Johann Roßkott errichtete 1590–1599 das Gotteshaus als erste Jesuitenkirche in der rheinischen Ordensprovinz. Die roten Backsteinwände sind durch gelbbraunen Werkstein gegliedert und bieten so ein Bild, das uns von münsterländischen Profanbauten her vertraut ist. Charakteristisch für den Innenraum sind die

Münster. St. Mauritz, Aquarell von Johann Friedrich Lange. Westfälisches Landesmuseum für Kunst und Kulturgeschichte, Münster, Westfalia Picta

Emporen an der Westwand und den Seitenschiffen. Sie sollten möglichst vielen Gläubigen die unmittelbare Teilnahme an der Meßfeier ermöglichen. Außerdem wurden hier religiöse Lehrveranstaltungen durchgeführt.

Profanbauten

Druffelscher Hof (Königsstr. 5): Dieses heutige Bankgebäude besitzt wenigstens eine Fassade, die als gutes Beispiel klassizistischer Baukunst gelten kann. Der Architekt Clemens August von Vagedes errichtete den Bau, den er – im Gegensatz zur Anlage des barocken Ehrenhofs – der Häuserfront eingliederte. Auch hier aber hat sich die münstersche Tradition des werksteingegliederten Backsteingebäudes durchgehalten.

Haus Wilkinghege (Steinfurter Straße 374): Auf dem Gelände der bereits 1390 bezeugten Wasserburg entstand 1570–1591 eine neue Anlage. Der einheitliche, auf einem Bruchsteinsockel errichtete Ziegelbau ist sparsam durch hellen Werkstein gegliedert. Trotz des barocken Umbaus des Herrenhauses blieb der Renaissance-Charakter weitgehend erhalten. Nach einem Brand (1958) wurde das Haus zu einem Hotel-

114

Restaurant umgebaut, in dessen Erdgeschoß die Stuckarbeiten von 1720 zu sehen sind.

Museen und Sammlungen

Archäologisches Museum der Universität, Domplatz 20–22, ✆ 83 45 81: Schausammlung griechischer Kunst. Geöffnet: mittwochs 16–18 Uhr, Gruppen nach Vereinbarung.

Bibelmuseum, Georgskommende 7, ✆ 83 25 80: Handschriften und Drucke zur Entstehung und Verbreitung der Bibel. Geöffnet: mittwochs 11–13, donnerstags 17–19 Uhr und jeden ersten Samstag im Monat 10–13 Uhr. Gruppen nach Vereinbarung.

Geologisch-Paläontologisches Museum der Universität, Pferdegasse 3, ✆ 83 39 42: Erdgeschichtliche Funde und Überreste prähistorischer Lebewesen (Ahlener Mammut). Geöffnet: montags bis freitags 15–17 und 13–17.30, sonntags 11–12.30 Uhr. Gruppen nach Vereinbarung.

Mineralogisches Museum der Universität, Hüfferstraße 1, ✆ 83 34 50: Darstellung kristalliner Objekte aus Natur, Forschung und Technik. Geöffnet: mittwochs 15–18 Uhr, sonntags 10.30–12.30 Uhr. Für Gruppen nach Vereinbarung auch zu anderen Zeiten.

Mühlenhof-Freilichtmuseum, Sentruper Straße 223, ✆ 82 0 74: Mühlenhaus von 1619, Gräftenhof von 1720, Schmiede und weitere Fachwerkbauten. Geöffnet: 15. 3.–31. 10. täglich 9.00–17.00 Uhr, 1. 11.–14. 3. täglich 13.00–16.00 Uhr.

Stadtmuseum, Windthorststr. 26 (Eröffnung 1. 10. 1982)

Westfälisches Landesmuseum für Kunst und Kulturgeschichte, Domplatz 10, ✆ 59 12 51: Neben der ständigen Ausstellung von Kunstwerken des Mittelalters bis zur Gegenwart werden auch Wechselausstellungen veranstaltet. Besondere Erwähnung verdient die hervorragend ausgestattete Sammlung zur Westfälischen Tafelmalerei. Geöffnet: dienstags bis sonntags 10–18 Uhr.

Westfälisches Landesmuseum für Vor- und Frühgeschichte (1980 umbenannt in Westfälisches Museum für Archäologie), Rothenburg 30, ✆ 59 12 81. Geöffnet: täglich außer montags 10–18 Uhr.

Westfälisches Landesmuseum für Naturkunde mit Planetarium, Sentruper Str. 285, ✆ 82 0 11: In den Ausstellungen werden unter anderem die Abstammungslehre, Ernährung und Fortpflanzung der Tiere, Fauna und Flora Westfalens behandelt. Hier wird auch der größte Ammonit der Welt gezeigt. Geöffnet: dienstags bis sonntags 10–18 Uhr.

Zoologischer Garten, Sentruper Höhe, ✆ 80 0 61: Ein Allwettergang verbindet die Tierhäuser und macht den Besuch bei jeder Witterung möglich (›Allwetterzoo‹). Delphinarium mit Delphinschau, Zooschule, ›Streichelzoo‹, Pony-Ranch, drei große ·Spielplätze, Picknickplatz, Restaurant mit Cafeteria. Geöffnet: täglich ab 9 Uhr, Kassenschluß im Winterhalbjahr je nach Eintritt der Dämmerung zwischen 15.30 und 16.30 Uhr, im Sommerhalbjahr um 17 Uhr.

Am Stadtrand von Münster

Albachten (südwestlich der Stadt im Winkel der A 1 und A 43)

Katholische Pfarrkirche St. Ludgerus: Gründung als bischöfliche Eigenkirche im 11. Jahrhundert. Der heutige neugotische Saalbau von 1884 besitzt einen spätromanischen Taufstein mit prächtigem Rankenfries am oberen Rand (s. auch Handorf). Die steinerne Kanzel (Spätrenaissance) mit Figurenschmuck von Johann Kroeß stammt vermutlich aus der Petrikirche in Münster.

Amelsbüren (im Süden der Stadt, am Nordrand des großen Wald- und Jagdgebietes der Davert)

Katholische Pfarrkirche St. Sebastian: Dreijochiger Saalbau aus dem 15. Jahrhundert mit romanischem Westturm (gotisches Obergeschoß), 1893 Erweiterung des Gotteshauses nach Osten. Spätgotische Rankenmalerei am Gewölbe.

Handorf (›Großstadtdorf‹ im Nordosten von Münster)

Seit dem 19. Jahrhundert führt das schmucke Dorf an der Werse im Volksmund den Titel ›Dorf der großen Kaffeekannen‹. Traditionsreiche Gaststätten mit ihren großen, baumbestandenen Kaffeegärten pflegen die münsterländische Gastronomie.

Katholische Pfarrkirche St. Petronilla: Strebepfeiler am Außenbau und Kreuzrippengewölbe im Inneren zeigen, wie die münsterländischen Dorfkirchen selbst noch in barocker Zeit – das Gotteshaus entstand um 1700 – an gotischen Architekturformen festhalten. Der romanische, becherförmige Taufstein mit Blattfries erinnert an den in Albachten.

Am besten geht man zu Fuß nach Handorf, wie es die Münsteraner seit Generationen tun. Dabei durchquert man das Boni-

burger Wäldchen (›kleiner Harz‹), in dem *Haus Dyckburg* (Stadtteil St. Mauritz, Abb. 19) liegt, eine ehemalige Wasserburg, die bei allen Belagerungen, die Münster durchzustehen hatte, als wichtiger Stützpunkt diente. Wann die Hauptburg abgetragen wurde, ist unbekannt, doch gab Dompropst Friedrich Christian von Plettenberg nach 1722 Johann Conrad Schlaun den Auftrag, ihm dort einen Landsitz zu errichten. Das geplante barocke Herrenhaus wurde nicht mehr gebaut, Schlaun konnte nur noch die beiden Wirtschaftsgebäude und die Lorettokapelle auf der Vorburg ausführen. Diese Kapelle, 1894 und 1914 erweitert, dient heute als katholische Pfarrkirche. Von vielen Münsteraner Brautpaaren wird sie gern zur Traukirche gewählt.

Hiltrup (im Süden von Münster an der B 54)

Alte Clemenskirche: Die romanische Kirche ist der Überlieferung nach von einem Bischof gegründet worden. 1518 wurde anstelle des alten quadratischen Chors ein neuer spätgotischer Chor mit Halbkreisapsis errichtet. So zeigt das Gotteshaus auch heute noch das reizvolle Nebeneinander der schweren romanischen und der sich auflösenden Formen gotischer Architektur.

Der Hiltruper See ist hervorgegangen aus dem ›Steinersee‹, einem alten Baggersee, den der Fabrikant Steiner in den zwanziger Jahren zum Baderevier ausbauen ließ. Inzwischen ist hier ein Ausflugs- und Erholungsgebiet entstanden, das neben dem Schwimmen auch Gelegenheit zu manch anderen sportlichen Betätigungen bietet (Tennis, Trimmpfad). Wanderungen können in das große Landschaftsschutzgebiet ›Hohe Ward‹ ausgedehnt werden, in dem die Stadt

Münster einen Teil ihres Trinkwassers gewinnt.

Mecklenbeck (im Südwesten von Münster)

Haus Kump ist einer der ältesten am ursprünglichen Platz stehenden Speicher im Münsterland (Anfang 16. Jh.). Über dem Kellergeschoß aus Bruchstein kragen die Fachwerk-Obergeschosse und das Sparrendach vor. Das Haus war einst Teil einer größeren Gräftenanlage. Hauptsächlich diente es zur Lagerung von Vorräten, die beiden Obergeschosse wurden aber auch zu Verwaltungs- und Wohnzwecken genutzt. Kriegsheere, die auf der nahen Straße gegen Münster zogen, gefährdeten wiederholt den ehemaligen Amtshof des Domkapitels. Wohl auch aus diesem Grunde erhielt das Haus bei einem im 17. Jahrhundert durchgeführten Umbau zusätzlich zu der bestehenden Außentreppenanlage eine Innentreppe.

Nienberge (im Nordwesten von Münster an der Autobahn ›Hansalinie‹)

Vom Stadtzentrum Münsters führt die Bundesstraße 54 unmittelbar in das alte Dorf am südöstlichen Ausläufer des Altenberger Höhenrückens. Für Wanderer schöner ist der Weg über die ›Gasselstiege‹ (ab York-Ring über den Feldweg an den Gehöften Jüdefeld und Haarmann vorbei).
Katholische Pfarrkirche St. Sebastian: Spätgotische Saalkirche mit wuchtigem romanischem Westturm. Von der Ausstattung sind das freistehende spätgotische Sakramentshäuschen mit seinem reichen Figurenschmuck, zwölf hölzerne Apostelstatuen (um 1470) und der Taufstein (um 1720, wahrscheinlich von dem schon öfter genannten Johann Wilhelm Gröninger) besonders bemerkenswert.

Haus Vögeding (4 km südwestlich von Nienberge): Ein wenig abseits der Straße von Nienberge nach Roxel liegt die ehemalige Wasseranlage, die 1353 erstmals urkundlich genannt wird. Erhalten blieb nur das langgestreckte Brauhaus (Ende des 16. Jahrhunderts), an dessen Wohnteil ein runder Eckturm auffällt.

Roxel (im Westen von Münster an der Autobahn ›Hansalinie‹)

Katholische Pfarrkirche St. Pantaleon: Das heutige Gotteshaus besteht aus einem neugotischen Hallenlanghaus und einem romanischen Westturm, der vom Gründungsbau (Ende des 12. Jahrhunderts) übernommen wurde.

Haus Brock (etwa 3 km westlich von Roxel) ist eine ehemalige Wasserburg. Das schmale Torhaus (1. Hälfte des 17. Jahrhunderts) aus Backstein mit Hausteingliederung gehört zum Typ der älteren münsterländischen Dreistaffelgiebel-Bauten. Vom ehemaligen Herrenhaus steht nur noch der aus Baumberger Quadern errichtete Eckpavillon.

Von Münster ins Münsterland

Südlich von Münster, zwischen der B 235 im Westen und der B 54 im Osten, erstreckt sich die *Davert*. Außer den Bundesstraßen durchschneiden heute auch eine Autobahn, zahlreiche Hauptverbindungsstraßen und eine Eisenbahnlinie das waldreiche Gebiet. So fällt es dem Wanderer schwer, sich vorzustellen, daß noch bis vor hundert Jahren die wenigen Torfstecher und Besenbinder, die hier zu Hause waren, ihren Weg durch Heide und Moor finden mußten. In den Wacholdersträuchern, Ginsterbüschen und bizarr gewachsenen Krüppelkiefern schienen sich allerlei gespenstische Gestalten zu verbergen, die den Menschen Furcht und Schrecken einzujagen wußten. Als Kobolde sprangen sie ihnen entgegen, wollten sie vom Wege ab dem Teufel in die Arme locken. Hin und wieder begegnete ihnen wohl auch die Jungfer Eli aus Freckenhorst, der Äbtissin ungetreue Verwalterin. Sie winkte mit ihrem federgeschmückten Hütchen, hochfahrend wie damals, als sie die Sterbesakramente verweigerte; und deshalb wurde sie ja auch in die Davert verbannt. Am unheimlichsten aber gebärdete sich der riesige Heidenmann: Die eisernen Schnallen auf seinen Schuhen klirrten, wenn er mit großen Schritten über die Heide streifte. Wehe dem Mädchen, das er unter seinen weiten Mantel nahm und küßte; am nächsten Morgen war es tot. Gar schaurig war's, übers Moor zu gehn!

Auch die ehemalige *Burg Davensberg* im Süden der Davert hat ihre Spukgeschichte: Hier lebte einst der Ritter Meinhövel, der nichts so sehr liebte wie die Jagd. Als er dann einmal sogar die Ostermesse versäumte, um einen Hirsch zu erlegen, verbannte Gott ihn und seine Treiber für ewige Zeiten in die Davert.

Heute ragt nur noch der ehemalige Gefängnisturm (1530) über die Ruinenreste der Burg empor. In der Turmkammer wurde ein Heimatmuseum eingerichtet. Die Burgkapelle, heute *Rektoratskirche St. Anna*, besitzt einen wertvollen Altar. Das steinerne Retabel von Johann Brabender ist mit Reliefszenen aus dem Leben Christi, mit Stifterfiguren und Wappen geschmückt. Die Flügelgemälde, welche die vier Evangelisten zeigen, malte Hermann tom Ring 1566.

Östlich der Ortschaft liegt jenseits der Autobahn *Haus Steinhorst*, ein typischer münsterländischer Gräftenhof.

Lüdinghausen – Münsters Rivale

Welche beherrschende Rolle Münster als Zentrum für das weite Gebiet zwischen Lippe und Ems spielt, können wir ermessen, wenn wir die inzwischen eingemeindeten Vororte hinter uns lassen. Nur mehr kleine Dörfer und zahllose Einzelhöfe liegen dann verstreut zwischen Feldern, Weiden und Waldstücken.

Fahren wir von Albachten auf der B 235 nach Süden – rechts die Bredenbecker, links die Ventruper Heide –, kommen wir erst nach zwanzig Kilometern wieder in eine größere Stadt: **Lüdinghausen.** Ihre Geschichte reicht nahezu ebensoweit in die Vergangenheit zurück wie die Münsters, und die bis ins 15. Jahrhundert hinein immer wieder aufflammende Rivalität zwischen beiden Städten entsprang sicher nicht nur einem nüchtern-machtpolitischen Kalkül, eine kräftige Portion Eifersucht von seiten Münsters dürfte gleichfalls mit im Spiel gewesen sein.

Um 800 gründete Liudger hier eine Pfarrei, die er nicht der Bistumshauptstadt Münster, sondern der Abtei Werden, seiner Lieblingsstiftung, unterstellte. Als Karl der Große dann noch eine nahe gelegene Burg schenkte, entstand bald ein ansehnliches Dorf, das mit dem gesamten Güterbesitz nach Liudgers Tod an das Kloster Werden überging. Die Rechte der Abtei erweiterte Kaiser Otto II., indem er 974 dem Abt Volkmar gestattete, in Lüdinghausen einen Jahrmarkt abzuhalten und Münzen zu prägen.

Eine unruhigere Entwicklung nahm der Ort unter den Herren von Lüdinghausen, die im 12. Jahrhundert mit den Landgütern der Abtei Werden belehnt wurden. Sie befestigten das Wigbold und bauten im Süden eine zweite Burg. Das aber rief den Bischof von Münster auf den Plan. In einer Fehde zwang Gerhard von der Mark die Herren von Lüdinghausen, Wälle und Burg niederzureißen, und zum Schutz seiner landesherrlichen Rechte ließ er am Nordrand des Ortes eine Wasserburg errichten, zu deren Verwalter er den Drost Albert von Wulfheim bestellte. (Dessen Nachfahren, die sich dann Droste zu Vischering nannten, sind bis heute im Besitz der Burg.) Die Herren von Lüdinghausen aber ließen sich nicht einschüchtern. Die Burg Wolfsberg wurde wieder aufgebaut und die Siedlung befestigt. 1308 verliehen sie ihr Stadtrechte. Abermals griff der münstersche Bischof ein, zerstörte Burg und Befestigungsanlagen, und noch einmal setzten die Herren von Lüdinghausen zum Widerstand an, indem sie ein verzweigtes, vom Wasser der Stever gespeistes Grabensystem zum Schutz der Stadt anlegten. Doch 1443 starb ihr Geschlecht aus, und ihr Besitz ging an den Bischof von Münster, 1509 an das Domkapitel über.

Das komplizierte Grabensystem charakterisiert auch heute noch die Stadt. Zwar bot es im Mittelalter einen gewissen Schutz, zwang jedoch auch zu einer engen Bebauung, so daß sich Feuersbrünste rasch ausbreiten konnten.

Aus dem Stadtbild mit seinen zahlreichen Brücken und den dichten Reihen kleiner Backstein- und Fachwerkhäuser (Hermannstraße!) ragt die *Pfarrkirche St. Felizitas* auf. Mit dem Bau des bestehenden Gotteshauses wurde 1507 begonnen; warum er erst 1558 vollendet wurde, sagt eine Inschrift: »Um de Dopers (Wiedertäufer) blef de Bouw so lange staen«. Von der Ausstattung sind der romanische Taufstein aus dem 13. Jahrhundert und der

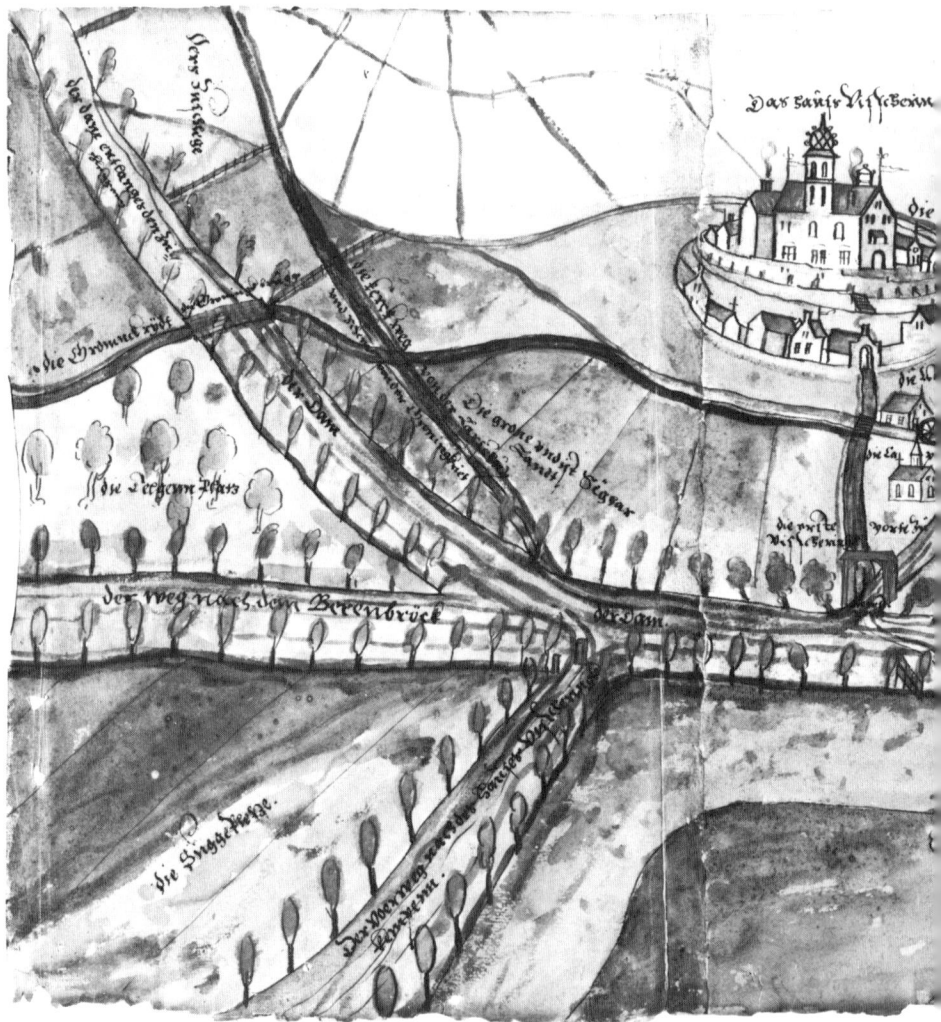

Lüdinghausen. Stadtansicht, Aquarell aus dem 16. Jahrhundert

prächtig gearbeitete Sakramentsturm aus der Erbauungszeit zu erwähnen, der bis ins Gewölbe hinaufreicht.

Westlich vor der Stadt, in der Steverwiese, liegt das ehemalige *Amtshaus* (seit 1869 Landwirtschaftsschule), das im 16. Jahrhundert dort errichtet worden ist, wo vormals die Burg der Herren von Lüdinghausen stand. Der Domherr und Amtmann Gottfried von Raesfeld ließ es, nachdem 1568 auch noch Oberburg und Vorburg des alten, ohnehin sehr

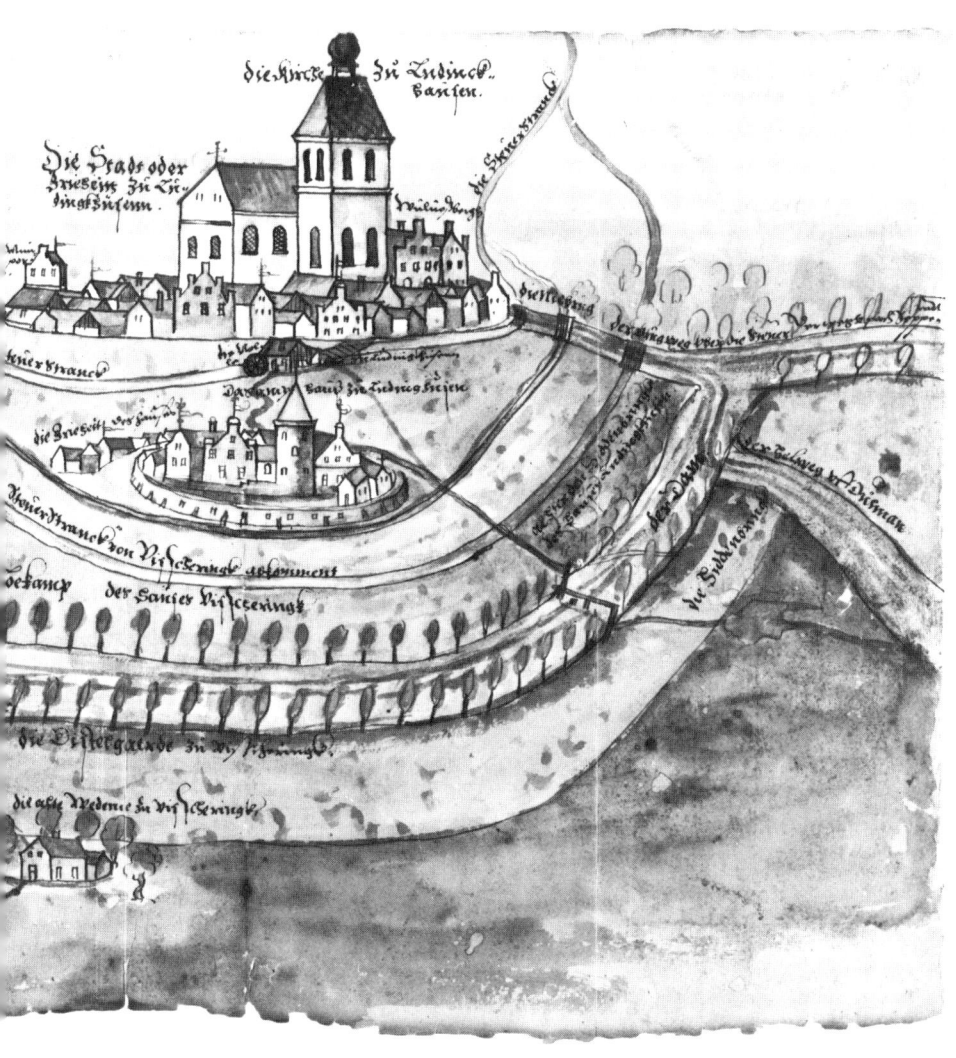

die Kirche zu Dinck-
lagen.

Die Stadt oder
Friesen zu Di-
ncklagen.

verwahrlosten Burggebäudes den Flammen zum Opfer gefallen waren, erstellen; man hat die Vermutung geäußert, daß er als Baumeister den münsterschen Bildhauer Hans Reining verpflichtete. Wenn von diesem Bau auch nur noch der Südflügel, ein Stück des Westflügels und auf der Vorburg die Nordwand des Bauhauses mit dem Dreistaffelgiebel erhalten sind – der Rest stammt aus dem 19. Jahrhundert –, so läßt sich das ehrwürdige Alter der Anlage, die auf zwei Inseln innerhalb eines ausgedehnten Ringgrabensystems errichtet wurde, doch noch gut erkennen. Im Inneren ist der Große Saal mit Balkendecke und dem Teil eines prunkvollen Wappenkamins sehenswert. Letzterer zeigt die sogenannte Ahnenprobe des Erbauers, der als Mitglied des Domkapitels zu Münster mindestens sechzehn ritterbürtige Ahnen vorweisen mußte.

Der dritte Bau, der die Erinnerung an Lüdinghausens bewegte Geschichte wachhält, steht am Nordrand der Stadt: die *Burg Vischering* (Farbabb. 10, Abb. 26). Eine von Kastanien überschattete Allee nimmt uns auf, führt uns über die schmale ehemalige Vorwerkinsel (der Plan der Anlage zeigt sie noch von Gräften umgeben) an der St. Georgkapelle von 1495 vorbei, über den Wallkopf mit der Mühlenanlage und schließlich durch das (erneuerte) Zugbrückentor von 1546 auf die trapezförmige Vorburginsel. Der steinerne Torbogen ist mit den Vorburggebäuden durch eine schießschartenbewehrte Schutzmauer verbunden. Doch sehr kriegerisch sieht das alles heute nicht mehr aus, und dieser Eindruck verstärkt sich noch, wenn wir über die schmale Holzbrücke zur Oberburg kommen. Die letzten bedeutenden Veränderungen hat man hier vor nunmehr fast vierhundert Jahren vorgenommen, die untereinander so wenig einheitlichen Gebäudeteile stammen tatsächlich aus verschiedenen Epochen vor dieser Zeit.

Als man 1271 mit dem Bau der Burg begann – sie sollte den Herrschaftsanspruch des Bischofs Gerhard von der Mark gegen die widersetzlichen Herren von Lüdinghausen sichtbar bekunden – errichtete man eine Rundburg, die von einem starken, unmittelbar aus dem Wasser aufsteigenden Mauerring geschützt wurde. Auf die Bruchsteinmauer wurden im 16. Jahrhundert Wohnbauten gesetzt. Dieses Bild bietet sich uns, bevor wir die rundbogige, tonnengewölbte Durchfahrt des Torhauses (1519) durchschreiten; reizvoll ist der kleine, Anfang des 17. Jahrhunderts angefügte Erker. Auch den Binnenhof mit dem von den Gebäuden offen gelassenen Kreisausschnitt sichert die alte Ringmauer. Der schlanke achteckige, von sogenannten Deutschen Bändern gegliederte Treppenturm (Mitte des 16. Jahrhunderts) mit einem Auslugstübchen unter der kräftig geschwungenen Haube verleiht dem Hof eine besonders stimmungsvolle Note.

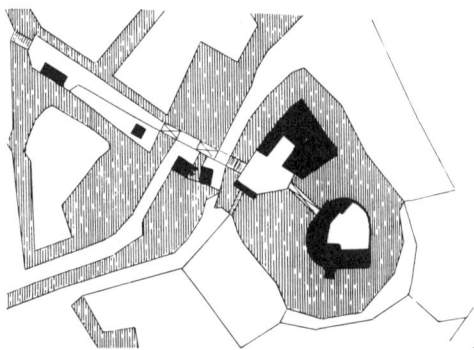

Lüdinghausen. Burg Vischering, Plan der Anlage

Lüdinghausen. Burg Vischering, Lithographie von Philipp Herle

Südlich und östlich umzieht ein dichtbepflanzter Wall die Burganlage, und von hier gewinnen die Besucher nicht nur den besten Überblick, sondern sie können auch ein besonders schönes Baudetail in Augenschein nehmen: die große, dreistöckige Auslucht (1617 bzw. 1622) vor der Südseite der Mantelmauer. Sie ist der jüngste Bauteil der Hauptburg. Ein herrlicher, reich verzierter Erker, Wappen und der münstersche Dreistaffelgiebel mit kugelbesetzten Halbkreisaufsätzen gestalten die Front zu einer prächtigen Schauwand.

In einigen Details zeigt uns Burg Vischering Formen, die uns bekannt sind oder denen wir noch oft im Münsterland begegnen werden, die bauliche Konzeption jedoch ist für jene Zeit ohne Beispiel. Von vornherein wurde sie als Rundburg errichtet, ohne jedoch von einem Wehrturm ihren Ausgang zu nehmen. Man schüttete keinen Erdhügel auf (sie ist also keine ›Motte‹), sondern baute gleich einen starken, aus dem Wasser aufsteigenden Mauerring, der die gesamte Anlage zu schützen hatte.

Einmalig aber ist auch – und das soll wenigstens einen Hinweis wert sein – die eigentümliche Stimmung dieses Platzes, die wir besonders dann empfinden werden, wenn wir – vielleicht an einem Spätherbsttag – das Glück haben, sie ohne den sonst üblichen Besucherstrom genießen zu können.

Von außen ist die Anlage jederzeit zu besichtigen. Das *Münsterlandmuseum Burg Vischering* hat folgende Öffnungszeiten: März–Oktober 8.30–12.30 Uhr und 14–17.30 Uhr, November-Februar 10–12.30 Uhr und 14–15.30 Uhr; dienstags geschlossen.

Haus Kakesbeck liegt vier Kilometer nördlich von Lüdinghausen. Die ehemalige Wasserburg an der Stever war schon im 14. Jahrhundert bekannt. Heute stehen noch einige Gebäude aus späteren Jahrhunderten.

Lüdinghausens landschaftlich reizvolle Umgebung bietet selbstverständlich Möglichkeiten zum Wandern, wir können aber auch weiterfahren in das vier Kilometer westlich gelegene **Seppenrade**. Hilger Hertel baute dort 1882–1884 die *Pfarrkirche St. Dionysius* in neugotischem Stil. Am Hochaltar fallen die monumentalen Figuren der Apostel Petrus und Paulus auf. Die Reliefs mit Darstellungen von Abendmahl und Kreuzigung schuf Gerhard Gröninger (1635); sie stammen wahrscheinlich von einem Altar des Doms in Münster.

Südlich des Dorfes liegen die ›Seppenrader Schweiz‹ und das Naturschutzgebiet Katernberg. Quellbäche haben sich tief in den Kalksandsteinboden eingeschnitten. Während dort unten Eschenwald wächst, in dem uns stellenweise noch der seltene Riesenschachtelhalm begegnet, zieht sich an den Hängen ein schattiger Buchenwald hinauf.

Um und durch die Hohe Mark

Ein landschaftlich reizvolles Gebiet durchfahren wir auch zwischen Seppenrade und der einstigen Hansestadt **Dülmen**. Auf ihren Namen stoßen wir erstmals in einer Urkunde aus dem 9. Jahrhundert, die den am Kreuzungspunkt wichtiger Fernstraßen liegenden bischöflichen Haupthof »Dulmenni« erwähnt. Die 1189 urkundlich genannte *Pfarrkirche St. Viktor* ist eine der ältesten des Bistums, aber nur wenig erinnert an den einst stattlichen Hallenbau aus dem 13.–16. Jahrhundert. Turm und Hallenchor wurden nach dem Zweiten Weltkrieg in etwa wiederhergestellt, das Langhaus jedoch ist ein »kahler, stilloser Ersatzbau von 1948« (Wilfried Hansmann, Kunstwanderungen in Westfalen, Stuttgart [2]1979, S. 77). Größere Beachtung verdient hingegen die Innenausstattung, ein Taufstein mit Weinrankenfries aus dem 13. Jahrhundert, ein zierliches spätgotisches Sakramentshäuschen und die vier Meter hohe, steinerne Passionssäule (um 1460), die denen in Billerbeck, Epe und Metelen auffallend gleicht.

1311, unter Bischof Ludwig II., erhielt Dülmen münstersches Stadtrecht. Als Mitglied der Hanse kam es zu einigem Wohlstand, eine Zeitlang durften hier sogar Münzen geschlagen werden, doch hat es den Charakter einer Ackerbürgerstadt wohl nie verloren. Die wechselnden Besatzungen während des Dreißigjährigen Krieges, Kontributionen, Plünderungen und verheerende Brände fügten auch dieser Stadt im 17. Jahrhundert immer wieder schweren Schaden zu. Im Zweiten Weltkrieg schließlich wurde die gesamte Altstadt mit ihrem spätgotischen Rathaus am Markt, den Ackerbürgerhäusern und Adelshöfen fast völlig vernichtet.

Vier Tore öffneten im Mittelalter den Zugang zur Stadt. Drei von ihnen sind, wenn auch teilweise verändert, noch erhalten: der quadratische *Nonnenturm* am Ostring (mit anschließendem Rest der ehemaligen Stadtmauer), der *Lorentzerturm,* Viktoriastraße-Nordring,

Dülmen. Kupferstich von Matthaeus Merian

und die beiden völlig schmucklosen Rundtürme des *Lüdinghauser Tores* (Farbabb. 31) vom Ende des 15. Jahrhunderts, die freilich durch einen Zwischenbau aus dem Jahre 1908 miteinander verbunden sind.

Zwei Menschen brachten Dülmen im ersten Viertel des 19. Jahrhunderts ins Gespräch; der eine gehörte der geistlichen, der andere der geistigen Welt an. Während die Nonne bis dahin völlig unbekannt gewesen war, hatte wohl bereits jeder literarisch Interessierte vom Ruf des Dichters Kenntnis.

Anna Katharina Emmerick, ein Bauernmädchen, war dem Augustinerinnenkloster St. Agnetenberg beigetreten. Armut kannte sie seit ihrer Kindheit, und Frömmigkeit war ihr von jeher selbstverständlicher Lebensinhalt gewesen. Ungewöhnlich waren lediglich die Visionen, die sie historische Ereignisse sehen ließen und aus denen erstaunliches theologisches Wissen sprach. Doch teilte sie diese Gabe des zweiten Gesichts mit manchen anderen Bewohnern ihrer münsterländischen Heimat, wie ja überhaupt die Neigung der hiesigen Menschen zu solchen übernatürlichen Wahrnehmungen sprichwörtlich war. So fiel die Ordensfrau zunächst kaum auf, bis 1812 das Kloster säkularisiert wurde und sie als Magd in einem Dülmener Haus Anstellung fand. Bald darauf zeigten sich an ihrem Körper die Wundmale Christi.

Zu den vielen Persönlichkeiten, die nun die Stigmatisierte aufsuchten, gehörte 1818 auch Clemens von Brentano, der so beeindruckt war, daß er im folgenden Jahr ganz nach Dülmen zog. Fünf Jahre, bis zum Tode Anna Katharinas 1824, blieb er hier, und er füllte elf Manuskriptbände mit den Aufzeichnungen ihrer Visionen.

Zweifellos hat Clemens Brentano in den Dülmener Unternehmungen, die ihm – liest man seine Briefe aus dieser Zeit – sauer genug geworden sind, wie in seiner Arbeit eine heilige Pflicht gesehen, der er sich sein Leben lang gebeugt hat. Seiner Überzeugung nach hatte ihm die Nonne erst die Kraft des katholischen Glaubens wirklich erschlossen, davon legen die

Bücher über die Visionen der Anna Katharina Emmerick Zeugnis ab (einige Manuskripte konnte Brentano nicht mehr selbst herausgeben, dies geschah erst posthum durch andere). Dennoch darf auch an dieser Stelle nicht verschwiegen werden, daß die Veröffentlichungen zum Emmerick-Komplex nach übereinstimmender Ansicht der heutigen Interpreten keineswegs das sind, was sie zu sein vorgeben: authentische Aufzeichnungen der »Betrachtungen der gottseligen Anna Katharina Emmerick«. Sie zeigen sich wie jedes andere Werk des Dichters vom Zwiespalt des eigenen Lebens beherrscht, der der seiner Zeit war, dem Zwiespalt zwischen Erkennen und Glauben. Die Gewaltsamkeit, mit der Brentano glauben wollte, schlägt im Text immer durch, zudem wird es dem mit Brentanos Schriften Vertrauten nicht entgehen, wie vielfältig und zahlreich zentrale Motive der vorhergegangenen Arbeiten an entscheidenden Stellen der ›Betrachtungen‹ wieder auftauchen. Hier wird eine beklemmende Kontinuität sichtbar: Hatte der Dichter zuvor auf die Kunst als Stifterin der Einheit des Lebens gesetzt, so vertraut er nun auf die in der Vision sich bezeugende Glaubensstärke der ehemaligen Nonne, ohne bemerken zu wollen, daß jene visionäre Kraft vielleicht sogar zum überwiegenden Teil seine eigene war.

Das Grab der Seherin ist nicht vergessen. In einer der *Heilig-Kreuz-Kirche* chorartig angefügten Kapelle fand sie ihre letzte Ruhestätte. Dominikus Böhm baute dieses Gotteshaus 1939. Einziger Schmuck der großen, schlichten Saalkirche ist die schöne Fensterrose in der Westfassade.

Westlich von Dülmen, im Merfelder Bruch, grasen die Wildpferde des Herzogs von Croy (Abb. 34), der hier das letzte ›Wildgestüt‹ Europas auf züchterischer Grundlage unterhält (s. S. 306). Sein ursprüngliches Gesicht hat der Bruch gewandelt: Anstelle von Heide- und Flachmoorlandschaft dehnen sich nun Wiesen und Weiden.

Ein großes Park- und Gartengelände umgibt heute *Haus Merfeld*. Den schon im 12. Jahrhundert bekannten Herren von Merveldt gehörte hier seit dem 14. Jahrhundert eine Doppelburg, die jedoch bis auf wenige Gebäude zu Anfang des vorigen Jahrhunderts abgetragen wurde. Erhalten blieben von der ehemaligen Wasseranlage das 1547 von Heinrich Wichmann erbaute Torhaus (fialenbesetzter Treppengiebel), das anschließende schlichte barocke Herrenhaus von 1755 und die (durch Um- und Ausbauten stark veränderte) Burgkapelle von 1466.

Am Südrand der ausgedehnten Torfmoorlandschaft des Schwarzen und Weißen Venns – auch sie wird heute als Weideland genutzt – liegt das bereits 889 genannte Dorf **Groß Reken.** 1173 ist der Haupthof »Rekene« im Besitz des münsterschen Domkapitels, und um 1200 dürfte die *Alte Pfarrkirche St. Simon und Judas* gegründet worden sein; die beiden unteren Geschosse des wuchtigen Turms stammen aus jener Zeit. Das Gotteshaus zeigt sich als zweischiffige und doppelchörige Saalkirche, die ihr ungewöhnliches Aussehen wohl ihrer Entstehung während fünf verschiedener Bauperioden verdankt. Prunkstück der Ausstattung ist die geschnitzte Barockkanzel (um 1700).

Zu einem Besuch laden auch die wiederhergestellte *Turmwindmühle* von 1708 mit ihrer bäuerlichen Heimatstube, der Waldvogelpark bei Maria Veen (etwa 4 km östlich von Reken)

und der Wildpark Frankenhof (etwa 3 km südlich) ein. Auch die nahegelegenen Wasserschlösser Lembeck und Raesfeld locken zu einem südlichen Abstecher von unserer
geplanten Route. Sie sollen jedoch erst im Zusammenhang des Wasserburgen-Kapitels
vorgestellt werden.

Birken-, Buchen- und Eichenwald, durchsetzt von Kiefernkulturen, umgeben die
Ortschaften zwischen Groß Reken und Heiden. Auf halber Strecke zweigt von der Straße
ein Wanderweg ab, der zu den ›Düwelsteenen‹ (Teufelssteinen) führt, einem aus mächtigen
Granitblöcken gefügten Großsteingrab der Zeit um 2000 v. Chr. Die Grabstätte soll eine
ovale Steinumfassung gehabt haben, tatsächlich ist man hier denn auch auf Spuren gestoßen,
die die Aufstellung kleinerer Findlinge bestätigen.

Bei **Borken** trafen sich schon im Mittelalter wichtige Handelsstraßen. Eine Furt durch das
Flüßchen Aa begünstigte die Entwicklung des alten Haupthofs »Burke« zu einer großen
Dorfsiedlung, die schon zwischen 1222 und 1226 volles Stadtrecht erhielt. Mit bis zu neun

Die ›Düwelsteene‹. Aus dem Buch ›Sepulcretum Westphali-co-Mimigardico-Gentile‹ von Jodocus Herman Nünning, Coesfeld 1713

127

Meter hohen Mauern wurde die Stadt befestigt; von den bedeutenden, bis heute erhaltenen Resten dieser Anlage sind vor allem der *Holkensturm* an der Wallstraße, der *Diebesturm* an der Turmstraße und der *Wedemhoveturm* (jetzt Jugendheim) hervorzuheben. Erst im 19. Jahrhundert dehnte Borken sich über diesen Mauerring aus, und der Straßenplan der Altstadt blieb sogar bis zum Wiederaufbau nach 1945 unverändert. Da vier Fünftel aller Gebäude den Bomben des Zweiten Weltkriegs zum Opfer gefallen sind, kann man heute nur noch wenige alte Häuser (zum Beispiel in der Johanniter-Straße das Haus Nr. 2 von 1576 mit seinem schönen Dreistaffelgiebel oder das Haus Vennestraße 1 von 1684) im Stadtbild bewundern.

Auch die *Propsteikirche St. Remigius* hatte der Krieg schwer in Mitleidenschaft gezogen, sie konnte jedoch bis 1954 in der alten Form wiederaufgebaut werden. Im Zuge dieser Arbeiten stieß man 1950 auf wenige Überreste einer Pfostenwand, von der man vermutet, daß sie zum ältesten (karolingischen) Vorläufer des heutigen Gotteshauses gehörte. Der erste Steinbau entstand um 1150 – von ihm stehen die beiden Untergeschosse des massiven Turms –, ansonsten weist die heutige Kirche Bauteile aus dem 15., 16. und 19. Jahrhundert auf, um 1433 entstand das dreischiffige Hallenlanghaus, zur gleichen Zeit wurde auch der Turm erhöht. Von den drei spätgotischen Kapellenanbauten ist die Allerheiligenkapelle (1507 erbaut) zweifellos die auffälligste, und das nicht nur, weil sie der Westseite vorgebaut ist, sondern auch, weil ihr eindrucksvoller Fialengiebel ihre begünstigte Position zusätzlich akzentuiert. 1872–1874 wurde die Kirche um das östliche Langhausjoch und den polygonalen Chor erweitert. Die klare Gliederung des Inneren und der sinnfällige Rhythmus dieses Hallenraums, mit denen sogar die auf wenige Grundfarben abgestimmte moderne Verglasung im Einklang steht, beeindrucken ebenso wie die Ausstattungsobjekte. Im Chor steht ein romanischer Taufstein (Abb. 30, sogenannter Bentheimer Typ) in den kraftvollen Formen jener Zeit, bei dem die merkwürdige Reihe von Menschenkopfdarstellungen an der Beckenwand auffällt. Beachtung verdienen auch das Vesperbild und das sogenannte ›Heilige Grab‹, beide aus dem 15. Jahrhundert. Das Gabelkruzifix (14. Jahrhundert) über dem Altar des südlichen Seitenschiffs erinnert an rheinische Beispiele dieser Art (Köln: Maria im Kapitol, Andernach: Pfarrkirche). In der Kreuzkapelle (Turmsüdseite) steht eine gutgeschnitzte Anna Selbdritt (2. Hälfte des 15. Jahrhunderts).

Die *St.-Johanniskirche* (ehemalige Kapuzinerkirche) ist ein bescheidener Saalbau, der 1696 nach Plänen des Ordensbruders Ambrosius von Oelde errichtet und 1777 erweitert wurde. Von der Ausstattung sind eine Anna Selbdritt (um 1460), eine anmutige Doppelmadonna im Strahlenkranz (Ende des 15. Jahrhunderts), die expressiv gemalten Kreuzwegstationen vom Anfang des 18. Jahrhunderts und die um 1600 gefertigte Orgel sehenswert.

In der ehemaligen Heilig-Geist-Kirche ist heute das *Heimatmuseum* untergebracht. Der spätgotische Backsteinbau wurde 1809 profaniert und nach dem Wiederaufbau 1952 seiner neuen Bestimmung baulich angepaßt.

Nur zwei Kilometer nördlich von Borken begann um 1100 das Adelsgeschlecht derer von **Gemen** seinen Machtbereich auszudehnen. 400 Jahre lang regierte es von der *Burg* (Farbt.

Burg Gemen. Steindruck von Th. Hartmann nach einer Originalaufnahme von Heinrich Deiters, um 1860

15, Abb. 31) aus, die sich wehrhaft über dem großen Hausteich erhebt. Zwar zeigt sie sich heute als geschlossener Komplex, doch schon die unregelmäßige Form der Anlage deutet auf eine Entstehung während verschiedener Bauepochen hin. So stand etwa der wegen seiner geschwungenen Barockhaube heute ›Ballturm‹ genannte runde Bergfried ursprünglich frei, erst Heinrich III. von Gemen ließ zu Beginn des 15. Jahrhunderts einen großen rechteckigen Palas anfügen und dadurch die Burg zum Schloß ausbauen. Doch auch Heinrich dachte noch an eine Verteidigung gegen militärische Angriffe, so wurde der Dachboden zum Schutz gegen Steilgeschosse mit dicken Eichenbalken ausgelegt. Der runde kräftige Archivturm (früher Batterieturm) flankiert die Westseite des Palas, hier schließen sich dann Nord- (16. Jahrhundert) und Ostflügel an, so daß – zusammen mit der starken Schildmauer – im Laufe einiger Jahrhunderte ein fast geschlossener Festungsring entstand.

Das Geschlecht, das ab 1370 eine Landesherrschaft ausbilden und unter Johann II. (1424–1455/58) sogar das kölnische Vest Recklinghausen als Pfand gewinnen konnte, starb 1492 aus, nachdem schon Johanns Sohn Heinrich viel vom ehemaligen Besitz hatte abgeben müssen. Die nachfolgenden Eigner hatten sich wie die Edelherren selbst immer wieder der Attacken der münsterschen Landesherren zu erwehren, doch als 1700 die Grafen von Limburg-Styrum endlich die Reichsunmittelbarkeit durchsetzen können, ist dem Bischof jede Zugriffsmöglichkeit genommen. Daß ihm solche erzwungene Zurückhaltung besonders schwer gefallen sein muß, läßt sich denken, denn 1561 war das Territorium protestantisch geworden. Er mochte sich jedoch mit dessen geringer Ausdehnung trösten, 1784 maß die 1806 mediatisierte und Salm-Kyrburg zugesprochene Herrschaft ganze 0,5 Quadratmeilen.

Vielleicht hat es die ständige Bedrohung durch die Mächtigeren mit sich gebracht, daß die Burg auch heute noch wehrhaft abweisend wirkt, vor allem der fast schmucklose Palas macht eher den Eindruck einer Kaserne als den eines Wohnhauses. Möglicherweise wollte man im 18. Jahrhundert das Erscheinungsbild der Anlage auflockern, als man über dem Hauptgesims von Palas, Treppenhaus und Nordflügel eine barocke Balustrade anbrachte. (Besichtigung der heutigen ›Jugendburg‹ des Bistums Münster ist nach Voranmeldung möglich, ✆ 02861/5068 und 5069.)

Ein Blick aus der Vogelperspektive zeigt besonders deutlich, wie eng (beinahe »ängstlich«) die einzelnen Gebäude auf der Oberburg-Insel aneinanderrücken. Freundlicher geben sich dagegen die heute gärtnerisch gestaltete Vorburg-Insel und die ›Obere‹ und ›Niedere Freiheit‹, zwei weitere von der Bocholter Aa und mehreren Gräften umschlossene vorgelagerte Inseln, auf denen einst die Bediensteten, Handwerker und Ackerbürger wohnten. Auf der Oberen Freiheit liegt die *Pfarrkirche zur Unbefleckten Empfängnis;* sie war das Gotteshaus des 1812 aufgehobenen Franziskanerklosters. Die Ausstattung aus der Erbauungszeit (1728 wurde das Gotteshaus vollendet) ist fast vollständig erhalten.

Bocholt, um 1792. Aquarellzeichnung

Israhel von Meckenem: Selbstbildnis mit seiner Frau Ida. Westfälisches Landesmuseum für Kunst und Kulturgeschichte, Münster. Einen weiteren Originalabzug besitzt die National Gallery, London

Am Treffpunkt der Bundesstraßen 70 und 67 steht die 1703 für die reformierte Gemeinde in strengen Formen des niederländischen Barock errichtete *evangelische Kirche*. Bemerkenswert sind ihre Glasfenster (Anfang des 18. Jahrhunderts) und die hervorragenden Epitaphe aus dem 16. und 17. Jahrhundert.

Wo Karl der Große nach dem Zeugnis der Fränkischen Reichsannalen im Jahre 779 eine sächsische Heerschar schlug, wurde etwa zur selben Zeit wie Borken die Pfarrei **Bocholt** gegründet (um 800), auch sie an einem wichtigen Aa-Übergang. Stadtrecht verlieh ihr der münstersche Bischof Dietrich III. bereits 1222. Leinen- und Wollweberei waren die Basis der wirtschaftlichen Blüte im 15. und 16. Jahrhundert; zeitweilig der deutschen Hanse assoziiert, pflegte Bocholt vor allem den Handel mit Holland. Doch auch zwei bedeutende Künstler ließen sich hier nieder: Israhel van Meckenem der Jüngere (etwa 1445–1503) und im 17. Jahrhundert Johann (Jan) van Lintelo. Ersterer fand von der Goldschmiedekunst zur Technik des Kupferstichs, und mehr als 600 solcher Arbeiten, figurenreich mit harten Licht-Schatten-Kontrasten, sind uns von ihm überliefert. Sein berühmtestes Werk ist nicht etwa unter seinen Arbeiten nach Originalen von Martin Schongauer und Hans Holbein dem

Israhel von Meckenem: Die heilige Familie. Kupferstich, Stadtarchiv Bocholt. Der Stich zeigt links oben das Wappen des Künstlers

Älteren zu suchen, sondern ein nur 12,4 × 17,3 cm großer Stich, der ihn und seine Frau Ida, die er in Bocholt kennenlernte, in einem Doppelbildnis darstellt (ein originaler Abzug liegt im Westfälischen Landesmuseum für Kunst und Kulturgeschichte Münster). Dieses erste graphische Portrait will nicht die Wohlhabenheit oder den sozialen Status der Dargestellten vorweisen, sondern zeigt zwei wirkliche Menschen und ihre Beziehung zueinander. Von Johann van Lintelo sind weitaus weniger Darstellungen bekannt, die sich indes in den großen Kunstsammlungen Europas wiederfinden. Er, dessen Name bisher nur wenigen Eingeweihten etwas sagte, führte als Maler und Glasmaler (so stammen etwa die Vorlagen zu einigen Fenstern im historischen Ratssaal von ihm) mehrere Aufträge für die Stadt Bocholt aus, von einer Stadtrechnung kann man denn auch auf sein Todesdatum schließen, das vor dem 14. Mai 1632 gelegen haben muß.

Wie Borken erlitt auch Bocholt im Zweiten Weltkrieg schwere Zerstörungen. Das großartige *historische Rathaus* am Markt konnte in seiner äußeren Gestalt jedoch wieder

Bocholt. Historisches Rathaus, Zeichnung der Marktfront aus der 1. Hälfte des 18. Jahrhunderts, Stadtarchiv Bocholt

133

aufgebaut werden. 1618–1621 hatten es die Bocholter Bürger in schwerer Zeit an der Stelle eines älteren Stadthauses errichtet. Die Folgen des Spanisch-Niederländischen Kriegs (1568–1609), der das Grenzgebiet in Mitleidenschaft gezogen hatte, waren noch allenthalben spürbar; zudem wurde das städtische Leben Bocholts etwa seit 1540 von religiösen Wirren geprägt, was die Kraftprobe zwischen der auf ihre Selbständigkeit pochenden Stadt und dem fürstbischöflichen Landesherrn unvermeidlich machte. Darum ist man geneigt, in der Abkehr des Rathauses von der Pfarrkirche St. Georg eine Demonstration städtischen Freiheitsbewußtseins zu sehen, dazu würde auch der Eindruck stimmen, daß das weltliche Zentrum mit seiner dem Marktplatz zugewandten Schauseite das geistliche geradezu ausstechen will. Diese Schaufront entfaltet die ganze Pracht niederländischer und einheimischer Renaissance. Mit der Halle des Erdgeschosses, die sich zum Markt hin öffnet, der reichlichen Verwendung des antikisierenden Formenguts dieser Epoche (besonders den Halbsäulen und Hermenpilastern der beiden oberen Geschosse wie des Giebels), dem Wechsel von rotem Ziegel und gelbem Haustein, vor allem aber mit dem verschwenderisch dekorierten Erker ist eine ungemein lebendige Fassade entstanden (Abb. 28).

Solche Pracht kann die *Pfarrkirche St. Georg* (Abb. 29), deren Chor beinahe an die Rückwand des Rathauses stößt, nicht aufweisen. Zwischen 1415 und 1486 wurde sie als fünfjochige Stufenhalle gebaut, das im Obergaden fensterlose Mittelschiff reicht in der Höhe also über die beiden Seitenschiffe hinaus. Unter den Ausstattungsstücken verdient das gotische Gabelkruzifix im südlichen Querschiff Aufmerksamkeit, das zum Mittelpunkt einer Wallfahrt geworden ist. Das Tafelgemälde der Kreuzigung befindet sich heute neben anderen wertvollen Zeugnissen sakraler Kunst im *Kunstraum an der St.-Georg-Kirche*. Der als Meister des Marienlebens (Altargemälde für St. Ursula in Köln) bekannte Maler – er arbeitete zwischen 1460 und 1480 in der Domstadt – schuf es um 1480. – Wenigstens einen Hinweis verdient außerdem ein Portrait Kardinal Melchiors von Diepenbrock aus dem 19. Jahrhundert, wenn auch weniger um seiner selbst als um der dargestellten Persönlichkeit willen. Der gebürtige Bocholter, dessen Andenken die Stadt hier pflegt, war Fürstbischof von Breslau und ein Mann von starkem sozialreformerischen Engagement.

Die *Liebfrauenkirche* war ehemals Ordenskirche der Minoriten, und entsprechend schlicht ist auch die Ausführung (wiederhergestellter flachgedeckter Saalbau mit eingezogenem Chor vom Ende des 18. Jahrhunderts; Erweiterungsbau mit Turm von 1912–1914). Auch die *Agneskapelle* auf dem Schonenberg ist die Gründung eines Ordens, sie diente den Augustinerinnen als Klosterkirche. Nach den Zerstörungen im Zweiten Weltkrieg wurde die Kapelle wieder aufgebaut, doch konnten die reichen Gewölbemalereien nicht mehr gerettet werden.

An profanen Bauten verdient neben dem *Haus Woord*, einer herrschaftlichen Villa aus dem späten 18. Jahrhundert (Münsterstraße 13), und dem *Haus Efing* im Nordwesten der Stadt (zwischen 1665 und 1669 erbaut, der eigenwillige Treppenturm trägt die Jahreszahl 1570) vor allem das *Neue Rathaus und Kulturzentrum* des Architekten Gottfried Böhm Beachtung. Mit ihm besitzt die Stadt Bocholt ein prägnantes Werk moderner Architektur, das manche Betrachter an das Centre Pompidou in Paris erinnert hat. Unmittelbar am Ufer der Aa mit einer umlaufenden Gräfte wurden nicht nur die bis dahin über die Stadt verstreuten kommunalen Ämter zusammengefaßt, sondern auch ein Theater und eine Kunstgalerie eingerichtet, die die wechselnden Ausstellungen des Euregio-Kunstkreises und der Stadt präsentieren kann.

Der am westlichsten gelegene Ort Westfalens ist Anholt. Da die Geschichte der ehemaligen reichsunmittelbaren Herrschaft eng mit dem dortigen Schloß der Fürsten zu Salm-Salm verbunden ist, wollen wir uns den Besuch für die Wasserburgen-Rundfahrt (s. S. 244 f.) aufsparen.

Statt dessen fahren wir jetzt am Westrand des Naturparks Hohe Mark entlang gegen Süden, bis wir auf die Lippe stoßen, die das Münsterland nach dieser Himmelsrichtung hin begrenzt. Der Lippe folgen wir flußaufwärts und erreichen mit **Dorsten** einen Ort, der sich

Dorsten. Kupferstich von Matthaeus Merian

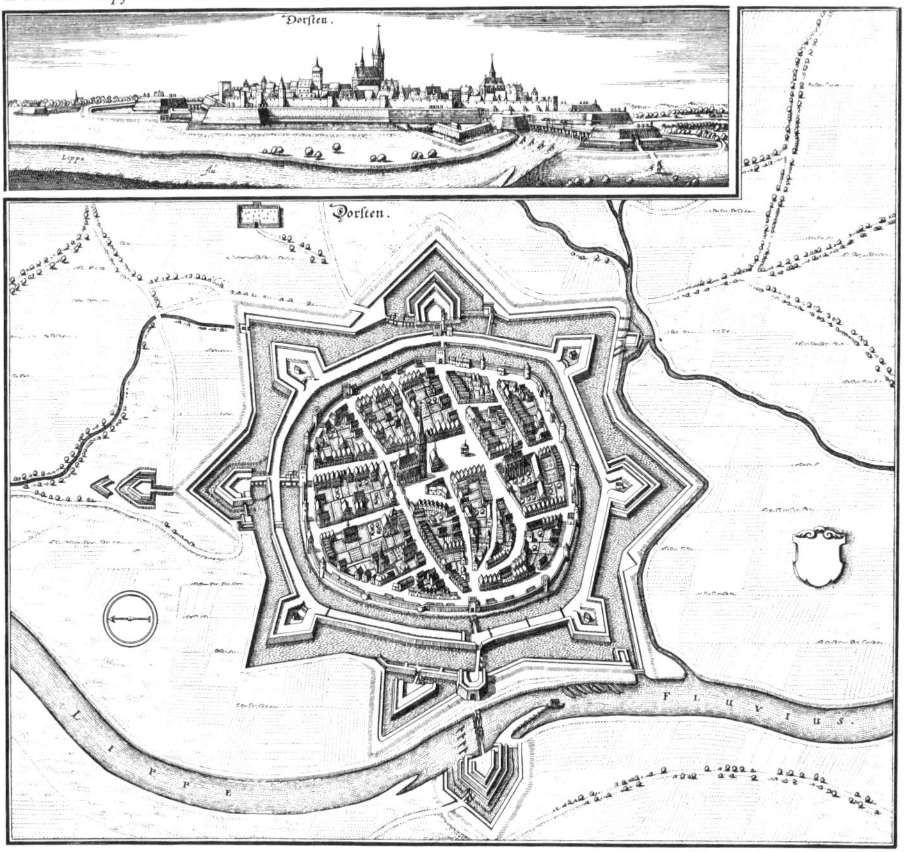

infolge seiner günstigen Lage an der alten Lippestraße schon im Mittelalter zu einer bedeutenden, aber in der Folgezeit auch oft umkämpften Stadt entwickelte. Die noch während des Dreißigjährigen Krieges ausgebaute Befestigung wurde 1674 zum Teil geschleift; die Stadttore wurden 1827 abgebrochen. Was von der alten Bebauung dann noch erhalten war, fiel den Bomben des Zweiten Weltkriegs zum Opfer.

Sie verschonten auch die Gotteshäuser nicht, doch blieben der Pfarrkirche *St. Agatha*, einem Neubau von 1952, noch der spätromanische Taufstein und drei Epitaphe mit Reliefs und Inschriften (um 1600). Westlich der Kirche erstreckt sich der Marktplatz, auch die ihn umstehenden Häuser sind Neubauten, eine Ausnahme macht lediglich das *Alte Rathaus* (heute Heimatmuseum). An seinem Platz stand zuvor die Stadtwaage (1567), die man für ihre neue Aufgabe 1797 um ein Geschoß erhöhte und mit einem Laubengang versah. Wer die Stadtgeschichte in einem Schnellkurs überfliegen möchte, schaue sich den originellen Brunnen vor dem Rathaus an; auf zahlreichen Inschriftentafeln sind die wichtigsten Ereignisse festgehalten.

Folgen wir der Straße weiter lippeaufwärts, dann passieren wir kurz vor **Haltern** am nördlichen Flußufer den Annaberg. Hier oben steht eine kleine einschiffige, 1791 erweiterte *Kapelle* aus dem 17. Jahrhundert, die eine spätgotische, als Gnadenbild verehrte Anna Selbdritt beherbergt. Außerdem liegt hier ein ehemaliges römisches Kastell, eine der insgesamt fünf *römischen Militärstationen* aus der Zeit um 9 vor bis 9 nach Christus, dem Datum der Schlacht im Teutoburger Wald; zum Kastell kommen noch zwei Lager am alten Ufer der Lippe (schon im bebauten Stadtgebiet) und das sich teilweise mit dem älteren ›Feldlager‹ überschneidende ›Hauptlager‹. Während man von ihnen heute kaum noch

Haltern. Kupferstich von Matthaeus Merian

Spuren ausmachen kann (auch das ›Hauptlager‹ liegt zum größten Teil unter der modernen Bebauung), können die in fünfundsiebzigjähriger archäologischer Arbeit ergrabenen Funde wenigstens zum Teil im Römisch-Germanischen-Museum der Stadt (Goldstraße 1) besichtigt werden.

Am Lippeübergang, der auf kölnisches Territorium führte, entstand einer der ältesten bischöflich-münsterschen Amtshöfe; 1289 wurde der Siedlung Stadtrecht verliehen. Die Grenzlage begünstigte den Handel, zog die Stadt jedoch auch wiederholt in kriegerische Auseinandersetzungen hinein. Von den im 18. Jahrhundert niedergelegten Befestigungsanlagen blieb nur der *Siebenteufelsturm* übrig, ein runder Backsteinbau mit Schießscharten und Spitzbogenfries (1502).

Mittelpunkt Halterns ist der Marktplatz mit dem *Rathaus* von 1575–1577, das in vereinfachter Form nach dem Zweiten Weltkrieg wiedererrichtet wurde, und der *Pfarrkirche St. Sixtus.* Dieser neugotische Hallenbau steht an der Stelle des spätgotischen Gotteshauses, das 1875 abgebrochen wurde. Das Gabelkruzifix (um 1335) wurde als ›Halterner Kreuz‹ (Abb. 27) bekannt.

Im Stadtteil **Lavesum** (4 km nördlich) ist die jetzige *Kriegergedächtniskapelle* sehenswert. Hier wurden Reste spätgotischer Wandmalereien aufgedeckt und ergänzend restauriert. Dargestellt sind Apostel, Heilige und eine Madonna im Strahlenkranz.

Auf der B 58 verlassen wir Haltern in östlicher Richtung; eine Weile begleitet uns der langgestreckte Stausee, der das Wasser der Stever und des Mühlenbaches speichert. Nach rund zehn Kilometern verlassen wir die Hohe Mark, biegen nach rechts in die Hauptverbindungsstraße ein, überqueren bei Olfen den Dortmund-Ems-Kanal und stoßen bei Selm auf die B 236. Ihr folgen wir nach Süden und dürfen kurz hinter Bork die Abzweigung nach Cappenberg nicht verpassen, denn dort erwartet uns in doppeltem Wortsinn ein Höhepunkt unserer Fahrt durch das westliche Münsterland.

Auf den Cappenberger Höhen

Aus der Weite der Lippeniederung erhebt sich ein bewaldeter Höhenzug, auf dem eine Klosterkirche und ein Schloß lagern. Wer **Cappenberg** vom Münsterland her erreicht, wird erst von der Höhe aus der Nähe des Industriegebiets gewahr, das nach Süden mit seinen Schornsteinen, Kühl- und Fördertürmen das Landschaftsbild bestimmt. Hier oben jedoch empfängt den Besucher eine andere Welt, die ihn mit kaum weniger Bestimmtheit wie jene dort unten ansprechen wird, wenn er sich erst einmal auf sie eingelassen hat.

Schon in karolingischer Zeit stand hier eine Burg, seit Ende des 11. Jahrhunderts nennen sich deren gräfliche Bewohner von Cappenberg, wobei unentschieden bleiben muß, wer von wem den Namen übernommen hat, ob die Grafen von dem Ort oder der Ort von den Grafen. Jedenfalls herrschte das Geschlecht über eines der größten Territorien Westfalens, und Gottfried gab im Einvernehmen mit seiner Frau Jutta wie seinem Bruder Otto eine bedeutende Machtposition auf, als er 1122 die Burg zum Stift konsekrieren ließ und in der

Folge aller weltlichen Güter entsagte. Ein Jahr zuvor hatten die Grafen Gottfried und Otto mit Lothar von Süpplingenburg die staufertreue Stadt Münster eingenommen (s. S. 53), mit ihrem ungewöhnlichen Schritt wollten sie sehr wahrscheinlich ihre Mitschuld an der Verheerung der Stadt sühnen. In Norbert von Xanten, der 1120 in Prèmontré den nach der Stadt benannten Orden (Prämonstratenser) gegründet hatte, fanden die Brüder einen tatkräftigen Ratgeber, der ihnen auch in den folgenden Auseinandersetzungen immer wieder den Rücken gestärkt hat, wohl nicht zuletzt deshalb, weil mit der Umwandlung der Burg dieser mächtigen Herren in ein bis 1149 als Doppelkloster ausgebautes Prämonstratenserstift seine Gemeinschaft einen großen Aufschwung nehmen mußte. Es war die erste Niederlassung des Ordens im rechtsrheinischen Deutschland, und zahlreiche Neugründungen gingen von hier aus. Der Einfluß reichte dabei weit über die Grenzen Westfalens: In Ratzeburg, Havelberg und Brandenburg wurden die Bischofsstühle mit Cappenberger Stiftsherren besetzt.

Graf Gottfried nahm selber das geistliche Gewand; nach seinem Tode (1127 im Prämonstratenserkloster Ilbenstadt bei Frankfurt) wurde er heiliggesprochen und ein Teil seiner Gebeine 1148 in die fertiggestellte Stiftskirche Cappenberg überführt.

Die heutige **Kirche St. Johannes Evangelist** läßt den kreuzförmigen Grundriß der Basilika noch erkennen, doch ist heute der Westbau, der die Breite des Mittelschiffs einnahm, nicht mehr vorhanden. Hier muß die Nonnenempore (Cappenberg war ja Doppelkloster) gelegen haben, von deren Existenz noch zwei – jetzt geschlossene – Arkaden und Fenster jeweils seitlich des erst später eingesetzten Portals zeugen. Auch die ursprüngliche, flache Decke mußte in der Gotik einer Einwölbung des Gotteshauses weichen, desgleichen wurde um 1387 die romanische Hauptapsis durch einen ⅝-Chorschluß ersetzt. Selbstverständlich sind auch die recht breiten Maßwerkfenster der Quer- und Seitenschiffe gotischer Provenienz.

So wäre der ursprüngliche Raumeindruck nur noch an den relativ dicht aufeinanderfolgenden kantigen Pfeilern zu erahnen, die die Wände des Mittelschiffs tragen. Doch gibt die nach Befunden teilweise wiederhergestellte Wandbemalung im nördlichen Querhaus (Nord- und Westwand) eine Vorstellung von der ursprünglichen farbigen Ausgestaltung der Kirche. Darüber hinaus gibt sie einen guten Eindruck von einer Raumfassung, die als einzige Westfalens noch aus der ersten Hälfte des 12. Jahrhunderts datiert. Desgleichen hat man an der Ostwand des südlichen Querhausarms das romanische Fenster als Blende wieder sichtbar gemacht.

Im Gegensatz zu der schlichten Gestaltung des Inneren, der übrigens der völlig schmucklose Außenbau entspricht, steht die Ausstattung der Kirche. Ins Auge fällt hier zunächst das prächtige, von 1509–1522 entstandene *Chorgestühl* (Abb. 38), das den Raum unter der Vierung einnimmt. Für westfälische Verhältnisse einmalig sind außer der Fülle von Schnitzereien an Wangen, Handknäufen und Konsolen die reich dekorierte Rückwand und das prunkvolle Schirmdach mit seinem Wappen und Figurenschmuck. Unter den figurativen Darstellungen sind die kämpfenden Paare auffällig häufig vertreten. Man hat dies im Blick

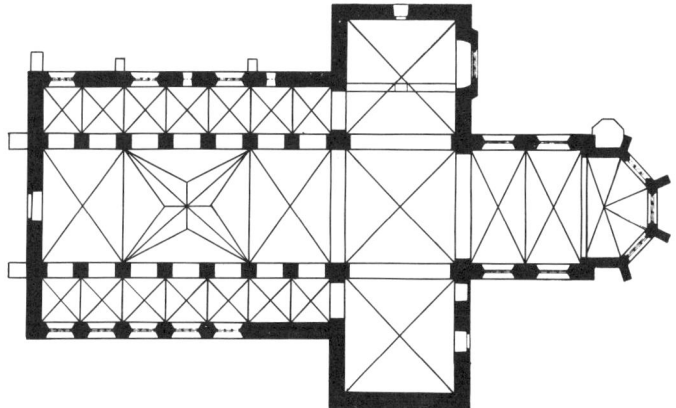

*Cappenberg. Kirche
St. Johannes Evange-
list, Grundriß*

auf die nur unzulänglich erhaltene Malerei im Vierungsgewölbe, die ein Jüngstes Gericht zeigt, als symbolische Darstellung des Erdentreibens gedeutet, in dem der Mensch des Menschen Wolf ist. Die Kampfszenen sollten also dem Betrachter die Tücke der Welt eindringlich vor Augen führen. – Göttliche Majestät verkörpert hingegen die Gestalt des Heilands am Kreuze, das über dem modernen Altar hängt. Den *spätromanischen Christus*, aus dessen verklärter Schönheit viel vom Leiden an und mit der Welt spricht, können wir heute in der ursprünglichen Farbfassung bewundern, die sich unter vielen Bemalungen derart gut erhalten hatte, daß zu ihrer völligen Wiederherstellung vergleichsweise geringe Ergänzungen nötig waren. Beachtung verdient auch das *Triptychon* Jan Baegerts, dessen Formensprache bereits mit Renaissance-Elementen durchsetzt ist. Es zeigt innen von links nach rechts das Ecce Homo, die Kreuzigung und Beweinung Christi, sowie auf den Außentafeln die Geburt Christi (linke Tafel) und den Marientod mit der Marienkrönung (rechte Tafel).

Die Plastik der Gottesmutter mit dem Kinde (um 1330) stammt aus einer Kölner Werkstatt, in der zur selben Zeit auch das *Denkmal der beiden Stifter* (Abb. 37) entstand. Das in die Wand eingelassene Denkmal war wohl ursprünglich die Deckplatte einer Tumba; es stellt die Stiftsgründer als jugendliche Ritter, nicht unähnlich den Minnesängern in der Manessischen Handschrift, dar. Zwischen sich halten sie gemeinsam ein idealisiertes Modell ihrer Kirche, das die Mittelachse für die Linienführung der einander spiegelbildlich zugeordneten Stifter bezeichnet. Die leicht konkave Biegung der Körper ist dabei ohne allen Zwang aus ihrer Geste entwickelt und betont die gelöste Anmut der Figuren. Die gotische Architektur um die beiden Ritter und besonders der filigran gearbeitete Baldachin zu ihren Häupten bilden dazu den angemessenen Rahmen.

Wer die ursprüngliche Funktion dieses Stifterdenkmals kennt, wird vielleicht erstaunt sein, in der Kirche auf ein zweites *Grabdenkmal* für einen der Brüder, den hl. Gottfried von Cappenberg, zu treffen. Man hat sich diese Dopplung nur erklären können, indem man eine unterschiedliche Verehrung des Heiligen und der Stifter annahm. Die überlebensgroße, einfachere Darstellung Gottfrieds weist Ähnlichkeiten mit der des vorgenannten Bildnisses auf und ist etwas älter. Sie hat der Forschung einige Rätsel wegen jenes Sockels in ihrer Rechten aufgegeben. Zu aller Überraschung erwies sich dann, daß die Abmessungen und die Gestalt des Sockels mit großer Wahrscheinlichkeit genau daraufhin berechnet waren, dem berühmtesten Kunstwerk Cappenbergs, dem *Portrait Kaiser Friedrich Barbarossas* (Abb. 36), Platz zu bieten.

Vier Drachenfüße tragen den achteckigen, aus Zinnen, Türmen und Engelfiguren gebildeten Untersatz, den man als Abbild des himmlischen Jerusalem deutet. Die Engel halten einen zweiten Zinnenkranz, dem der Kopf aufruht. Er ist etwas schief in diese Umfassung eingelassen, man hat deshalb Zweifel angemeldet, ob Kopf und Untersatz ursprünglich zusammen gehörten.

Noch strittiger ist lange Zeit die Behauptung der Portraitähnlichkeit des Kopfes gewesen. Für sie läßt sich einmal die Bemerkung des Grafen Otto von Cappenberg in seinem Testament ins Feld führen, das Kopfreliquiar, als dessen Entstehungsort Erich Meyer aufgrund stilkritischer Vergleiche die Aachener Leuchterwerkstatt hat sehen wollen, sei »nach dem Bild des Kaisers gemacht«, also das früheste Werk abendländischer Portraitkunst, daneben bestätigen aber auch Eigentümlichkeiten des Bildnisses selbst solche Auffassung. So sind die beiden Gesichtshälften nicht, wie sonst bei idealisierten Darstellungen üblich, einander völlig gleich; die Ohren stehen verschieden weit vom Kopf ab, der Mund ist ungewöhnlich klein, Wangenknochen und sogar Tränensäcke hat der Meister deutlich herausgearbeitet. Daß die Kennzeichnung Portrait dennoch nur eingeschränkt gelten und nur im Hinblick auf andere Herrscherdarstellungen der damaligen Zeit aufrechterhalten werden kann, liegt an den mannigfachen Stilisierungen, die das Gesicht Barbarossas als das des Amtsträgers ausweisen, an den hier verwendeten Attributen, die dem ›imperator‹ seit jeher zukamen und die sich auch bei diesem ältesten Bildnis des Mittelalters wiederfinden. Solche Einwände müssen bedacht werden, man wird ihretwegen indessen den Begriff Portrait für den Kaiserkopf nicht völlig ablehnen dürfen.

Die Geschichte dieses Kopfes läßt sich dank des Testaments, das Otto von Cappenberg hinterlassen hat, und einer zweiten Kostbarkeit, die lange im Besitz des Stiftes war, zweifelsfrei zurückverfolgen. Im Testament Ottos ist das Bildnis zusammen mit einer silbernen Schale aufgeführt, die sich heute im Kunstgewerbemuseum Berlin befindet. Die Schale trägt die Inschrift »Diese Gaben hat Kaiser Friedrich seinem Paten Otto geschenkt«. Weiter zeigt die Schüssel die Taufe des Friedrich Barbarossa, doch es gibt Vermutungen, daß auch diese Gravierung später von seiten Ottos hinzugefügt worden ist – obwohl gerade sie der Anhaltspunkt dafür war, im Schöpfer der beiden Preziosen den Meister des Kronleuchters im Aachener Münster zu sehen. Überhaupt sind die nachträglich vorgenommenen Veränderungen recht erheblich. So ließ Otto den Kopf zum Reliquiar umgestalten, das die Reliquien des hl. Johannes Evangelist aufnahm. (Sie befinden sich heute nicht mehr dort, wie auch der Kopf wegen seines unschätzbaren Wertes in der Kirche nur durch eine Kopie vertreten ist.) Die Reliquien stammten übrigens aus dem Erlös, den sein Bruder Gottfried von Cappenberg von des Kaisers Vater, dem Herzog Friedrich von Schwaben, für den Verkauf seiner schwäbischen Besitztümer an die Hohenstaufer erhalten hatte. (Sie waren erst eine Generation vorher dem westfälischen Geschlecht durch Heirat zugefallen. Die Ehe zwischen dem Vater des Stifters und der Enkelin Ottos von Schwaben, Beatrix, begründete die Verwandtschaft der Cappenberger mit den Hohenstaufern, die nur ein Beispiel für die Verbindung unter den mächtigen Familien des Reiches ist.)

Auch das letzte Kunstwerk in dieser Kirche, das unserer Aufmerksamkeit nicht entgehen soll, war vorzeiten unmittelbar mit der sozialen Realität verknüpft, wenn auch weniger mit detailliert überlieferten Ereignissen. Der *romanische Löwenkopf* mit Ring, der die Innenseite der Tür im nördlichen Querhaus schmückt, stammt noch von der romanischen Kirche, dort war er an der Außentür angebracht und hat keineswegs als Türgriff gedient. Er wies die Immunität des Gotteshauses sichtbar aus, wem es gelang, diesen Ring zu ergreifen, der konnte drei Tage lang den kirchlichen Schutz in Anspruch nehmen.

Dreiflügelig legt sich das Schloß, die ehemalige Abtei, um die Kirche herum. Die Klostergebäude waren in einen so schlechten Zustand geraten, daß im 17. Jahrhundert ein Neubau notwendig wurde, der – und das hat Cappenberg mit vielen anderen Klosterbauten

Cappenberg. Schloß, Ansicht von der südöstlichen Seite. Sepiazeichnung von Luise von Panhuys, 1823. Privatbesitz

zur Zeit des Barock gemein – die Gestalt eines Schlosses annahm. Der alten Anlage wurde so nicht nur ein völlig neuer Ostflügel hinzugefügt, sondern man hat ihr auch insgesamt ein ganz neues Gesicht gegeben. Die äußere Wirkung des Barockbaus beruht vor allem auf seiner beherrschenden Lage über der Lippeniederung, doch tritt er, was seine Höhe angeht, gegenüber der Kirche immer noch zurück. 1802 wurde das Kloster säkularisiert und preußische Domäne. 1816 erwarb Freiherr vom und zum Stein den Cappenberger Besitz; hier verbrachte er sein Alter, und hier starb er 1831. Von 1774–1804 hatte Stein die Geschichte Westfalens als hoher Beamter wesentlich mitbestimmt, nun, ins Privatleben zurückgezogen, suchte er die Ideale der Befreiungskriege in der kleineren Münze romantischer Begeisterung für die vergangene Größe des Heiligen Römischen Reiches Deutscher Nation einzulösen. Auf die deutsche Geschichte des Mittelalters richtete sich sein immer stärkeres Interesse, hier von Cappenberg aus gründete er die Gesellschaft für ältere deutsche Geschichtskunde, die die ›Monumenta Germaniae Historica‹ herausgab, eine außerordentlich bedeutende und in ihren Editionsprinzipien immer noch richtungweisende Quellensammlung zur Erforschung des Mittelalters.

Sein Engagement für die deutsche Geschichte kam auch dem Klosterarchiv zugute, dessen so wichtige Urkunden nicht – wie die vieler anderer Klöster nach der Säkularisation – in alle Winde zerstreut wurden und bald als verschollen gelten mußten. Dieses Klosterarchiv befindet sich auch heute noch zusammen mit dem Frhr. vom Stein-Archiv auf Cappenberg. Letzteres enthält den ganzen schriftlichen Nachlaß des Freiherrn wie einige Andenken.

Rund um die Beckumer Berge

Über Ahlen – hier durchqueren wir den nördlichsten Ausläufer des Steinkohlenreviers – fahren wir nach **Beckum.**

Zwei südwestlich der heutigen Stadt entdeckte Gräberfelder des 6. bis 8. Jahrhunderts zeugen für die Besiedlung dieses Raumes durch die Sachsen. Die spektakulärste Ergrabung

Beckum von Norden. Zeichnung von Wenzel Hollar, Kupferstichkabinett, Berlin. Diese Zeichnung hat Merian als Vorlage für seine Stadtansicht gedient

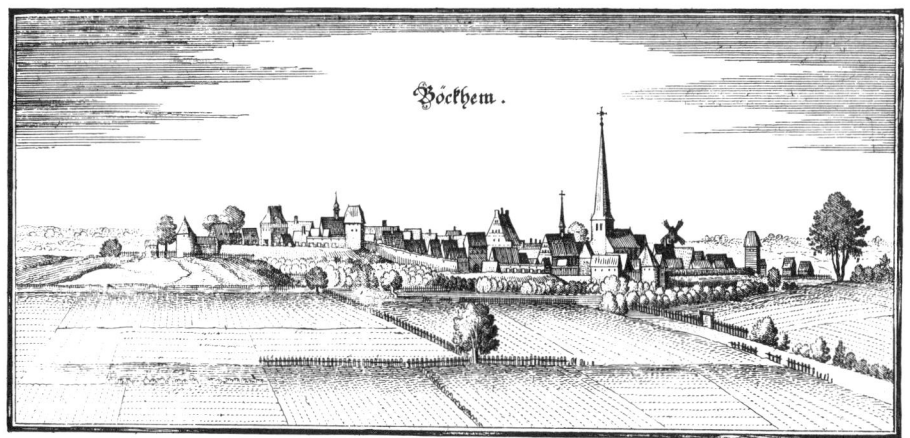

Beckum. Kupferstich von Matthaeus Merian. Der zugehörige Text in der ›Topographia Westphaliae‹ beschreibt irrtümlich Bochum

gelang 1959, als man das mit Waffen, Schmuck und Pferden reich versehene Grab eines Angehörigen der führenden sächsischen Adelsschicht freilegte.

Der im 12. Jahrhundert erstmals urkundlich erwähnte Ort geht auf einen Königshof und späteren Amtshof der Bischöfe von Münster zurück; seit etwa 1224 besitzt er Stadtrechte. Trotz dieses hohen Alters und seiner Bedeutung als eine der Urpfarreien des Münsterlandes blieb Beckum jahrhundertelang eine ruhige, typisch westfälische Ackerbürgerstadt.

Ob es wirklich neidische Nachbarn waren, die den Beckumern Schildbürgerstreiche andichteten? Da wird berichtet, daß die Bürger einst ihr Rathaus mit einer schönen Sonnenuhr schmückten. Um sie vor Wind und Wetter zu schützen, bauten sie ein Dach darüber und mußten von da an die Fremden nach der Uhrzeit fragen. Auch der Ochse wird erwähnt, der in Stücke zerhackt auf den Acker gesät wurde, um Nachwuchs zu ernten. Vielleicht haben die Beckumer diese heute noch berühmten »Anschläge« doch bewußt inszeniert, weil sie sich endlich einmal ins Gespräch bringen wollten, zumal die Fähigkeit zur Selbstironie ein ausgeprägter Charakterzug der Westfalen ist. Und wenn wir hier noch einmal auf die Unbekanntheit Beckums anspielen, darf ein Versehen in der ›Topographia Westphaliae‹ des Matthaeus Merian nicht unerwähnt bleiben, das dazu auf eine merkwürdige Weise stimmt. Der Stich zeigt eindeutig Beckum (das belegt die Zeichnung Wenzel Hollars, die Merian als Vorlage diente), beschrieben aber wird Bochum, »so in die Graffschafft Marck gehörig, [...] wiewol es eine Tafel dem Stifft Münster gibet«.

Weit über die Grenzen des Umlands hinaus aber machte Beckum dann doch später von sich reden: Der Mergelkalk der Beckumer Berge lieferte mit seinem Anteil an Kalziumkarbonat und Tonerde den Rohstoff für die sich seit der Mitte des 19. Jahrhunderts entwickelnde Zementindustrie, sie machte den Namen der Stadt zum ersten Mal im Laufe ihrer vielhundertjährigen Geschichte weltweit bekannt.

Doch Schildbürgerstreiche hin und Zementindustrie her – die einen übergeht der Stadtprospekt so unauffällig wie möglich, die andere taucht er in das verklärende Licht eines Sonnenuntergangs –, Beckum hat sich (wieder einmal) bemüht, aus der Not eine Tugend zu machen. Mag uns hier und da der weißgraue Kalkstaub begegnen, verstaubt – weder im buchstäblichen noch im übertragenen Sinn – ist die Stadt nicht. Verheerende Brände im 17. und 18. Jahrhundert haben zwar vom mittelalterlichen Baubestand wenig übriggelassen, doch um so farbenprächtiger geben sich die dekorativ gestalteten Häuserfassaden der Gründerzeit.

Drei Vorgängerbauten hat die heutige *Stadtkirche St. Stephanus* nach den Ergebnissen von Grabungen gehabt. Vom letzten hat man den romanischen Westturm in den – während des 14. Jahrhunderts begonnenen und 1526 vollendeten – Bau der Hallenkirche integriert. Als Baumaterial diente der heimische Kalkstein, den man mit grünen Sandsteinquadern duchsetzte. Unter anderen westfälischen Stadtkirchen zeichnet sich dieses Gotteshaus durch seine wertvolle Einrichtung aus: zunächst der Taufstein aus dem 13. Jahrhundert, der trotz starker Verwitterungserscheinungen der bedeutendste Figurentaufstein jener Zeit im Münsterland ist. Seine acht Wände zeigen die zwölf Apostel, jeweils paarweise einander zugeordnet, Christus in der Mandorla und eine Darstellung der Taufe Christi.

Kostbarster Besitz der Kirche aber ist der spätromanische Prudentia-Schrein (Abb. 39), dessen Kern aus Eichenholz eine Auflage von getriebenem Silber und vergoldetem Kupfer ummantelt. Schön gemusterte Doppelsäulen tragen auf ihren Kapitellen kleeblattförmige Bogen. Die so gebildeten Arkaden laufen um das ganze, von einem Satteldach überspannte Gehäuse und fassen Reliefs mit einem auffällig plastischen Akzent. Sie zeigen den thronenden Christus, die Muttergottes, die Verkündigungsszene und die zwölf Apostel. In seiner Architektur lehnt sich der um 1230 von den Goldschmieden Renefried, Hermann und Sifrid (ihre Namen sind über die Inschrift auf uns gekommen) gefertigte Schrein an die rheinischen Arbeiten jener Zeit an, die direkt oder indirekt auf Nikolaus von Verdun, den Protagonisten der Maas-Kunst, verweisen. Die Figurendarstellung schließt dagegen an lokale Traditionen an.

Auf die Bedeutung, die man im Zeitalter der staufischen Kaiser den verschiedenen Gattungen des Reliquienbehälters beimaß, haben wir am Beispiel des Cappenberger Barbarossa-Kopfes schon hingewiesen. Alle die unterschiedlichen Formen – frühchristlicher Sarkophag, Reliquiengefäß und Reliquienfigur – »vereinen sich in den Reliquienschreinen zu großer, architektonisch bestimmter Ordnung« (Henze, Westfälische Kunstgeschichte, S. 114). Darüber hinaus verdient der Beckumer Schrein auch deshalb Interesse, weil als Stifter weder weltliche noch geistliche Fürsten auftraten, sondern – laut Inschrift: POPUL · BEKEMESIS – die Beckumer Bürger.

Hinter der Stadtkirche verbreitert sich die Straße zu einem dreieckigen Marktplatz, dem das bescheidene gotische *Rathaus* seine Längsfront mit Laubengang und fialenbesetztem Treppengiebel zuwendet. Der Sitzungssaal beherbergt zwei steinerne Heiligenfiguren

1 MÜNSTER, Rathaus ▷

2 MÜNSTER Dom, Christophorus-Figur, 17. Jh. 3 MÜNSTER Dom, Astronomische Uhr
4 MÜNSTER Hermann tom Ring, Bildnis der Gräfinnen Ermengard und Walburg von Rietberg, entstanden
1564. Westf. Landesmuseum, Münster

5 MÜNSTER Ehemaliges fürstbischöfliches Schloß (heute Universität)

6 MÜNSTER Erbdrostenhof

7 MÜNSTER Johann Koerbecke, Marienfelder Altar: Gefangennahme Christi. Westf. Landesmuseum

8 MÜNSTER   Johann Koerbecke, Marienfelder Altar: Darbringung im Tempel. Westf. Landesmuseum

9   LIPPBORG   Haus Assen

10   LÜDINGHAUSEN   Burg Vischering

11 AHAUS Tor zur Oberburg

12 BURGSTEINFURT Innenhof des Schlosses

13 LEMBECK Wasserschloß

14 NORDKIRCHEN Wasserschloß ▷

16 OSTBEVERN Haus Loburg

17 RAESFELD Wasserschloß

15 GEMEN Wasserschloß

18 ᴀɴʜᴏʟᴛ Wasserschloß

19 Gut Oedingberg

20 Bei Kattenvenne

21 An der Ems ▷

22 FRECKENHORST Blick auf die ehemalige Stiftskirche

23 MÜNSTER-WOLBECK Drostenhof

24 VREDEN Ehem. Stiftskirche, Stufenportal am nördl. Querhaus (13. Jh.)

25 MARIENFELD Ehemalige Klosterkirche

26 MARIENFELD Kirche des ehem. Zisterzienserklosters, Blick auf die Kanzel und die Johann Patroklus Möller zugeschriebene Orgel

27   ZWILLBROCK   Kath. Pfarrkirche St. Franziskus

28   ANHOLT   Wasserschloß, Rittersaal

29, 30 WARENDORF Drachenköpfe

31 DÜLMEN Lüdinghausener Tor

32 WERNE Rathaus

33 WARENDORF Stadtbild, im Hintergrund die Pfarrkirche St. Laurentius 34 An der STEVER ▷

St. Stephanus und St. Sebastian) aus der Brabender-Werkstatt, die einst an der Fassade angebracht waren. Dort sind sie heute durch Kopien ersetzt.

In der ehemaligen *Siechenhaus-Kapelle St. Quirinus* an der Stromberger Straße, der 1523 geweihten Kapelle des einstigen Leprosenhauses, steht ein von Christoph Bernhard von Galen gestifteter Altar, dessen hölzerner Aufbau mit fein getriebenem Messingblech überzogen ist.

Von der ehemaligen Stadtbefestigung – sie wurde zwischen 1770 und 1820 niedergelegt – sind nur noch Reste erhalten: Im Westen steht der *Budenturm* und im Süden auf dem Höxberg die *Soestwarte* (Aussichtsturm), während der *Höxberg* selbst heute ein beliebtes Naherholungsgebiet mit Wildgehege, Fasanerie, alter, hervorragend instandgesetzter Windmühle, Trimmpfad und hübschen Ausflugslokalen ist.

Liesborn – 20 km südöstlich von Beckum – wurde vor allem durch einen Mann bekannt, der zu den Malern zählt, die Westfalen in der abendländischen Kunst des 15. Jahrhunderts vertreten. Sein Name ist uns nicht überliefert; die Kunstgeschichte nennt ihn den Meister von Liesborn, denn sein Hauptwerk schuf er für den Hochaltar der hiesigen Klosterkirche. Um es vorweg zu sagen: Am Ort finden wir nichts mehr von dem großen Tafelbild. Nach der Säkularisierung des Klosters ist der Altar zersägt und stückweise verkauft worden. Wenn wir die inzwischen aufgefundenen Fragmente sehen wollen, müssen wir uns ins Westfälische Landesmuseum für Kunst und Kulturgeschichte nach Münster oder gar in die Londoner National Gallery bemühen.

Der Meister unterhielt eine vielbeschäftigte Werkstatt. Aus ihr gingen der Passionsaltar der Dorfkirche von Sünninghausen bei Beckum, der Hochaltaraufsatz in der Soester Hohnekirche, der Flügelaltar in der (evangelischen) Pfarrkirche zu Lünen und der Auferstehungsaltar des Kölner Franziskanerinnenklosters St. Klara hervor. Sogar in Lübecks Jakobikirche treffen wir auf eine Arbeit dieser Malergruppe.

Doch bleiben wir in Liesborn. Nach der legendenhaften Überlieferung gründeten vielleicht auf Anregung Liudgers die Laien Bozo und Bardo hier um 815 ein Nonnenkloster, dessen erste Äbtissin Ro(th)swindis eine Verwandte Karls des Großen gewesen sein soll. Diese Mitteilungen auf die tatsächlichen Geschehnisse zurückzuführen bereitet große Schwierigkeiten, doch nimmt man heute an, daß wohl noch vor 814 der Vogt des Reichsklosters Corvey, ein Graf Bardo, und dessen mutmaßlicher Verwandter Boso Kloster Liesborn gegründet haben. Boso war ein Bruder des in Westfalen und Ostsachsen begüterten und sehr einflußreichen Stammvaters der Liudolfinger (Ottonen), des Grafen Liudolf. Nach Wilhelm Kohl besitzen auch die Ausführungen über die erste Äbtissin einen historischen Kern. Ein anderer Boso, nämlich Boso von Vienne (er wurde im Todesjahr Bardos, also 880, zum König von Burgund gewählt), hatte eine Schwester Richildis, die mit dem Karolinger Karl dem Kahlen verheiratet war. Ob sich auch die legendenhafte Verknüpfung dieser zwei Stränge auf tatsächliche Zusammenhänge berufen kann, ist unklar, doch sollte nicht unerwähnt bleiben, daß das Totenbuch im burgundischen Kloster Remiremond einen Boso wie eine »Rosindis sanctimonialis« nennt.

Liesborn. Ansicht der Klosteranlage um 1800

Die geistlichen und weltlichen Machtkämpfe der folgenden Zeit lassen sich nur noch erahnen. 1130 wurde der Frauenkonvent, offiziell wegen des wenig geistlichen Lebens der Klosterfrauen, wahrscheinlich aber aus politischen Erwägungen, vom Bischof aufgelöst und das Kloster den Benediktinern von Werden übertragen, die in der Auseinandersetzung zwischen Kaiser und Papst wie der Oberhirte des Bistums Münster auf der Seite des Papstes standen. In den sechziger Jahren des 15. Jahrhunderts erfolgte der Anschluß an die Bursfelder Kongregation, einer vorreformatorischen Erneuerungsbewegung, und unter dem Abt Heinrich von Kleve erlebte Liesborn seine geistige und künstlerische Blütezeit. 1803 wurde das Kloster von der preußischen Regierung aufgehoben.

Die heutige *Pfarrkirche St. Cosmas und Damian* datiert aus verschiedenen Epochen der Klostergeschichte, wobei der gedrungene, massive Westturm noch der Zeit um 1100 entstammt. Das anschließende Langhaus mit dem Chor wurde nach 1300 begonnen und erst 1465 geweiht; um 1500 errichtete man das Querschiff. Schon im 13. Jahrhundert trennte eine Mauer das Langschiff (Pfarrkirche) vom Querschiff und Chor (Konventskirche). 1961 entdeckte man unter der jüngeren Übermalung verschiedene gotische Wandmalereien: Rankenmuster an den Gewölben im Chor, Schiff und Querhaus, im Vierungsgewölbe eine hübsche Rosenkranzmadonna, unter der Empore Fragmente von Passionsszenen. Um 1520 entstand die schöne Doppelmadonna im Strahlenkranz, deren eine Hälfte hier bewahrt, während die andere im Westfälischen Landesmuseum Münster gezeigt wird.

Das Kloster ist aufgelöst; im 1735 fertiggestellten dreiflügeligen Abteigebäude (der jetzige Nordtrakt ist ein Neubau von 1952) befindet sich heute das Museum Abtei Liesborn –

Heimathaus des Kreises Warendorf. Von den hier eröffneten Abteilungen sei besonders auf die Sammlung zur Formgeschichte des Kreuzes hingewiesen, außerdem finden hier ständig Sonderausstellungen zur Gegenwartskunst statt. (Öffnungszeiten 9–12 und 14–17, sonntags 14–17 Uhr, montags und an Feiertagen geschlossen)

Die *Rektoratskirche St. Joseph* in **Bad Waldliesborn** besitzt eine aus der ehemaligen Klosterkirche von Liesborn stammende Renaissancekanzel, deren wohl an der Holzschnitt-technik orientierte Flachschnitzereien durch eine direkte, zupackend derbe Darstellung überraschen. Die meist angestrengt-finster blickenden Figuren – so ein David, den man ohne weiteres für einen Saul halten könnte, schlüge er nicht die Harfe – sind von reichen, rahmenden Ornamenten umgeben.

Wenige Autominuten nördlich von Liesborn ragen die Steilhänge der Stromberger Höhen vor uns auf. Vom Oberdorf **Stromberg** fahren wir zum Paulsturm hinauf. Zusammen mit Resten einer mächtigen Umfassungsmauer und einem hochgiebeligen Burgmannshaus deutet er die Ausdehnung der ehemaligen Landesburg an, die sich die Bischöfe von Münster im 12. Jahrhundert hier errichten ließen, die aber nach 1780 zum größten Teil niedergelegt wurde. Auf der höchsten Stelle des Burgplatzes erhebt sich die *Wallfahrtskirche zum Heiligen Kreuz*, eine turmlose hochgotische Halle auf annähernd quadratischem Grund-riß (1344 geweiht). Bereits ihr Vorgängerbau, der 1207 urkundlich erwähnt wird, hat das strenge romanische Kruzifix besessen, das seit dem Mittelalter von Wallfahrern als Gnadenbild verehrt wird. Neben diesem Heiligtum ist eine steinerne, fast lebensgroße Muttergottes aus der ersten Hälfte des 14. Jahrhunderts von besonderem Wert. Vom Gewölbe herab hängt eine Doppelmadonna im Strahlenkranz (Ende des 15. Jahrhunderts).

Bad Waldliesborn. Rektoratskirche St. Joseph, Kanzeldetails

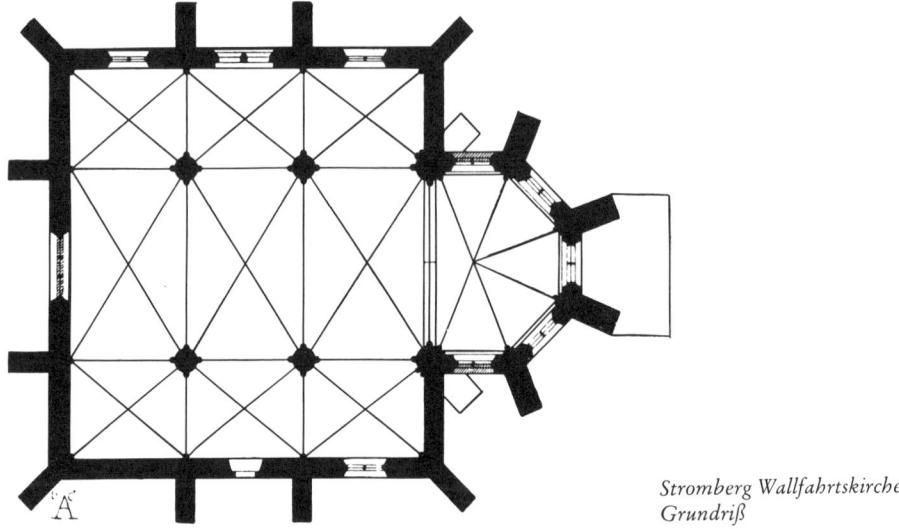

Stromberg Wallfahrtskirche
Grundriß

Aus der Erbauungszeit stammen die freigelegten und zum Teil ergänzend restaurierten Wandmalereien. Die enge Verwandtschaft mit den Malereien der Pankratiuskirche zu Hamm-Mark ist nicht zu übersehen, und beide Gotteshäuser dürften von derselben Werkstatt ausgemalt worden sein, die auch die Glasfenster der Soester Wiesenkirche geschaffen hat.

Vor der Kirche führt im Sommer die Burgbühne Stromberg klassische und moderne Theaterstücke auf. (Auskunft: ✆ 02529/1049, 1086, 1243)

Die Pfarrkirche St. Lambertus in Unterstromberg ist ein dreischiffiger gotischer Hallenbau mit besonders auf der Südseite schönem Fenstermaßwerk.

Zahllose Obstbäume lassen Stromberg im Frühjahr erblühen, während der Herbst die ausgedehnten Buchenbestände in aller Farbenpracht leuchten läßt. Vor allem der zum Naturschutzgebiet erklärte Bergeler Wald (er ist bekannt für seine reiche Pilzflora) auf den Kreidekalkhöhen zwischen Stromberg und Oelde entfaltet dann seinen ganzen malerischen Reiz.

Oelde – Geburtsort des Barockbaumeisters Ambrosius von Oelde – liegt am Nordrand der Beckumer Berge. Maschinenbau- und metallverarbeitende Fabriken haben die ehemals ländliche Siedlung zum Industrieort gewandelt.

Erst Anfang des 19. Jahrhunderts wurde Oelde amtlich zur Stadt erklärt, doch seine Geschichte reicht ins erste nachchristliche Jahrtausend zurück. Da wird ausgangs des 9. Jahrhunderts Ulithi im Dreingau mit einem auf bischöflichem Besitz stehenden Gotteshaus erwähnt. Die heutige Pfarre zählt demnach zu den ältesten der Diözese, was man der *Kirche*

St. Johannes der Täufer freilich nicht mehr ablesen kann, denn nicht einmal die gotische, später des öfteren umgebaute Halle blieb vollständig erhalten, als man 1864 die Kirche nach Westen hin ausbaute und den Turm neu hochzog.

Im Westen der Stadt dehnt sich das Geister Holz aus. *Haus Geist,* eine Wasseranlage auf zwei Inseln, erbaute Laurenz von Brachum 1560–1568 für Franz von Loë. Von dem einst repräsentativen Herrensitz künden nur noch Relikte. Der Neubau des Nordflügels (1750–1755) stammt von Franz Christoph Nagel, dem Paderborner Hofarchitekten und Zeitgenossen Schlauns. Das Haus gehört heute dem Studienfonds der Universität Münster.

Von *Haus Möhler* (an der Straße von Oelde nach Herzebrock), einem barocken Neubau aus der ersten Hälfte des 18. Jahrhunderts, blieb der Mitteltrakt erhalten, die Seitenflügel wurden Anfang des 19. Jahrhunderts abgebrochen.

Um und durch die Baumberge

Etwa 20 km westlich von Münster erhebt sich aus den Ebenen der Westfälischen Bucht das Hügelland der *Baumberge.* Wir haben es mit ihnen in gewisser Weise und vielleicht ohne daß wir es ahnten, schon wiederholt zu tun gehabt, denn viele Kirchen, Adelshöfe, Bürger- und Bauernhäuser haben von hier ihr Baumaterial bezogen: den schönen gelben Kalksandstein, der die Fassaden oft so kunstvoll belebt. Die Geschichte der hiesigen Werksteingewinnung begann im frühen Mittelalter. Je reger die Bautätigkeit, desto größer war auch der Bedarf an diesem Stein. So ist es auch nicht erstaunlich, daß der Abbau nach dem Zweiten Weltkrieg noch einmal einen Aufschwung erlebte, als man für den werkgetreuen Wiederaufbau große Mengen des Materials benötigte.

Die großen Fernverkehrslinien des Münsterlandes, Autobahn und Eisenbahn, umgehen die Baumberge; lediglich zwei Bundesstraßen berühren das Gebiet: die B 67 im Süden und die B 474 im äußersten Westen. Wählen wir wieder Münster zum Ausgangspunkt unserer Rundfahrt, erreichen wir die östlichen Ausläufer der Baumberge bei **Havixbeck.**

Durch ein gotisches Torhaus, Rest der alten Kirchhofbefestigung, betreten wir den von Häusern umstandenen Kirchplatz. Bereits 1137 wird die *Pfarrkirche St. Dionysius* erwähnt, und vom damaligen Gotteshaus stammt noch der wuchtige Westturm. Ihn bezog man dann im 14. Jahrhundert in den Neubau einer dreischiffigen gotischen Halle ein, bei der die phantasievoll gearbeiteten Schlußsteine der Gewölbe besonders auffallen: Sie zeigen unter anderem die Krönung Mariens, den Kopf Christi, einen Bischof und das Gotteslamm. Beim Rundgang achte man auch auf das formenreiche turmförmige Sakramentshäuschen (um 1450), die spätgotische Steinkanzel mit ihrer feindurchbrochenen Maßwerkbrüstung und das Epitaph mit einem Relief der Beweinung Christi (1522).

Auf dem Kirchplatz, dem Torhaus gegenüber, errichtete man 1664 die sogenannte *Pestkapelle.* Ihr Altar trägt ein monumentales Vesperbild von 1654.

Das nördlich von Havixbeck gelegene Haus Stapel wollen wir uns bei der Wasserburgen-Rundfahrt anschauen (s. S. 264 f.); jetzt wenden wir uns nach Süden. Nur 1 km vom Dorf

Haus Havixbeck. Lithographie von Philipp Herle

entfernt versteckt sich in einem weiten Parkgelände *Haus Havixbeck* (Abb. 50). (Außenbesichtigung ist nach Voranmeldung möglich;℘ 02507/1021.) Die ursprüngliche Zwei-Inselanlage (heute liegen Ober- und Unterburg auf einer Insel) ist seit 1601 im Besitz der Freiherren von Twickel. Etwa fünfzig Jahre vorher war das Herrenhaus aus Sandsteinquadern der nahen Baumberge erbaut worden, wobei man sich in der Grundform am westfälischen Bauernhaus orientierte. 1654 wurde es nach Westen, 1711 nach Osten erweitert. Typisch münsterländisch sind die mit Muschelaufsätzen verzierten Dreistaffelgiebel. Der berühmte, prächtige Wappenkamin mit der Ahnenprobe (s. auch S. 122) befindet sich im Rittersaal, der ansonsten eher schlicht gehalten ist.

Im benachbarten **Hohenholte** wurde 1142 ein Benediktinerkloster gegründet, das wenige Jahrzehnte später mit Augustinerinnen besetzt, 1557 in ein freiweltliches Damenstift umgewandelt und 1811 aufgehoben wurde. Peter Pictorius der Jüngere erbaute 1732–1738 die Stiftskirche (heute Pfarrkirche) noch in gotisierenden Formen, 1932 erweiterte man die Kirche durch Einbeziehung des Kapitelhauses.

Die kurze Strecke von Havixbeck nach Nottuln führt uns quer durch die reizvolle Hügellandschaft der Baumberge, die hier auch noch Bomberge genannt werden. Heute durchziehen gut angelegte Wanderwege die Waldungen, und Lichtungen erlauben immer wieder den Blick in die Ebene. Sogar die Türme von Münster vermag man an klaren Tagen am Horizont zu erkennen.

Von Münster betrieb der heilige Liudger im 8. und 9. Jahrhundert die Christianisierung des Landes, und auch **Nottuln** führt die Gründung des ehemaligen Kanonissenstiftes auf ihn oder seine Schwester Heriburg, die wohl auch die erste Äbtissin war, zurück. In der zweiten Hälfte des 13. Jahrhunderts nahmen die Nonnen die Augustinerregel an, 1493 folgte die Umwandlung in ein weltliches Kanonissenstift, das 1811 aufgelöst wurde.

So ist die ehemalige Stiftskirche heute *Pfarrkirche*. Der weithin sichtbare Westturm ist bis auf das Obergeschoß noch spätromanisch; mit dem Bau der weiten, langgestreckten Halle (sieben Joche statt der sonst üblichen vier!) wurde 1489 begonnen. Die Verteilung von Netz- und Sterngewölben auf Mittelschiff und Seitenschiffe (s. St. Lamberti in Münster), kunstvolle Ornamentmalerei in den Gewölbekappen und die großen Spitzbogenfenster mit ihrem reichen Fischblasenmaßwerk machen das Gotteshaus zu einer der schönsten spätgotischen Hallenkirchen in Westfalen.

Sehr malerisch ist der weiträumige Stiftsplatz. Kleine Brücken führen über den Nonnenbach, und hier stehen noch fünf der ehemaligen *Kurien* aus dem 18. Jahrhundert, die wappengeschmückten Häuser der adeligen Stiftsdamen. Die Aschebergsche Kurie (heute Postamt) baute Johann Conrad Schlaun.

In **Heller** (4 km südöstlich, zwischen Schapdetten und Appelhülsen) steht auf dem Hof Schulte-Hauling einer der besterhaltenen *Speicher* Westfalens aus dem 16. Jahrhundert. Am Kellereingang findet sich ein mit Maßwerk und zwei Jagdszenen geschmückter Kaminstein.

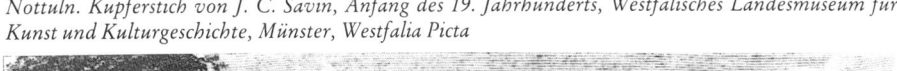

Nottuln. Kupferstich von J. C. Savin, Anfang des 19. Jahrhunderts, Westfälisches Landesmuseum für Kunst und Kulturgeschichte, Münster, Westfalia Picta

Billerbeck. Pfarrkirche St. Johannes der Täufer, Nordportal

Haus Kückeling (5 km südöstlich von Nottuln) ist ein schlichtes, hochgiebeliges Herrenhaus von 1612 (Umbau Ende des 18. Jahrhunderts).

Hauptort im Hügelland der Baumberge ist **Billerbeck,** eine ländliche Kleinstadt, die sich in den Wiesen und Feldern an der hier noch jungen Berkel ausbreitet. Nach der Überlieferung starb hier 809 der heilige Liudger, nachdem er in seiner dortigen Kirche seine letzte

Billerbeck, Pfarrkirche St. Johannes der Täufer, Mitte des 19. Jahrhunderts. Westfälisches Landesmuseum für Kunst und Kulturgeschichte, Münster

Messe gelesen hatte. Die ältesten Bauteile der heutigen *Pfarrkirche St. Johannes der Täufer*, nämlich die Untergeschosse des Westturms, stammen aus dem 11. Jahrhundert, mit der Errichtung des Langhauses begann man 1234. (Eine Inschrift im Chor nennt nur dieses Datum, ohne Bezug auf das Baugeschehen zu nehmen; es kann sich also auch um das Weihedatum handeln.) Das besonders an der Außenwand seiner Nordseite (Abb. 43–45) mit einem ungewöhnlichen Reichtum an Formen gestaltete Gotteshaus gehört zu den bedeutendsten Beispielen der Spätromanik im Münsterland; lediglich ein paar Fenster im Chor und Langhaus wurden 1425 gotisch verändert.

Greifbar nah rückt die reiche Bauplastik am eigens durch einen Quergiebel überhöhten Nordportal, dessen Gewände sich durch den Wechsel von fein gearbeiteten, verschiedenartigen Rankenfriesen und glatten Rundstäben auszeichnet. Bei St. Jakobi in Coesfeld und der Stiftskirche in Vreden werden wir Portale sehen, die derselben Werkstatt zuzuschreiben sind. Hier wie dort wird die westfälische Auffassung deutlich, bei der Gestaltung auf jeden figürlichen Schmuck zu verzichten. Daß der Typ des Stufenportals und auch der Kanon der dekorativen Formen auf rheinischen Anregungen fußen, weiß der Kunstwissenschaftler, wir aber sind sicher überrascht, daß gerade in Westfalen diese Beispiele phantasievoller und künstlerisch reicher gestaltet sind.

Die gleiche Schmuckfreude bemerkt man im Inneren der Kirche an den Blattkapitellen und Schlußsteinen. Zur Ausstattung gehören der achteckige Taufstein von 1497 mit Reliefdarstellungen, die sich auf die Taufe beziehen, daneben ein prächtiger steinerner Osterleuchter (um 1500), die kleine Anna Selbdritt im nördlichen Seitenschiff aus der gleichen Zeit, die Doppelmadonna im Strahlenkranz und die geschnitzte Renaissancekanzel von 1581. Gerhard Gröninger schuf die fast lebensgroßen Steinfiguren des Heilands und der Muttergottes im Chor (Anfang des 17. Jahrhunderts), Johann Wilhelm Gröninger das Vesperbild in der nördlichen Apsis (1715) und den Paulusaltar an der Westwand des nördlichen Seitenschiffs (1719).

Wie so häufig im Münsterland umschließt ein Kranz von Häusern, die zum Teil noch aus dem 17. (Haus Nr. 11) und 18. Jahrhundert (Nr. 14 und 15) stammen, den Kirchplatz, die Nachbildung einer alten ›Martersäule‹ ist Ausdruck der Volksfrömmigkeit.

Während sich die Johanniskirche abseits der Hauptstraße zu verstecken scheint, ist die *Propstei- und Wallfahrtskirche St. Ludgerus*, der sogenannte Dom, das weithin sichtbare Wahrzeichen von Billerbeck (Abb. 46–48). Er greift die historische Tradition der Stadt in vordergründiger, aber nicht unwürdiger Form auf. An der Stelle einer romanischen Ludgeruskirche (vorher soll hier das Sterbehaus des heiligen Liudger gestanden haben) und einer von Johann Conrad Schlaun um 1735 erbauten Kapelle errichtete Wilhelm Rincklage aus Münster in den Jahren 1892–1898 eine gewaltige neugotische Basilika. Über hundert Meter ragen die Türme empor. Der bildhauerische Schmuck am Außenbau und die Innengestaltung ergeben eine ansprechende Gesamtwirkung, zu der die Chor-Glasfenster von Anton und Victor von der Forst wesentlich beitragen.

Legende und jüngste Geschichte verbindet der *Ludgerusbrunnen* an der Ludgeristraße. Die 1702 errichtete Brunnenkapelle, ein Backsteinbau mit reicher Sandsteingliederung, steht an der Stelle, an der auf Anweisung St. Liudgers nach Wasser gegraben wurde. Die moderne Brunnenfigur des Heiligen trägt die Züge des münsterschen Kardinals Clemens August von Galen († 1946).

1318 erhielt Billerbeck durch Bischof Ludwig II. Stadtrechte. Auf dem Platz der um 1445 errichteten und schon wenig später von den Herren von Steinfurth zerstörten bischöflichen Burg steht heute der sogenannte Richthof (Mühlenstraße). Die vierflügelige Wasseranlage in klassizistischen Formen wurde nach 1820 unter Verwendung eines mittelalterlichen Wohnturms erbaut, in dem bis 1803 der Stadtrichter seinen Sitz hatte.

Haus Kolvenburg (am südlichen Stadtrand an der Straße nach Darup) ging aus einer ursprünglich höher gelegenen Burg hervor, die später an die Berkel verlegt und als Wasseranlage ausgebaut wurde. Das bestehende, seit 1962 restaurierte Herrenhaus entstand hauptsächlich im 15. und 16. Jahrhundert.

Haus Hameren (südwestlich der Stadt an der Straße nach Dülmen) hat eine ungewöhnliche Geschichte: Die Wasseranlage entstand im 13. Jahrhundert, gelangte 1488 durch Kauf an den Ritter Goswin Bitter von Raesfeld, wurde aber 1643 in zwei Burgen geteilt und erst nach mehr als 200 Jahren wieder vereinigt. Ihr älterer Teil, die Burg Hameren-Raesfeld, liegt auf der östlichen Insel, doch blieben hier nur ein Turmspeicher von 1593, ein Wirtschaftsgebäude mit einem Fachwerkobergeschoß aus barocker Zeit und eine neugotisch umgestaltete Kapelle erhalten. Die beiden Gebäude der jüngeren Burg Hameren-Schilder sind zweiflüge-

Haus Hameren. Lithographie von Philipp Herle

179

lige Bauten, von denen das Herrenhaus einen Rundturm, der andere, als Wirtschaftsgebäude genutzte, einen quadratischen Turm besitzt. Auffällig ist die Wandgestaltung der Gebäude auf dieser Insel: Horizontale Ziegel- und Hausteinbänder sind in gleichmäßigem Wechsel verlegt, weshalb man diese Bauart treffend als ›Speklagen-System‹ bezeichnet (s. auch Haus Alst bei Leer).

Dort, wo sich heute am Westrand der Baumberge die Bundesstraßen 474 und 67 kreuzen, liegt **Coesfeld.** Doch schon im frühen Mittelalter trafen sich hier an zwei Berkelübergängen mehrere Handelswege, so daß sehr bald eine Siedlung entstand, die 1197 durch den Bischof von Münster Stadtrecht erhielt. Der Handel weitete sich aus, besonders enge Beziehungen pflegte man dabei mit den westlichen Nachbarn. Coesfeld wurde Mitglied des Hansebundes.

Bis zum Dreißigjährigen Krieg konnte sich die Stadt verhältnismäßig ruhig entwickeln. Zwar fand die Reformation viele Anhänger, die Wiedertäufer indessen konnten nur kurzzeitig Fuß fassen. Nach der Gegenreformation erlebte Coesfeld dann eine Periode, die – obwohl sie keineswegs lange währte – das Gemeinwesen doch bis in die Grundfesten erschütterte:

Coesfeld. Ludgerusburg, Plan der Festung Coesfeld (um 1655) von Peter Pictorius dem Älteren

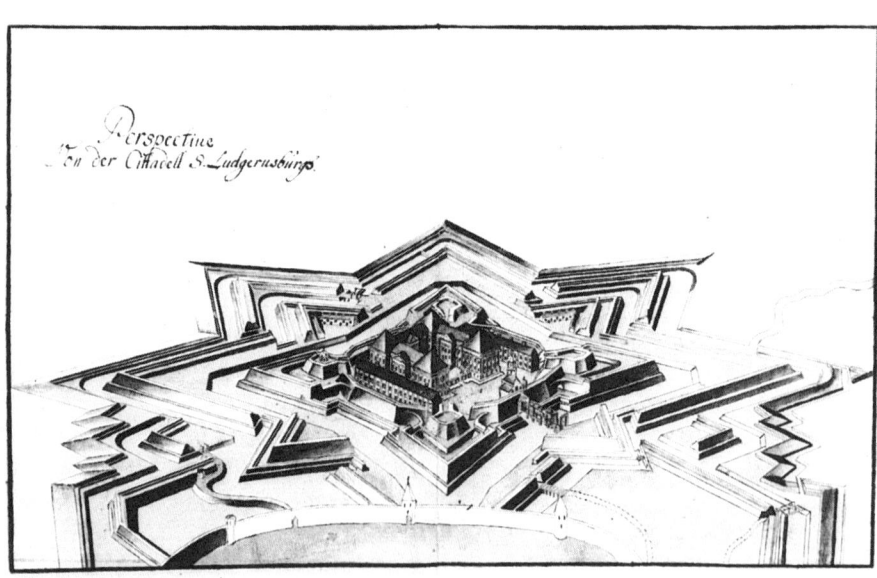

Christoph Bernhard von Galen, 1650 zum Bischof gewählt, war zweifellos um die religiöse Erneuerung seines Landes bemüht, doch schreckte er nicht davor zurück, seine Ziele mit kriegerischen Mitteln, gegen den Willen der Stände und ohne Rücksicht auf die materiellen Lebensgrundlagen der Bevölkerung durchzusetzen. Die bereits kurz nach 1300 angelegte und von der hessischen Besatzung im Dreißigjährigen Krieg verstärkte Stadtbefestigung (Reste davon sind das Walkenbrücker Tor am Mühlenplatz und der runde Pulverturm am Schützenwall) ließ er ausbauen. Coesfeld wurde sein Stützpunkt im Kampf gegen Münster, das – schließlich vergeblich – versuchte, seinen aus den Friedensverhandlungen übernommenen neutralen Status zur Reichsfreiheit auszuweiten. Doch wurde – und das ist recht bezeichnend für Galens Unternehmungen – die großartig angelegte Zitadelle der zeitweiligen Residenzstadt zwar vollendet, aber schon 1688 wieder zerstört. Das geplante Residenzschloß wurde nicht gebaut, an seiner Stelle entstanden ein großes, aber einfaches Kommandohaus und mehrere Kasernen. Dabei wäre das Herzstück dieser von Peter Pictorius dem Älteren entworfenen Ludgerusburg die erste Dreiflügelanlage Deutschlands geworden und hätte damit einen Typus verkörpert, der den ganzen westfälischen Stadthof- und Wasserburgenbau entscheidend prägen sollte.

Der Marktplatz ist das Herz der Altstadt, wenn auch fast 80 % aller Bauwerke noch 1945 zerstört wurden. Als einziges größeres Gebäude überstand die *Pfarrkirche St. Lamberti* einigermaßen unbeschadet den Bombenhagel. Und in ihr lebt auch die älteste Coesfelder Tradition fort, denn die urkundliche Nachricht, daß Bischof Ludgerus am Vortage seines Todes (809) »in seiner Kirche« predigte, wird auch auf dieses Gotteshaus bezogen. Der heute bestehende Bau ist eine spätgotische Halle des einheimischen Baumeisters Henrik de Suyr, an die wahrscheinlich Gottfried Laurenz Pictorius anstelle einer eingestürzten Doppelturmfassade Ende des 17. Jahrhunderts den barocken Westturm setzte. Wertvollster Besitz der Kirche ist ein frühgotisches Gabelkruzifix (Abb. 42) im Chorraum, das in seiner Art einzig dasteht. Von den Abmessungen her reicht sogar kein anderes der erhaltenen deutschen Gabelkruzifixe an das Coesfelder auch nur annähernd heran (209 cm Höhe und 184 cm Armspannweite). Der Korpus aus Walnußholz ist aus einem Stamm gefertigt, der einen Durchmesser von mindestens 48 cm gehabt haben muß und der entgegen seiner Wuchsrichtung verwendet wurde, die angesetzten Arme und das Kreuz sind aus Eichenholz. Als die Restauratoren 1975 den Kruzifixus gründlich überarbeiteten, waren sie erstaunt, wie ingeniös der Schnitzer die Eigenarten dieses Stammes für sein Werk genutzt hat, so paßt sich die Beinhaltung der Figur sinnfällig dem Abzweigen eines stärkeren Astes an. Im Vergleich zu anderen Darstellungen des Gekreuzigten, etwa zu den Kölner Arbeiten aus dieser Zeit, fällt auf, daß hier die Abkehr von der harmonisierenden Linienführung gotischer Bildwerke weniger extrem ausgefallen ist, nichtsdestoweniger hat hier der Künstler das Leiden Christi sehr eindringlich gestaltet. 1312 wird das Kreuz wohl in einem päpstlichen Ablaßbrief erwähnt, und Anlaß der Verehrung, die man dem Bildnis bis heute entgegenbringt, ist ein Splitter vom Kreuze Jesu. Doch zur Versenkung im Gebet hält wohl eher das ausdrucksstarke Gesicht des Herrn an, das die Züge eines qualvoll Gestorbenen, aber auch des im Tode Erlösten zeigt. Hingewiesen sei auch auf den Taufkessel von 1504, ein

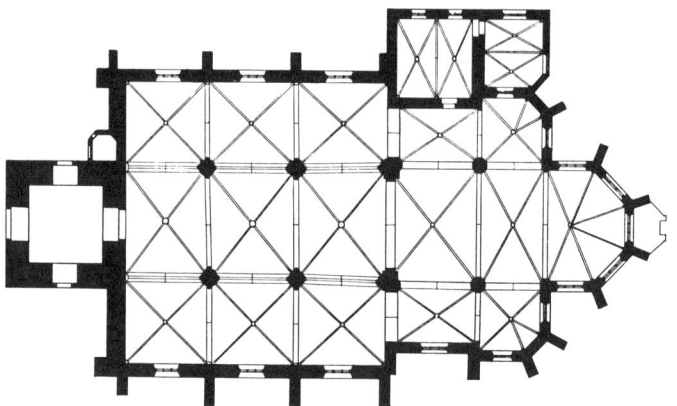

Coesfeld, Pfarrkirche
St. Lamberti, Grundriß

Meisterwerk der Bronzegießer Reinolt Wiedenbrock und Claes Potgeiter. Die hölzernen Apostelfiguren im Chor und im Langhaus schuf der einheimische Bildhauer Johann Düsseldorp (Anfang des 16. Jahrhunderts), aus dessen Werkstatt auch der überlebensgroße Christophorus stammt.

Die ehemalige *Jesuitenkirche* in der von-Galen-Straße (heute ist sie nach einer wechselvollen Geschichte die Kirche der evangelischen Gemeinde), ein Werk des Laienbruders Anton Hülse (s. auch die Kirchen des Ordens in Paderborn und Siegen) von 1663 bis 1692, ist nach dem Krieg wiedererrichtet worden. Außenbau und Innenraum vereinen barocke Formen mit gotisierenden Elementen.

Das *Marktkreuz* ist eine Kopie des zerstörten spätgotischen Sandsteinkreuzes, das vor dem alten gotischen Rathaus an der Nordseite des Marktes stand. Wie in anderen Städten – besonders in Norddeutschland – die Rolandsäulen, so war es Sinnbild städtischer Rechte und Freiheiten.

Als sich nach der Erhebung zur Stadt Coesfeld vergrößerte, wurde die bischöfliche Jakobikapelle zur zweiten *Pfarrkirche* erweitert und umgebaut. An die Stelle der dreischiffigen Halle trat nach dem Krieg ein moderner Neubau, in den man das aus den Trümmern geborgene *Stufenportal* (13. Jahrhundert) einfügte (s. auch die Portale in Billerbeck und Vreden). Erhalten blieb auch der von vier springenden Löwen getragene und mit Vögeln, Drachen und Rankenwerk besetzte spätromanische Taufstein. Der jetzt in einer Nebenkapelle aufgestellte flandrische Schnitzaltar mit Szenen aus dem Marienleben (16. Jahrhundert) konnte ebenfalls gerettet werden.

Einen Besuch lohnt auch das *Heimatmuseum* (Letterstraße), das geologische Funde aus dem Coesfelder Raum, Pläne, Bilder und Münzen zur Stadtgeschichte, bäuerliche und bürgerliche Möbel sowie eine Sammlung von Holzschnitten des einheimischen Grafikers Heinrich Everz zeigt. Daneben dürfen die beiden *Kreuzwegkapellen* nicht vergessen werden. Peter Pictorius der Ältere, also derselbe Architekt, der für Christoph Bernhard von

Galen die Ludgerusburg bauen sollte, erhielt vom Bischof auch den Auftrag, an einem gestifteten Prozessionsweg vor der Stadt zwei Kapellen zu errichten. Die größere, ein achteckiger Zentralbau mit rundbogigen Arkaden, liegt an der Holtwicker Straße, einsam im Walde versteckt dagegen der quadratische Pfeilerbau der Kleinen Kapelle. Achtzehn Stationen umfaßt der Kreuzweg, über den seit dem 17. Jahrhundert zu Pfingsten in einer großen Prozession das Kreuz aus der Lambertikirche getragen wird.

Geistliches und Weltliches zwischen Berkel und Ems

Der Flußlauf der Berkel führt uns nun nach **Gescher.** Aus einer seit dem 13. Jahrhundert bezeugten Pfarre wuchs der zwischen Coesfeld und Vreden gelegene Ort, der schon im Mittelalter durch Anbau und Verarbeitung von Flachs und Hanf eine beachtliche Textilindustrie entwickelte. Außerdem hat in Gescher der Glockenguß eine lange Tradition. Ihr verdankt der Ort auch eines der anregendsten Museen der Region, das den Besucher keineswegs nur mit den örtlichen Erzeugnissen vertraut macht, sondern auch die Arbeitsgänge beim Glockenguß anschaulich dokumentiert und über die kulturgeschichtliche Bedeutung der Glocke interessante Aufschlüsse vermittelt. Eine Sammlung von Glocken aus ganz Westfalen ergänzt die Ausstellungen zu den einzelnen Themenbereichen (Öffnungszeiten: dienstags bis samstags 15–17, sonntags 10–12 Uhr).

Henrik de Suyr aus Coesfeld baute Anfang des 16. Jahrhunderts auf den Fundamenten einer romanischen Anlage aus Werkstein die bestehende *Pfarrkirche St. Pankratius,* der

Coesfeld. Kupferstich von Matthaeus Merian

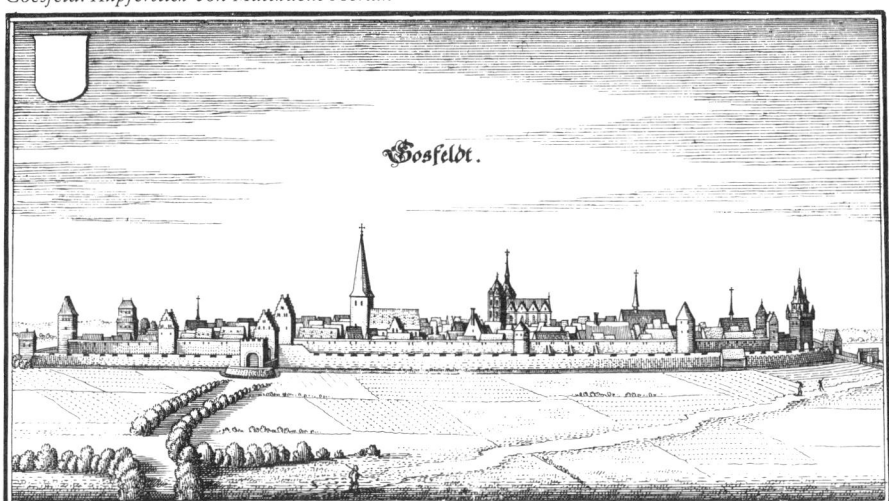

allerdings um 1890 ein großer fünfschiffiger Erweiterungsbau mit neuem Turm angefügt wurde.

Stadtlohn ist nach fast vollständiger Zerstörung im Zweiten Weltkrieg unter modernen städtebaulichen Gesichtspunkten neu aufgebaut worden. Drei Fachunternehmen setzten die seit dem 17. Jahrhundert bestehende Tradition des Töpferhandwerks fort; dabei wird neben Material aus den Tongruben im nördlich gelegenen Lünten auch viel Westerwälder Ton verarbeitet.

In **Vreden** stehen wir auf ältestem geschichtlichen Boden; nach einem Zeugenprotokoll aus dem Jahre 1485 soll die hiesige Stiftskirche sogar älter sein als der Dom zu Münster. Die Xantener Annalen halten fest, daß die Reliquien der Märtyrer Felicitas, Felicissimus und Agapitus 839 von Rom hierhin überführt wurden, und spätestens in diesem Jahr entstand das Kanonissenstift, als dessen Gründer Walbert, ein Enkel des Sachsenherzogs Widukind, gilt. Zur Zeit der Karolinger und Sachsenkaiser gehörte es zu den bedeutenden Zentren des kirchlichen Lebens. Für das Jahr 1024 berichten die Quedlinburger Annalen von dem festlichen Empfang, den Äbtissin Adelheid, die Tochter Ottos II., dem neugewählten Salierkönig Konrad II. bereitete; »Frethenna praeclara« – das berühmte Vreden – wird es hier genannt. Kaiser Heinrich IV. unterstellte das Stift 1085 dem Bremer Erzbischof; seit dem Ende des 12. Jahrhunderts waren die Erzbischöfe von Köln seine Herren, ihnen kam bis zum Jahre 1803 das Recht zu, die Vredener Äbtissinnen zu bestätigen. Der Bischof von Münster hatte jedoch ein Mitspracherecht, und so unterstand die 1252 auf dem Grundbesitz des Stiftes angelegte Stadt sowohl dem Kölner Erzbischof wie dem Bischof von Münster. Daß der münstersche Einfluß stärker war, zeigt der Bau einer bischöflichen Burg im 14. Jahrhundert. (An ihrer Stelle steht seit 1699 ein eingeschossiges Backsteinhaus.)

Die Nachbarschaft zu Holland förderte den von der Bürgerschaft betriebenen Handel, der sein Gedeihen vor allem dem Schiffsverkehr auf der Berkel verdankte. Obwohl die Stadt im 15. Jahrhundert als Mitglied der Hanse genannt wird, bestimmte doch letztlich der Landesherr ihr Schicksal. In den Fehden mit dem Grafen von Geldern und den Kriegen des 16. und 17. Jahrhunderts war Vreden oft hart umkämpft.

Zwei Gotteshäuser stehen nebeneinander: die Pfarrkirche St. Georg und die ehemalige Stiftskirche St. Felicitas. Bei Grabungen in der *Pfarrkirche*, die während des Zweiten Weltkriegs völlig zerstört worden war (das heutige Gotteshaus konnte 1952 der Gemeinde übergeben werden), kam zutage, daß der Gründungsbau des Stiftes am Platz der Pfarrkirche stand und nicht, wie man erwartet hatte, unter der heutigen ehemaligen Stiftskirche zu suchen war. Da die Grabungsergebnisse im Kryptenraum dokumentiert worden sind, kann jeder Besucher die baugeschichtliche Entwicklung dieses Gotteshauses nachvollziehen.

Zuunterst wurde eine (mehrmals veränderte) *karolingische Anlage* aus der Zeit um 800 freigelegt. Dabei handelte es sich um eine dreischiffige Pfeilerbasilika mit Querhaus und quadratischem Westbau (vielleicht einem Turm), den die Seitenschiffe halb einfaßten. Wie genau man es mit den Raumproportionen genommen hat, beweisen die Abmessungen: Die Länge des Querschiffs entsprach exakt der des Langhauses. Im südlichen Querschiff entdeckte man ein sorgfältig gemauertes Grab, doch es war leer. Vielleicht lag hier Walbert,

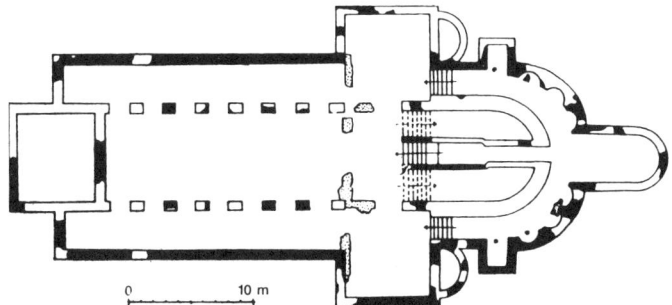

Vreden. Grundriß der karolingischen Stiftskirche unter der heutigen Pfarrkirche. Die ergrabenen Teile sind schwarz ausgefüllt, die ergänzten nur schwarz umrandet

0   10 m

der Enkel Widukinds und Gründer des Stiftes? Mit der Überführung der Reliquien der heiligen Felizitas und ihrer Söhne (839) dürfte die Krypta in Verbindung stehen. Ein Mittelstollen nahm die Gebeine der Märtyrer auf, doch schon bald wurde ein Umgang mit Nischen und kapellenartigen Seitenräumen geschaffen, um größeren Pilgergruppen Platz zu bieten. Eine Außenkrypta am Scheitelpunkt ergänzte die aufwendige Anlage, die in ihrer gesamten Ausdehnung sogar die spätere Hallenkirche übertraf.

Wallfahrer bringen immer auch Geld ins Haus, deshalb kann man unterstellen, daß die Kirche kostbar ausgestattet war. Aufgefundene Reste von bemaltem Wandputz, farbigem Fensterglas und vergoldeten Metallbeschlägen stützen diese Annahme.

Nach einem Brand um 900 – vielleicht im Zusammenhang mit den Normanneneinfällen – entschloß man sich zu einem Neubau. Diese *ottonische Anlage* wurde etwas breiter, übernahm aber im wesentlichen die alten Maße. Die Ringkrypta wurde jedoch durch eine neue dreischiffige Hallengruft ersetzt; lediglich die Außenkrypta blieb bestehen. Daß man die Entstehung der Hallenkrypta zuverlässig auf die erste Hälfte des 11. Jahrhunderts datieren kann, ist dem aufgefundenen Skelett eines an einer Kopfverletzung gestorbenen Mannes zu verdanken. Es handelt sich hierbei mit an Sicherheit grenzender Wahrscheinlichkeit um den 1016 ermordeten und hier beigesetzten Grafen Wichmann III., den ersten Stiftsvogt von Borghorst.

Ein Brand hat auch diesen Bau zerstört; es folgte ein *romanisches Langhaus* auf dem Grundriß der ottonischen Anlage, das wohl schon ganz eingewölbt war. Sein Westturmuntergeschoß blieb bis 1945 erhalten.

Die vierte grundlegende Umgestaltung der Kirche datiert aus der ersten Hälfte des 13. Jahrhunderts, als man eine *spätromanische Hallenkirche* mit quadratischem Chor und Nebenapsiden – ähnlich der in Billerbeck und Legden – baute. Schließlich entstand im 15. Jahrhundert eine *spätgotische Hallenkirche,* die nach der Zerstörung im Zweiten Weltkrieg 1951 wiedererrichtet wurde. Das reich ornamentierte Stufenportal (Farbabb. 24, Abb. 57), das man noch von dem spätromanischen Bau übernommen hatte, wurde nun in das Querhaus der Stiftskirche übertragen.

Zu den eindrucksvollsten Ausstattungsstücken der Pfarrkirche gehört ein herrlicher großer Schnitzaltar, eine Antwerpener Arbeit aus dem ersten Viertel des 16. Jahrhunderts,

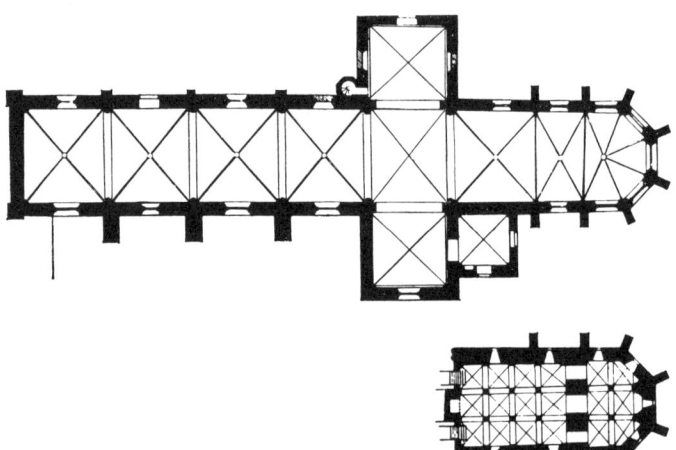

Vreden. Grundriß der ehemaligen Stiftskirche und ihrer Krypta

der auf der Innenseite in vielen figurenreichen Szenen die Passion zeigt. Die gemalten Außenseiten erzählen von Wundertaten Christi, Begebenheiten aus dem Leben der Gottesmutter und des heiligen Georg.

Die ehemalige *Stiftskirche* geht auf eine Krypta (Abb. 58) zurück, die Äbtissin Adelheid im 11. Jahrhundert erbauen ließ. (Stiftskirche war damals das benachbarte Gotteshaus, das später der Pfarre übergeben wurde.) Außerordentlich formenreich gestaltete Säulen und Pfeiler tragen das Gewölbe der ursprünglich dreischiffigen, vierjochigen Halle, die zur Zeit Bischof Liemars von Bremen (nach 1078) um zwei Joche nach Osten erweitert wurde. Eine bauliche Verwandtschaft mit der Krypta des Essener Münsters ist nicht zu übersehen. – Walbert, den Gründer des Stifts, stellt eine Reliefplatte aus dem 11. Jahrhundert dar, übrigens das einzige bekannte Figurenbild aus jener Zeit in Westfalen.

Jahrzehnte später erst entstand dann über der Krypta das einschiffige Langhaus, ein gestreckter romanischer Saalbau mit Querschiff und Chor. Das von der Pfarrkirche übernommene und hier in die Nordwand des Querhauses eingesetzte Portal (Farbabb. 24, Abb. 57) zählt zu den großartigen Beispielen spätromanischer Stufenportale in Westfalen, wie wir sie schon in Billerbeck und Coesfeld kennengelernt haben. Sauber gearbeitete Kerb- und Bandornamente zieren die Rundwulste; im Tympanon thront Christus, umgeben von den Evangelistensymbolen.

Von der Ausstattung der Kirche ist vor allem das Prunkgrabmal für Maria Franziska I. von Manderscheidt, die 1708 verstorbene Fürstäbtissin von Elten und Vreden zu nennen, das Johann Mauritz Gröninger nach einem Entwurf des Ambrosius von Oelde schuf.

Das Erlebnis, welches diese beiden ehrwürdigen Gotteshäuser vermitteln, wäre unvollständig ohne den anschließenden Besuch im *Hamaland-Museum* (Butenwall 4). In diesem ehemaligen Gasthaus ›Zum Hl. Geiste‹, einem Gebäude von 1575, sind zahlreiche Ausstattungsreste der beiden Kirchen ausgestellt. Darüber hinaus zeigt das Museum instruktive

Sammlungen zur Volkskunde des westlichen Münsterlandes; besondere Aufmerksamkeit verdient die historische westmünsterländische Hofanlage, die zum Museum gehört.

Naturfreunde – und unter ihnen vor allem die Vogelliebhaber – finden westlich von Vreden, unmittelbar an der niederländischen Grenze, im Zwillbrocker Venn eines der vogelkundlich interessantesten Gebiete Westfalens. Das alte Hochmoor ist zum größten Teil abgetorft, doch in den Torfkuhlen hat sich wieder Wasser gesammelt, so daß sich das Moor regenerieren konnte. Zahlreiche Sand- und Heideinseln, die mit seltenen Moosen, Wollgräsern und Birken bewachsen sind, bieten vielen Vogelarten Brut- und Raststätten.

Auf etwa dreißig Burgmannshöfe in diesem Teil des Landes stützten sich die Bischöfe von Münster im Mittelalter, doch all jene adeligen Herren von Ottenstein, Ahaus, Welbergen, Horstmar und Asbeck – um nur ein paar Namen zu nennen – verfolgten zunächst einmal eigene Interessen. In den zahlreichen Fehden des 13. und 14. Jahrhunderts suchten sie die Unabhängigkeit, mußten sich schließlich aber doch der Lehnsherrschaft des Bischofs unterwerfen. Lediglich den Grafen von Steinfurt gelang es, ihre Selbständigkeit zu behaupten.

In dem 15 km entfernt gelegenen **Ahaus** saß eines dieser Geschlechter, und wenn auch die Existenz des Ortes erst seit dem 14. Jahrhundert zweifelsfrei aus den Quellen hervorgeht – 1389 hatte er schon Stadtrecht –, so ist das Geschlecht der Herren von Ahaus doch schon für das Jahr 1139 bezeugt. 1406 konnten die Bischöfe von Münster diese Herrschaft durch Kauf an sich bringen; seitdem residierten sie gerne hier, um in den ausgedehnten und wildreichen Wäldern der Umgebung zu jagen. Der vom ›Bauwurm‹ befallene Friedrich Christian von Plettenberg konnte es nach seiner Wahl kaum erwarten, den Auftrag zum Bau eines *Schlosses* zu geben. 1689 endlich begann der Kapuziner Ambrosius von Oelde in Ahaus ein Schloß zu errichten, das sich an den Anlagen des flämischen Barock orientierte, obwohl dessen Neigung zu dekorativer Fülle nur am Risalit des Corps de logis und am Eingangstor zur Oberburg freier Lauf gelassen wird. Die verschwenderische Ausstattung dieser Teile betont

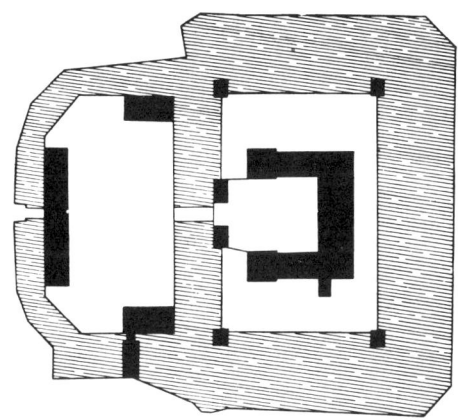

Ahaus. Plan der Anlage

die Axialität der Anlage, die bei ihren französischen Vorbildern auf das Hauptschloß als den Höhepunkt ausgerichtet war. Indem er dessen Mitte noch einmal derart heraushob, tat Ambrosius von Oelde ein übriges, freilich nicht ohne daß er der Gefahr des Schematismus, die bei solcher strengen Beobachtung der Symmetrie naheliegt, durch das Moment der Steigerung in der Portalfolge wie in der Zuordnung der einzelnen Gebäude des Komplexes begegnete. So läuft die gerade Straße unter dem schlichten Torturm der Vorburg auf das reichgeschmückte Triumphtor (Farbabb. 11) zur Oberburg zu, um vor deren Portal zu enden, das sich in die mit dem prächtigen Giebel noch üppiger ausgestattete Front des Mittelrisaliten fügt. So erhebt sich die Hauptburg mit einer durch die beiden Pavillontürme noch unterstrichenen Wucht, und wäre der helle Baumberger Sandstein nicht, der die Fassade behutsam gliedert, dann hätte wohl die – wie alle anderen Gebäude aus dunkelrotem Backstein aufgemauerte – Dreiflügelanlage etwas von der Bedrohlichkeit eines Wehrbaus, an den die vier Pavillons auf den Ecken des quadratischen Oberburggebäudes nur mehr spielerisch erinnern.

Kurz vor Ende des Zweiten Weltkrieges brannte das Schloß bis auf die Umfassungsmauern aus; 1948–55 wurde es nach den alten Plänen getreu wieder aufgebaut. Eine Berufsschule und das Amtsgericht sind heute hier untergebracht.

Fahren wir von Ahaus weiter in nördliche Richtung (B 70), treffen wir nach etwa 20 km auf die Vechte, wo sich **Metelen** in ruhiger Parklandschaft ausbreitet.

Auf ihren Gütern am mittleren Flußlauf gründete eine Frau Friduwi 889 ein Frauenkloster, das der ostfränkische König Arnulf unter seinen besonderen Schutz stellte und mit weitgehenden Rechten versah: Wahl der Äbtissin, Gerichtsbarkeit und Vogteirechte. Versuche der Bischöfe von Münster, in die Sonderstellung des Klosters einzugreifen, dessen Rechte zu beschneiden oder gar gänzlich aufzuheben, waren endgültig zum Scheitern verurteilt, als Kaiser Otto III. die alten Privilegien bestätigte. Das Kloster wandelte sich in ein freiweltliches Stift um, dessen Äbtissinnen noch im 17. Jahrhundert dem Hochadel entstammten und das seine bevorrechtete Stellung erst mit der Säkularisation 1811 verlor.

Bis zu diesem Zeitpunkt beanspruchte es neben Vreden den vornehmsten Rang unter den Stiften im Münsterland. Wenn wir heute der ehemaligen Bedeutung Metelens auf die Spur kommen wollen, sind wir – abgesehen von alten Urkunden – vor allem auf die einstige Stiftskirche (jetzt *Pfarrkirche St. Cornelius und Cyprian*) angewiesen, denn die anderen Gebäude wurden fast alle abgebrochen. Vom Gründungsbau der Kirche ist nichts überliefert oder ergraben worden; das bestehende Gotteshaus stammt im wesentlichen wohl aus dem 13. Jahrhundert, nur mit der Errichtung des Westbaus hat man etwas früher begonnen. Von seinen zwei Türmen überragt nur der südliche die Front, der andere schließt mit der Höhe der Seitenschiffe ab und wird als Turm nicht erkennbar. Die Fassade wie der Turm sind mit gotischen Treppengiebeln versehen, dem Wandabschluß gotischer Bürgerhäuser.

In diesem Westbau liegt die ehemalige Nonnenempore über der Halle des dreischiffigen Erdgeschosses, das man zuletzt 1856 auf zwei Joche verkürzte. Das anschließende Langhaus, dessen südliches Schiff 1856–58 abgebrochen und neu aufgeführt wurde (es gibt

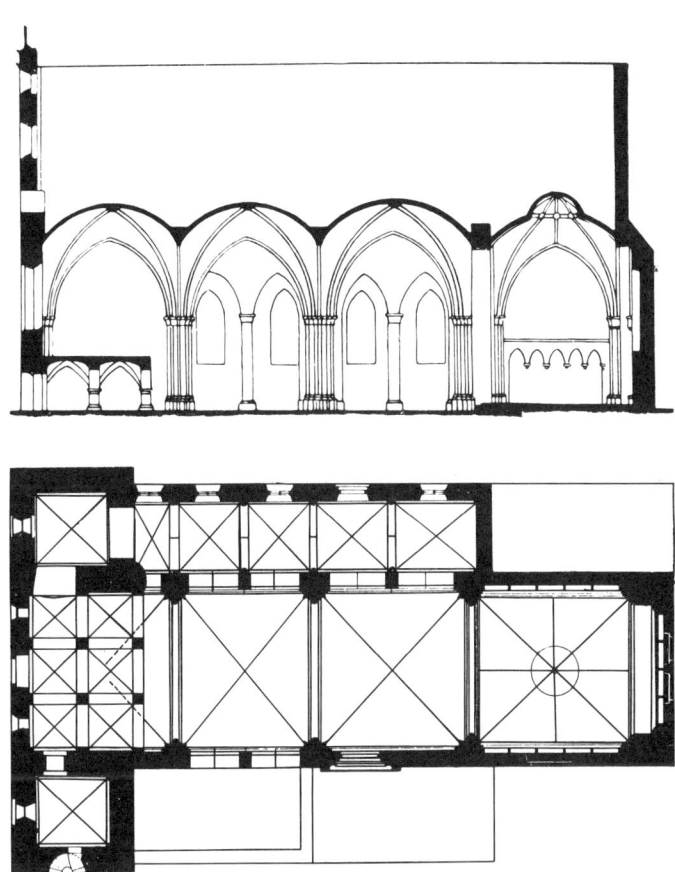

Metelen. Pfarrkirche St. Cornelius und Cyprian, Aufriß und Grundriß

Hinweise darauf, daß es ursprünglich gar nicht vorhanden war), ist eine der typischen münsterländischen Hallen. Der Chor – wohl der jüngste Bauteil – ist mit plastischem Schmuck reich ausgestattet. Engel, Ritter und Fabelwesen bestimmen das Kapitelldekor der Wandpfeilerbündel (Abb. 52). Ein fein gearbeitetes spätgotisches Relief mit der Darstellung der Gregorsmesse schmückt den südlichen Chorpfeiler (Abb. 54). Die Pietà auf dem nördlichen Seitenaltar gehört zu einer Gruppe von Vesperbildern, die unter burgundischem Einfluß um 1430 im Westmünsterland entstanden. Der Prototyp dieser Marienklagen steht in der Pfarrkirche von Nienborg (s. S. 286 und Abb. 77). Sehr eindrucksvoll ist die monumentale Apostelfigur (um 1250), die vermutlich aus derselben Werkstatt stammt, in der auch die älteren Figuren des Dom-Paradieses von Münster gearbeitet wurden (Abb. 53). Aus ungefähr der gleichen Zeit stammt der romanische Taufstein; das auf vier Löwen ruhende zylindrische Becken entspricht dem verbreiteten Bentheimer Typ. Beachtung verdient hier in der Taufkapelle auch der eindringlich gestaltete fast lebensgroße Kruzifixus (Ende des 11. oder Anfang des 12. Jahrhunderts).

Am weitesten in die Geschichte des ehemaligen Klosters zurück reicht ein *Reliquiar in Bursenform* (Abb. 55), das noch dem 10. Jahrhundert zugehören dürfte; es wird in der sogenannten Silberkammer neben kostbarem Kirchengerät und Paramenten der Gotik und Barockzeit aufbewahrt. Der Holzkern des Reliquiengefäßes ist mit vergoldetem Kupferblech ummantelt, die Vorderseite mit farbigen Halbedelsteinen und Bergkristallen besetzt, die als Hauptmotiv ein gleichseitiges Kreuz bilden. Die Stelle des verlorengegangenen Mittelsteins nimmt ein kleiner barocker Madonnen-Kupferstich ein.

Das Metelener Reliquiar verweist uns jedoch nicht nur auf den Anfang des Stiftes, es steht überhaupt am Beginn christlich orientierter plastischer Kunst in Westfalen, in der die Verfertigung von Reliquiengefäßen breiten Raum einnahm. Im Laufe seiner Geschichte entwickelt das Reliquiar eine beachtliche Typenvielfalt, sie reicht von der karolingischen Burse über Kreuze, Kästen, Arme und Büsten bis zu großen, kostbaren Schreinen. Welche Bedeutung die Reliquienverehrung haben konnte, haben wir am Beispiel des Cappenberger Barbarossa-Kopfes (s. S. 140f.) gesehen.

Auf dem Weg nach Burgsteinfurt sollten wir einen Abstecher in das Landschaftsschutzgebiet Gauxbachtal nicht versäumen. Hier wurde Nordrhein-Westfalens größter *Vogelpark* angelegt. Schattige Waldwege führen durch die Metelener Heide, an deren Seen und Teichen mehrere hundert Vogelarten in Freigehegen, Volieren und einem Tropenhaus großzügig untergebracht sind.

Die Baugeschichte des Schlosses **Burgsteinfurt** ist noch nicht vollständig erforscht, doch bereits 1129 wird die *Burg* Stenvorde erwähnt. Etwa vierzig Jahre danach mußte sie den benachbarten Herren von Ascheberg die Tore öffnen; diese zerstörten die Burg völlig. Doch hatten die Steinfurter einen mächtigen Protektor, den ihrem Geschlecht verwandtschaftlich verbundenen Kölner Erzbischof Reinald von Dassel. Er unterstützte sie beim Wiederaufbau der Burg, die nun gegenüber dem Vorgängerbau wesentlich stärker befestigt wurde. 1421 übernahmen die Grafen von Bentheim die Herrschaft Steinfurt, die 1495 zur Reichsgrafschaft erhoben wurde. Sie blieb, nachdem es Münster in einem langen Prozeß (seit 1547) im Jahr 1716 gelungen war, die Reichsunmittelbarkeit der Herrschaft auf den Umkreis Burgsteinfurts einzugrenzen, bis 1806 bestehen, und ein Zweig der 1817 in den Fürstenstand erhobenen Familie zu Bentheim bewohnt heute noch das Schloß.

Nach 1556 wurde die Anlage ausgebaut, doch im Dreißigjährigen Krieg abermals stark in Mitleidenschaft gezogen; noch 1693 galt sie als verfallen. Für die Wiederherstellung nutzte man den Fundus alter Bauteile. So wurde 1773–1793 der Bergfried abgebrochen – und unter Verwendung seiner Quader gestaltete man den *Bagno*, jenen großen englischen Landschaftsgarten, den man mit exotischen Lusthäusern, kleinen Tempeln, Grotten und Wasserspielen ausstattete; ein Badehaus gab dem Garten den Namen. Von all dem ist fast nichts mehr zu sehen, geblieben ist jedoch ein immer noch schönes Wandergebiet.

Burgsteinfurt. Die Hauptburg nach Meisner 1623

Wenn die einstige Verteidigungsanlage im Laufe der Jahrhunderte auch zu einem imposanten Schloß ausgebaut wurde, so ist dessen wehrhafter Charakter doch nicht zu übersehen. Ein großer ovaler, künstlicher Hügel, von der Aa umflossen, trägt die Hauptburg, die sich in ihrer Rundung der Hügelform anpaßt (›Motte‹, s. auch S. 238). Ihr gegenüber liegt auf einer zweiten Insel halbkreisförmig die Vorburg, die sich zur Oberburg hin öffnet.

Zu den ältesten Bauten zählen Teile der Ringmauer, der mittelalterliche Torturm, durch den man den malerischen Schloßhof betritt, und die romanische Doppelkapelle, deren Erdgeschoß seit dem 14. Jahrhundert als Keller benutzt wurde, bis ihr in den siebziger Jahren dieses Jahrhunderts die Restauratoren das ursprüngliche Aussehen zurückgaben. Im ›Neuen Steinhaus‹ befindet sich der 1877–1879 erneuerte quadratische Rittersaal aus dem 13. Jahrhundert mit niedrigem Mittelpfeiler und vier großen Kreuzgewölben.

Das interessanteste und schönste Stück des Binnenhofs (Farbabb. 12) ist die Auslucht, ein reichgegliederter Renaissance-Erker, den Johann Brabender (genannt Beldensnyder) aus Münster 1559 in Baumberger Stein ausführte und mit Tier- und Menschenmasken, Wappen und Inschriften schmückte.

Im Schutze der Burg (Umschlagrückseite) wuchs in der zweiten Hälfte des 12. Jahrhunderts der Marktflecken, dem 1347 münstersches Stadtrecht verliehen wurde. Tief griff die

Reformation in das politische Gefüge der Grafschaft ein. Seit dem 16. Jahrhundert ist Burgsteinfurt (neben Gemen) eine evangelische Insel im sonst katholischen Münsterland. Betrachtet man die geschichtlichen Vorgänge jener Zeit, wird deutlich, warum diese Enklave des Protestantismus bis heute Bestand hat. Zunächst sympathisierte sogar der Bischof von Münster, Franz von Waldeck, mit der neuen Lehre, mußte dann aber 1548, im Zuge der Gegenreformation, geloben, der alten Kirche die Treue zu halten. In der Reichsgrafschaft Steinfurt dagegen konnte sich die Reformation durchsetzen. Während sich Graf Arnold II. bereits 1544 zum lutherischen Glauben bekannt hatte, führte Arnold IV. – nach seiner Rückkehr von der durch Calvin geprägten Akademie Straßburg – in den ihm zugefallenen Grafschaften die reformierte Lehre ein. Städtische Ämter, so verfügte er, dürften nur solche Bürger bekleiden, die dieser Glaubensrichtung angehörten. Bis 1807 blieb diese Verordnung in Kraft. 1591 verlegte Arnold die von ihm in Schüttorf errichtete Lateinschule in die Stadt Burgsteinfurt, wo er sie zur calvinistischen Hochschule (›Arnoldinum‹) ausbaute. Sie bildete fortan das Gegengewicht zur Jesuitenuniversität in Münster, namhafte Gelehrte jener Zeit verhalfen ihr zu hohem Ansehen. Die reichsunmittelbare Stellung des Landesherrn sicherte ihre Existenz und damit auch den Fortbestand des Calvinismus in Burgsteinfurt, an dem die Hochschule wesentlichen Anteil hatte. Das nach den Zerstörungen des Zweiten Weltkriegs wieder aufgebaute Renaissancegebäude des ›Arnoldinum‹ ist heute Sitz der Stadtverwaltung.

Bei einem Bummel durch die Altstadt kommen wir auch zum Marktplatz, einer platzartigen Verbreiterung der Hauptstraße, wo uns das alte *Rathaus*, 1561 erbaut, durch seine geschwungene Giebelfront, die spitzbogigen Arkaden und den hohen Dachreiter auffällt.

Die *Große Kirche* in der südlichen Vorstadt geht auf eine romanische Basilika des 13. Jahrhunderts zurück. 1487 erhielt sie die heutige Gestalt eines langgestreckten Saalbaus.

Burgsteinfurt. Die Stadt, Stich von Meisner

Bemerkenswert ist der steinerne gotische Lettner mit schöner Maßwerkgalerie. In der Georgskapelle befindet sich die Gruft der Herren von Steinfurt.

Neben diesem Gotteshaus liegen die Gebäude der im 12. Jahrhundert gegründeten *Johanniter-Kommende*. Besonders stattlich ist der Fachwerkbau des Komtureihauses (um 1670). Das Gotteshaus der Johanniter war die ehemalige Heilig-Geist-Kapelle, die heutige *Kleine Kirche*, in der Flintenstraße. Nach ihrem Neubau (1471–1480) war sie die eigentliche Stadtkirche, in der bis 1806 auch die Ratswahlen stattfanden.

Das Gotteshaus der katholischen Gemeinde ist die *Pfarrkirche St. Johannes Nepomuk*, die 1721–1724 von den Brüdern Gottfried Laurenz und Peter Pictorius erbaut, 1885 um ein neuromanisches Querhaus wie einen Chor erweitert wurde.

Die heutige Kreisstadt im nördlichen Münsterland ist nicht nur Verwaltungszentrum, sondern hier haben sich auch zahlreiche mittelständische Betriebe verschiedener Industriezweige niedergelassen.

Im Tal der Ems

Von Rietberg bis Telgte

Sie ist ein ruhiger Flachlandfluß, von der Quelle im sandigen Sennegebiet bis zur Mündung in der Nordsee. Hindernisse, die sich ihr in den Weg stellen, umgeht sie in zahlreichen Mäanderschleifen. Gefahr für die an ihren Ufern lebenden Menschen bringt sie nur nach starken Regenfällen; dann führen ihre Zuflüsse aus dem Teutoburger Wald und dem Kernmünsterland so viel Wasser heran, daß sie gewaltig anschwillt und Wiesen und Felder überschwemmt. Durch Begradigung an vielen Uferstellen ist man dieser Gefahr begegnet, doch nur um sich einer neuen auszusetzen, dem Absinken des Grundwasserspiegels.

Wenn wir unsere Emstalfahrt in Rietberg beginnen, dann wissen wir wohl, daß das Land flußabwärts bis hinter Gütersloh nicht zum Münsterland gehört. Wir wissen aber auch, daß angesichts der zahlreichen kulturellen Verflechtungen dieses Gebiets mit der Region, die eigentlich Thema des vorliegenden Buches ist, besonders einem Kunstreiseführer Münsterland nicht unwesentliche Aspekte der beschriebenen Kunstlandschaft verloren gingen, falls die auf den folgenden Seiten vorgestellten Städte keine angemessene Würdigung erfahren sollten.

Etwa 1 km flußaufwärts lag oberhalb der späteren Stadt Rietberg die Burg Rietbike, die die Grafen von Arnsberg während des 12. Jahrhunderts hier in einem Flußbogen errichteten und die 1237 durch Erbteilung Sitz einer selbständigen Herrschaft wurde. Zwar war das Territorium der Grafen, die sich nun von Rietberg nannten, recht klein, politisch jedoch nicht unbedeutend, denn hier überschnitten sich die Interessen der einander benachbarten Bistümer Münster, Osnabrück und Paderborn. So kann es nicht verwundern, daß das Haus Rietberg um 1300 die Bischofsstühle aller drei Bistümer besetzte. Im 16. Jahrhundert starb das Grafengeschlecht aus, nachdem sein letzter Sproß für einen dramatischen Schlußpunkt gesorgt hatte. Graf Johann II., ein noch junger, jähzorniger Mann, den schon die Zeitgenossen den ›Tollen‹ nannten, hatte seinen Rentmeister wegen angeblicher Veruntreuung hängen lassen, doch dann stellte sich heraus, daß die Gräfin selbst das Geld aus der Kasse genommen hatte. Johann scheute sich nicht, den rachedurstigen Bruder des Hingerichteten bis auf lippisches Gebiet zu verfolgen und damit Landfriedensbruch zu begehen. Als Strafe mußte er den Rest seiner Tage im Kölner Augustinerkloster St. Martin verbringen; hier starb

Rietberg. Ansicht des heute nicht mehr existenten Schlosses, Ende 18. Jahrhundert

er 1562. Seiner Witwe Agnes gelang es nach langwierigen und von ihrer Seite sehr ausdauernd geführten Verhandlungen, den Besitz der Grafschaft Rietberg für ihre beiden Töchter Ermengard und Walburg zu erhalten.

Hermann tom Ring malte 1564 ein Doppelportrait der beiden jungen Gräfinnen (Westfälisches Landesmuseum Münster, Farbabb. 4), das ursprünglich, zusammen mit der Darstellung ihrer Mutter und ihres toten Vaters, ein Familienbildnis war. Die Tafel zwischen den Mädchen nennt die damals dreizehnjährige Ermengard und die siebenjährige Walburg »geboene Greuinnen und Frewlein zum Redberg Esendts Stechtessdorff und Wytmunden« – Titel, die Besitzansprüche geltend machen sollten. Dieser Besitz aber war zumindest nach dem Tode des Vaters aufs äußerste gefährdet. Das Gemälde – und sein vermuteter Anlaß, nämlich die Brautwerbung der älteren Ermengard, würde dazu genau stimmen – zeigt die Kinder als künftige Erben großer Ländereien; das mag auch die Herrschaft der Dinge im Bild erklären, unter denen sich die Gesichter der Mädchen fast verloren ausnehmen, weil sie bei aller Einpassung in die vorgeschriebene Rolle doch auch etwas von deren Last mitteilen: die Kindlichkeit der beiden Mädchen spricht mittelbar und gerade darum so anrührend aus dem frühreifen Ernst ihrer Züge.

Rietberg. Kupferstich von Matthaeus Merian

Doch zurück nach Rietberg. 1699 fiel die Herrschaft durch Einheirat an die Grafen von Kaunitz; das Residenzschloß bezogen diese jedoch nicht. Es verfiel und wurde Anfang des 19. Jahrhunderts abgebrochen; nur die Wälle und Gräben sind noch zu sehen.

Flußabwärts entwickelte sich das Städtchen **Rietberg** auf nahezu kreisrundem Grundriß, von der heutigen Rathausstraße als Mittelachse durchzogen und durch die Rügen- und die Müntestraße in Viertel geteilt. Die Allee und der Parkgürtel von Süd- und Westwall folgen dem Verlauf der alten Stadtbefestigung, während die östliche Stadtgrenze von der Ems gebildet wurde. Bis heute hat sich das malerische Ortsbild erhalten; an den Fachwerkbauten aus dem 16. bis 18. Jahrhundert fallen die geschnitzten Türen, die schönen Ausluchten und die teilweise abwechslungsreich gemusterten Ziegelgefache auf. Im Herzen der Stadt am Schnittpunkt der Hauptstraßenzüge, steht das um 1800 errichtete *Rathaus* (Abb. 94), ein schlichter Fachwerkbau, der 1935 durch eine gedeckte Treppenanlage und das Mansarddach sein heutiges Aussehen erhielt. Es wurde 1977 bis auf die vorgelagerte Treppe abgebrochen, aber in seiner alten Gestalt wieder neu errichtet.

Hinter dem Rathaus liegt die katholische *Pfarrkirche St. Johann-Baptist.* Die Halle stammt von einem 1896 durchgeführten Umbau, dagegen gehören der Chor und der das Stadtbild beherrschende Westturm noch der spätgotischen Epoche an (1483). Sehenswert sind im Inneren der pokalförmige Taufstein (1515) und die Reste der Barockausstattung.

Im 16. Jahrhundert war Rietberg evangelisch geworden, doch als Walburgs Tochter Sabina Catharina, die unter dem Einfluß ihres Gatten selbst zum katholischen Glauben übergetreten war, die Grafschaft erbte, führte sie auch hier wieder die katholische Lehre ein. Sie veranlaßte 1618 Franziskaner, an die Stelle des alten, an der Emsschleife gelegenen

Erbdrostenhofes ein *Kloster* zu bauen, das dann zur Begräbnisstätte der Rietberger Grafenfamilie gewählt wurde. Die heutigen Klostergebäude mit dem Kreuzgang stammen aus dem ersten Viertel des 18. Jahrhunderts. Im Zuge dieses Neubaus wurde auch die der heiligen Katharina 1629 geweihte *Klosterkirche* nach Westen erweitert.

Rechts der schönen, nach Delbrück führenden Allee, 1 km vor der Stadt, erblickt man die unter hohen alten Bäumen gelegene *Johann-Nepomuk-Kapelle*. 1747/48 wurde sie für den Grafen von Kaunitz errichtet. Konkav und konvex schwingende Formen fügen sich zu einem ovalen Zentralbau, dessen rote (1979 allerdings weiß verputzte) Ziegelflächen kontrastreich, aber doch ausgewogen von hellen Sandsteinfassungen gegliedert sind. Durch die Eheschließung der Auftraggeberin zum Bau dieser Kapelle, der Gräfin Maria Ernestina zu Ostfriesland und Rietberg, mit Graf Maximilian Ulrich war Rietberg 1699 an die Grafen von Kaunitz gelangt, deren Wappen über dem Portal der Kapelle angebracht ist. Maria Ernestina, die damals selbst in Brünn lebte, wünschte nach Auskunft ihres Bevollmächtigten von Binder »eine überauß kostbahre und schöne Capelle auff Romanische Arth erbauen zu laßen«. Daß der unbekannte Architekt die »römische Art« offenbar mit der Bauweise Borrominis identifiziert hat, ist dem kleinen Gotteshaus leicht abzulesen. Deshalb verwundert es auch kaum, daß in der Vergangenheit als Architekt dieses kleinen spätbarocken Meisterwerks Johann Conrad Schlaun genannt worden ist, haben doch die römischen Kirchenbauten des Italieners dem Westfalen als Vorbild für die Clemenskirche in Münster (s. S. 75 ff.) gedient. Fast wäre die Verwirklichung des schwierigen Plans am Fehlen eines kompetenten Maurermeisters gescheitert, doch dann fand man mit dem in Schloß Neuhaus ansässigen Tiroler Valentin Springer den richtigen Mann. Hell und freundlich wirkt der Innenraum mit seiner unaufdringlichen, zartfarbenen Ausmalung und dem zierlichen, in Gold und Weiß leuchtenden Altar des kurkölnischen Hofbildhauers Joseph Guidobald Licht.

Auch im 10 km weiter flußabwärts gelegenen **Wiedenbrück** erkennen wir die alte planmäßige, hier allerdings auf rechteckigem Grundriß angelegte Siedlung. Sie entstand an einem ehemals wichtigen Emsübergang und erhielt 952 von König Otto I. das Markt- und Münzrecht verliehen. Schon damals gehörte sie zum Bistum Osnabrück, eine Bindung, die bis zur Säkularisation Anfang des 19. Jahrhunderts bestehenblieb.

Keimzelle der Altstadt war der auf einer Insel zwischen zwei Flußarmen angelegte Pfarrhof, ›wittum‹ genannt. (Noch heute ist der Ausdruck ›widum‹ in Tirol gebräuchlich.) Von hier begann um 1200 die planmäßige Besiedlung. Die bestehende katholische *Pfarrkirche St. Ägidii* zeigt an Chor und Querschiff noch die Stilformen des 13. Jahrhunderts, allerdings sind diese Teile nach 1869 originalgetreu erstellt worden; auch der Westturm wurde in dieser Zeit erneuert. Das dreischiffige Langhaus dagegen geht auf das Jahr 1502 zurück. Die quergestellten Giebel der Seitenschiffjoche mit den hohen Maßwerkfenstern prägen das Bild von Kirch- und Marktplatz.

Unsere Beachtung verdient die Innenausstattung: Der Taufstein und der schlanke Sakramentsturm stammen noch aus spätgotischer Zeit. Zu den bedeutendsten Werken des

Wiedenbrück. Kupferstich von Matthaeus Merian (seitenverkehrte Darstellung)

deutschen Barock gehört zweifellos die glanzvolle Kanzel aus Baumberger Sandstein. An ihrem Fuße sitzt eine außerordentlich einprägsame Mosesfigur.

Um die Mitte des 13. Jahrhunderts kaufte der Bischof von Osnabrück das östlich der Altstadt gelegene Gelände an, wo mit der *Marienkirche* als Zentrum die Neustadt entstand. Der bestehende Bau des Gotteshauses (heute Franziskanerkirche St. Ursula) – eine Hallenkirche von 1470 – zeigt die damals in Westfalen wirksame Tendenz zu gedrungenen Grundrißbildungen besonders deutlich. In seinem Inneren birgt das Gotteshaus eine hölzerne Pietà (Ende des 15. Jahrhunderts), die als Gnadenbild verehrt wird.

1644 übernahmen Franziskaner die Kirche und bauten gut zwei Jahrzehnte später ihr gegenüber ein Kloster. Wahrscheinlich geht der auch heute noch alljährlich am Karfreitag geübte Brauch der ›Kreuztracht‹, einer Straßenprozession, bei der ein Christusdarsteller das Kreuz trägt, auf eine Initiative jener Mönche zurück.

Amtssitz der Bischöfe, die dem Ort Osnabrücker Stadtrecht verliehen, war die *Burg Reckenberg*. (Ihr Name ›Rädchenburg‹ deutet auf das Sechs-Speichenrad-Emblem im Osnabrücker Wappen.) Gleichzeitig mit der Gründung der Neustadt wird sie erstmals genannt. 1726 entstand an ihrer Stelle ein schlichtes Gebäude, in dem heute die Kreisverwaltung Gütersloh untergebracht ist.

Immer noch besitzt Wiedenbrück eines der schönsten altertümlichen Stadtbilder (Abb. 93). Fachwerkhäuser des 16. und 17. Jahrhunderts mit geschnitzten und buntbemalten Ornamenten bilden ganze Straßenzüge (Lange Straße, Mönchstraße). Leider hat die in vergangenen Jahrzehnten grassierende Modernisierungssucht auch hier Spuren hinterlassen: Teilweise zerstören neue Fensterformen und in die alten breiten Dieleneinfahrten eingebaute Ladengeschäfte die Einheitlichkeit des Bildes. Viele Gebäude sind jedoch in jüngster Zeit mit großer Rücksicht gegenüber dem historischen Vorbild restauriert worden.

Die Fachwerkbauweise wandte man nicht nur bei den Häusern der Ackerbürger an, auch die ältesten Gebäude der Burganlagen bestanden aus Holz oder Fachwerk, und für ihre Wirtschaftsgebäude hat man diese Bauweise oft bis ins 18. Jahrhundert hinein beibehalten. Eines der wenigen erhaltenen Herrenhäuser dieser Art ist *Haus Aussel* bei **Batenhorst,** südlich von Wiedenbrück. Füllhölzer und Brüstungen der überkragenden Geschosse sind reich mit Schnitzereien geschmückt. Kleine Giebeldächer krönen die symmetrischen Ausluchten an den vier Ecken des Hauses. 1580 wurde es gebaut, und man erzählt sich, damals sei im Keller eine weiße Dame eingemauert worden, die noch heute dort am gedeckten Tisch sitze und speise. Manchmal allerdings verlasse sie den kleinen Raum um zu spuken, und das bedeute fast immer Unheil. – Haus Aussel wird bis Mitte 1983 umfassend restauriert und Sitz eines Zentrums für Design.

War Wiedenbrück vor allem eine Bürgerstadt, die zeitweilig sogar der Städtehanse angehörte, so ist das nördlich angrenzende **Rheda** als Fürstenstadt anzusehen. Wirtschaftlich stand diese lange im Schatten des bischöflich geförderten Nachbarn, den sie erst um die Mitte des 19. Jahrhunderts in etwa einholen konnte, als sie Anschluß an die Eisenbahnlinie Köln-Berlin erhielt und durch den Bau der Nebenstrecken von Münster nach Lippstadt und nach Paderborn-Sennelager zum Verkehrsknotenpunkt wurde, der der bis dahin nur schwach entwickelten Industrie des Ortes Auftrieb gab.

Rheda. Schloß, Lithographie von Philipp Herle

Markantester Punkt des Städtchens (Stadtrecht seit 1355) ist die auf einem gewaltigen, künstlich aufgeworfenen Hügel (›Motte‹, s. S. 238) errichtete *Wasserburg*. Widukind von Rheda ließ sie um 1170 zum Schutz des Emsübergangs der Straße Paderborn-Münster anlegen. Die Stellung dieses Fürsten in der damaligen Zeit können wir in etwa einschätzen, wenn wir wissen, daß er gleichzeitig die Vogteirechte über die bedeutenden Klöster Freckenhorst (s. S. 210ff.) und Liesborn (s. S. 169ff.) besaß sowie 1185 das Kloster Marienfeld (s. S. 203ff.) gründete. Ihm, der 1191 auf dem Kreuzzug Kaiser Barbarossas verstarb, folgte sein Verwandter Bernhard II. zur Lippe in der Herrschaft. Dessen Sohn baute die Burg zum Wohnsitz seines Geschlechts aus. Die Erbauseinandersetzungen zwischen Lippe und Tecklenburg im 14. und 15. Jahrhundert endeten damit, daß Tecklenburg Rheda erhielt, und so erbten 1557 die Grafen von Bentheim zusammen mit der Grafschaft Tecklenburg auch die Herrschaft Rheda.

Der einzige noch der späteren Stauferzeit zuzurechnende Bauteil der Burg ist ihr Tor- und Kapellenturm. Seine durchdachte Architektur und die großartige Ausgestaltung der Kapelle spiegeln die Bedeutung des Hauses Lippe im 13. Jahrhundert wider, als viele seiner Angehörigen hohe kirchliche Stellungen einnahmen. Der Turm ist über einem quadratischen Grundriß erbaut und zeigt auf drei Seiten eine Blocksteinverblendung, während die unverblendete zum Hof hin gelegene Seite zeigt, daß man dieses Gebäude aus Backstein aufgemauert hat. Der Turm, der sowohl zur Verteidigung wie als Kapelle genutzt wurde, war früher der Torturm der Oberburg, das beweist die jetzt vermauerte Durchfahrt an den Stirnseiten. Die Burgkapelle nimmt die Höhe der beiden folgenden Stockwerke ein, während das vierte Geschoß offenbar Wohnzwecken diente und nur in der Bausubstanz mittelalterlich ist.

Rheda. Die Burgkapelle um 1880, die Abbildung zeigt noch die Empore, die in den sechziger Jahren unseres Jahrhunderts wieder entfernt wurde

Die im Inneren erweiterte Durchfahrt hatte dank einer Öffnung im Boden des zweiten Geschosses Verbindung zur Kapelle, deren beide Stockwerke durch eine dreiseitig umlaufende Empore markiert wurden. Sie fehlte nach Westen hin, weil dort ein doppelter Treppenaufgang zu jenen erhöht gelegenen Plätzen führte, die den Angehörigen des Adels vorbehalten blieben. Die Empore ruhte dem Tonnengewölbe eines schmalen Umgangs unter ihr auf. Dieser erfüllte offensichtlich die Funktion eines Wehrgangs und war vom sakralen Raum durch eine Wand getrennt; man hatte die Kapelle also nicht in die Verteidigung miteinbezogen (nur das Fallgatter, welches die Zufahrt sperren sollte, mußte von der Doppeltreppe aus heruntergelassen werden).

Die äußerst komplexe Gliederung des Raumes zeigen schon die völlig verschiedenen Grundrisse der beiden Geschosse an. Man betritt im Norden die Kapelle von einer Vorhalle her, deren Portal zum Kirchenraum durch seine reiche Ornamentik auffällt. Hier in dieser Vorhalle nimmt auch eine Wendeltreppe ihren Ausgang, die den einzigen Zugang zum vierten Geschoß bietet. Die Kapelle selbst ist ein zweijochiger, hallenähnlicher Bau, dessen Westjoch allerdings um den Treppenaufgang verkürzt ist. Den – um drei Stufen erhöhten – Raum unter dem östlichen Joch ziert an seiner der Hofseite zu gelegenen Wand eine schöne Fensterrose; sie wird seitlich von zwei Dreisäulengruppen gerahmt. Ihr gegenüber, also in die Wand, die die Kapelle zur Feldseite hin abschließt, ist ein schlichtes Rundfenster eingelassen. Davor liegen die eindrucksvolle dreiteilige Arkade und jene Doppeltreppe, deren Anlage an barocke Lösungen erinnert. Der westliche Raum besitzt nach Norden hin eine kleine, zweijochige Abseite, während die südliche Mauer sehr viel weiter gegen das Innere der Kapelle vordringt: Sie birgt eine erst bei den Restaurationsarbeiten entdeckte, aber wieder zugemauerte Treppe. Den Aufgang zum westlichen Joch bilden imponierende Bündelpfeiler, die mit ihrer Kapitellplastik die Wirkung auf den Besucher nicht verfehlen.

Nach Süden schließen sich an den Turm die heutige Torhalle (1719) und ein Renaissance-Wohnflügel an. Davon stark abgewinkelt folgt der Haupttrakt, ein Ziegelbau mit breitem Mittelrisalit und einer Freitreppe (Abb. 92). Den Abschluß im Nordosten bildet der sogenannte ›Lange Turm‹ aus dem 15. Jahrhundert. Die Besichtigung des restaurierten Barocktrakts ist nach Voranmeldung möglich, doch zeigt auch das Äußere in der Verbindung von Bauten verschiedener Stilepochen den Wandel in der Wohnkultur vom Mittelalter bis zum Barock. (Außenbesichtigung – auch vom Schloßhof aus – ist jederzeit möglich. Besichtigung der Schloßkapelle, des Barocktraktes und der Kutschensammlung nach Voranmeldung, ✆ 052 42/4 42 43.)

Bescheidener als in Wiedenbrück wirkt das Ortsbild. Doch auch hier begegnet man noch einzelnen schönen Fachwerk- und Steinhäusern (Berliner Straße, Großer Wall, Steinweg). Die heutige *evangelische Kirche* entstand im 17. Jahrhundert durch Umbau und Erweiterung einer älteren Kapelle; das westfälische Zentralraumideal wurde dabei vollkommen verwirklicht. Um 1700 wurde im südlichen Seitenschiff die Fürstenempore eingezogen. Von den prächtigen Grabmälern ist das für Friedrich von Twickel († 1629) besonders sehenswert.

Die 1911 von Josef Becker aus Mainz in neuromanischen Formen errichtete katholische *Pfarrkirche St. Clemens* ersetzt einen älteren Vorgängerbau, dessen Ausstattung die kniende

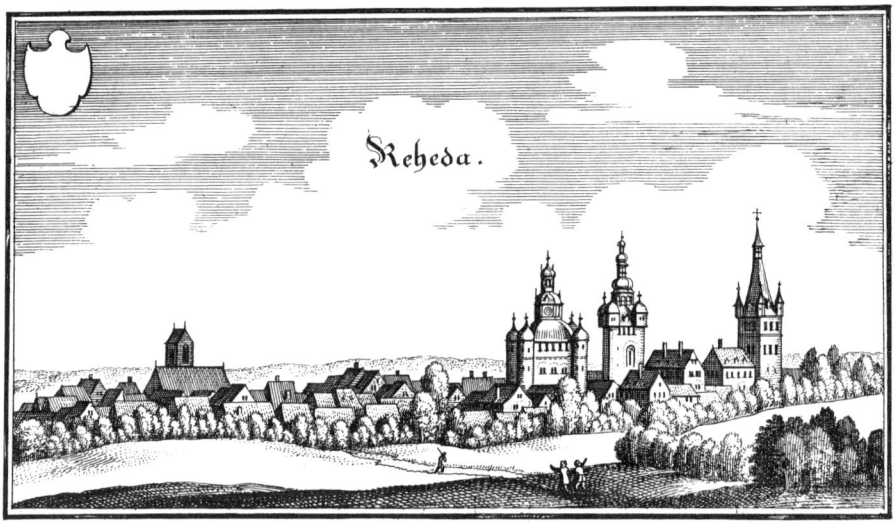

Rheda. Kupferstich von Matthaeus Merian

Muttergottes mit Kind (um 1510) entstammt. Schöpfer dieser Holzskulptur ist der sogenannte Meister von Osnabrück.

Das heutige, rechts der Ems gelegene **Gütersloh** entwickelte sich aus einem Dorf und mehreren verstreut liegenden Bauerschaften. Schon 1110 wird das Kirchspiel genannt, das zum Fürstbistum Osnabrück gehörte, nach langen Streitigkeiten aber 1565 der Herrschaft Rheda zugesprochen wurde. Die Grafen von Bentheim, die Rheda kurz zuvor geerbt und dort die calvinistische Lehre eingeführt hatten, wollten dies auch in Gütersloh tun. Das gelang aber nicht, die hiesigen Bewohner blieben lutherisch.

Erst 1825, durch den Preußenkönig Friedrich Wilhelm III., erhielt Gütersloh Stadtrechte. Auf wirtschaftlichem Gebiet erfuhr es nun eine gewisse Umstrukturierung: Vom Handel mit Fleischwaren sowie Garnen aus den eigenen Flachsspinnereien stellte man sich um auf eine vielseitigere industrielle Produktion von Maschinen, Textilien und Möbeln.

Der mit Fachwerkhäusern aus dem 17. und 18. Jahrhundert malerisch umsäumte Kirchplatz (Abb. 95) hat den Zweiten Weltkrieg überlebt. Zwar wurde die gotische Halle der evangelischen *Apostelkirche* von Bomben zerstört, doch fügt sich das neue Langhaus harmonisch dem 1944 allein verschont gebliebenen Westturm an, der im Unterbau noch aus dem 13. Jahrhundert stammt.

Ein beachtlicher sakraler Bau gelang dem Barmer Architekten Christian Heyden in der zweiten Hälfte des vorigen Jahrhunderts mit der *Martin-Luther-Kirche*. In neugotischen Formen schuf er aus Werkstein eine Halle (mit Turm), deren Raum von sehr schlanken Bündelpfeilern und ringsum laufenden gußeisernen Emporen gegliedert ist.

Beinahe parallel zur Ems hat man die Bundesstraße 513 geführt, auf der wir nun, kaum daß die Peripherie der von modernen Zweckbauten geprägten Stadt Gütersloh hinter uns liegt, nach **Marienfeld** gelangen, wo wir wieder mit alter westfälischer Klostertradition konfrontiert werden.

Widukind von Rheda (s. S. 200) gründete 1185 mit Unterstützung Bernhards II. zur Lippe und des münsterschen Bischofs Hermann II. hier ein Zisterzienserkloster, das dank der Gunst geistlicher und weltlicher Herren rasch nicht nur zu einem der höchstbegüterten Westfalens wurde, sondern auch bald als eines der geistigen Zentren des Landes gelten konnte. Selbstverständlich wäre diese Entwicklung nicht möglich gewesen ohne die ausdauernde Arbeit der Mönche, die sowohl das Land ringsum kultivierten wie auch zum Studium die Universitäten von Paris und Prag besuchten. Der Niederländisch-Spanische und der Dreißigjährige Krieg konnten die wirtschaftliche Basis des Klosters – aber auch nur sie – zwar vorübergehend gefährden, doch setzte erst die Säkularisation der klösterlichen Gemeinschaft 1803 ein Ende.

Gütersloh. Apostelkirche, Bleistiftzeichnung um 1900, Westfälisches Landesmuseum für Kunst und Kulturgeschichte, Münster, Westfalia Picta

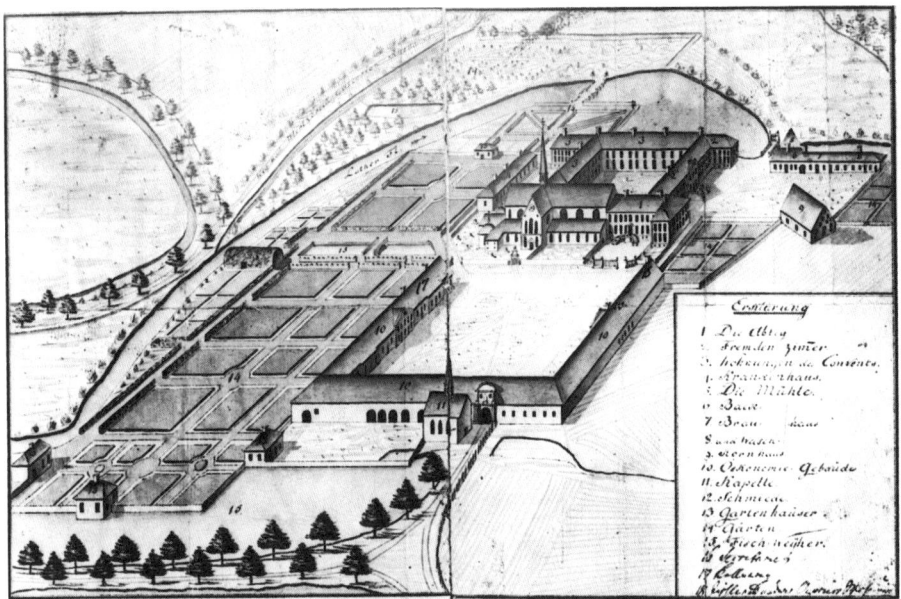

Marienfeld. Die Klosteranlagen um 1800

Wenn auch 1829 die Klostergebäude verkauft und fast alle abgerissen wurden, so läßt sich die Weiträumigkeit der ehemaligen Anlage doch noch gut erkennen. Von den älteren Teilen ist nur noch der neben dem Langhaus der Kirche gelegene hochgotische *Kreuzgangflügel* erhalten, den schon der 1711 durch Lubbert Hagen durchgeführte barocke Klosterneubau nicht angetastet hatte. Wenige Jahre zuvor war bereits das stattliche *Abteigebäude* entstanden, das sich heute im Besitz eines Marienfelder Fabrikanten befindet. Als Architekt des zweiflügeligen, werksteingegliederten Ziegelbaus gilt der schon mehrfach erwähnte Peter Pictorius der Jüngere.

Am deutlichsten jedoch spiegelt sich die jahrhundertealte Tradition in der ehemaligen Klosterkirche (heute *Pfarrkirche Mariä Empfängnis*) wider (Farbabb. 25). Schon bald nach der 1185 von Hardehausen, der ersten Niederlassung der Zisterzienser in Westfalen, aus vorgenommenen Klostergründung muß mit dem Bau der Kirche begonnen worden sein, denn bereits 1203 wurde Bischof Hermann II. hier beigesetzt; für 1222 berichten die Urkunden von der feierlichen Konsekration, an der mehrere Bischöfe teilnahmen. Das Gotteshaus ist nicht nur die einzige im Lande erhaltene frühe Zisterzienserkirche, sondern auch der erste westfälische Kirchenbau, der wie später – und wahrscheinlich von der gleichen Baugruppe – die Kapelle des Rhedaer Schlosses in (verputztem) Backstein ausgeführt wurde, nur die Fenstergewände und die Architekturglieder sind aus Werkstein (Teutoburger Sandstein).

Der ursprünglich einschiffige kreuzförmige Saalbau – entsprechend der Ordensgepflogenheit ohne Turm, nur mit einem Dachreiter über der Vierung – erhielt durch spätere Anbauten basilikalen Charakter. So ist der Bauteil, den man zunächst als südliches Seitenschiff des Langhauses ansehen wird, tatsächlich der Nordflügel des um 1300 erbauten Kreuzgangs; er allein hat sich von den Klosterbauten des Mittelalters erhalten. Das nördliche Seitenschiff hat man erst Anfang des 18. Jahrhunderts in den Formen der Gotik hinzugefügt, es ersetzte dort mehrere zum Langhaus hin geöffnete Kapellen. Am Außenbau der Kirche überwiegt das romanische Element, vertreten vor allem durch die einfachen Bogenfriese. Die meisten der einst rundbogigen Fenster wurden gotisch verändert; das große Radfenster in der Westfassade wird leider durch das um 1700 angefügte Abteigebäude verdeckt. Reicher als die Langhauswände sind die beiden Querschiffsfronten gestaltet: Die von vorgestellten schlanken Säulen gegliederten Fenstergruppen datieren aus der Zeit der frühen Gotik, ebenso das Süd- und das besonders reich gestaltete, von einem Dreiecksgiebel eingefaßte Nordportal, welches rheinischen Einfluß nicht verleugnet. Die Madonna im Tympanon (um 1530 entstanden) ist die Kopie der sehr schönen Arbeit wohl eines Osnabrücker Steinmetzen, das nach Verwitterungsschäden restaurierte Original hat seinen Platz im Innern der Kirche an der Südseite des Chors gefunden.

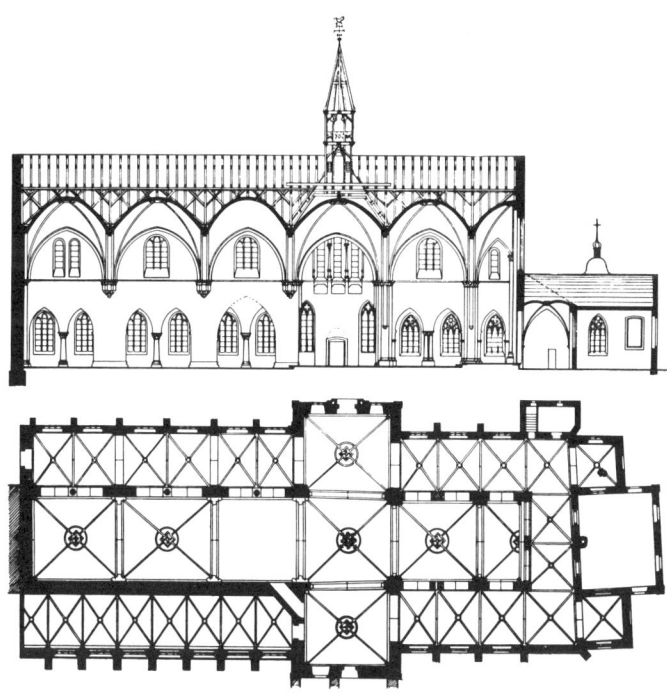

*Marienfeld. Pfarrkirche
Mariä Empfängnis,
Aufriß und Grundriß*

Auch in der Architektur des Kircheninneren läßt sich das Nebeneinander von romanischen und gotischen Bauformen beobachten. Zum ersten Mal wird hier ein Raum mit dem
steil ansteigenden spitzkuppeligen Gewölbe ausgestattet, das die Kirchenbaukunst Westfalens im 13. Jahrhundert geprägt hat. Charakteristisch sind gleichfalls die mit Blattwerk
geschmückten Kapitelle, wenn ihr Dekor auch überwiegend stilisiert und nicht so vielfältig
ist wie etwa das des ›Bergischen Doms‹, der ehemaligen Zisterzienserabteikirche zu
Altenberg. – Bei der jüngsten Restaurierung des Kirchenraumes hat man in sämtlichen
Gewölben und an den Wänden des südlichen Querschiffarmes die ursprüngliche Ausmalung
in Ergänzung freigelegter Teile der originalen Farbfassung wiederhergestellt. Ihre Schlichtheit zeugt eindrucksvoll vom Geist zisterziensischer Gottesverehrung und setzt sich
deutlich von der zeitgenössischen Tendenz zur aufwendigeren Raumausschmückung ab.

Größte Beachtung verdient die Ausstattung (Farbabb. 26), deren Glanzstück zweifellos
die 1745–1751 von Johann Patroklus Möller geschaffene Orgel (Abb. 67) ist; ihr prunkvoller
Prospekt nimmt die ganze Westwand ein. Aus der Barockzeit stammen unter anderem auch
zwei geschnitzte Altäre in den östlichen Kapellen und vor allem die Kanzel mit ihrem reichen
Figurenschmuck. Vom ehemaligen Lettner stammen die zwölf sitzenden Apostelfiguren
(frühes 16. Jahrhundert), die jetzt im nördlichen Seitenschiff untergebracht sind. Der
spätgotische Altar wurde 1804 zersägt, und wie schon erwähnt (s. S. 21 und Farbt. 7, 8) sind
die einzelnen Teile der von Johann Koerbecke gemalten Seitenflügel an verschiedenen Orten
verstreut, sechs der 16 Tafeln besitzt das Westfälische Landesmuseum in Münster. In der
hiesigen Kirche (auf dem südlichen Seitenaltar) befindet sich nur noch die thronende
Muttergottes aus dem geschnitzten Mittelschrein.

Marienfeld. Pfarrkirche Mariä Empfängnis, Stahlstich um 1880

Lassen wir uns, bevor wir wieder ins Freie treten, noch einmal an die Gründungszeit des ehemaligen Klosters erinnern: Neben anderen schönen Grabplatten begegnen wir in der südlichen Chorkapelle dem Grabmal des Stifters Widukind von Rheda (Abb. 66), der 1191 als Kreuzfahrer vor Akkon ums Leben kam. Die beinahe vollplastische Figur (2. Hälfte des 13. Jahrhunderts) zeigt ihn lebensgroß als gepanzerten Ritter.

Über **Harsewinkel,** das sich aus einem bischöflichen Haupthof entwickelte und 1185 von Widukind von Rheda dem gerade gegründeten Kloster Marienfeld geschenkt wurde, setzen wir unsere Emstal-Fahrt fort. Werfen wir noch einen Blick in die *Pfarrkirche St. Lucia,* eine von Emil von Manger aus Oelde 1858–1860 in Werkstein errichtete neugotische Hallenkirche. Sie besitzt aus dem romanischen Vorgängerbau noch den Taufstein.

Auch **Greffen** fiel an das Kloster Marienfeld, allerdings erst 1287. Bis 1829 besetzten die Mönche die hiesige Pfarrstelle. Hilger Hertel der Jüngere baute 1899 die neugotische Hallenkirche, wobei er Reste des älteren spätgotischen Gotteshauses integrierte. Beachtung verdient im Inneren eine kleine Pietà aus Baumberger Stein (um 1440), die zur Gruppe der Nienborger Vesperbilder zählt. Gute Arbeiten aus dem 18. Jahrhundert sind die überlebensgroße Doppelmadonna im Strahlenkranz, die Kanzel und der Hochaltar mit dem Wappen des Marienfelder Abtes Friedrich Oesterhoff († 1748).

Welche Bedeutung **Sassenberg** im Münsterland einst hatte, läßt sich fast nur noch aus den Geschichtsbüchern herauslesen. Auf dem Gelände einer wohl schon altsächsischen Burg an der Hessel entstand eine – 1305 erstmals urkundlich genannte – überaus weiträumige münsterische Landesburg, die der baufreudige Friedrich Christian von Plettenberg am Ende des 17. Jahrhunderts zu einem prächtigen Residenzschloß umbauen lassen wollte. Nach Plänen des Ambrosius von Oelde wuchs die dreiflügelige Vorburg mit von Gottfried Laurenz Pictorius ausgebauten Wohnräumen, zur Ausführung des Hauptschlosses kam es jedoch nicht mehr. Schon vor 1800 begann man mit dem Abbruch der Anlage; in dem, was übrig blieb, wurde im 19. Jahrhundert eine Fabrik eingerichtet.

Auch das Ortsbild läßt vom Charakter einer einst fürstbischöflichen Residenz fast nichts mehr erkennen. Die katholische *Pfarrkirche St. Johannes Evangelist* mit ihrem pittoresken Turm von 1914 wurde 1670–1678 auf Veranlassung Christoph Bernhards von Galen erbaut, der Wert auf ein gotisches Erscheinungsbild der Kirche legte. So treffen wir auf barocke Formen nur an den Portalen und in der Ausstattung. Das Gotteshaus wurde 1976 um eine Werktagskirche erweitert, die sich dem historischen Baubestand sehr gut eingliedert, ohne ihr eigenes Entstehungsdatum zu verleugnen.

Gegenüber der Kirche fällt uns *Haus Schücking* (Hauptstraße 38) auf. Der bischöfliche Kanzler Engelbert Schücking ließ es sich 1754 durch Johann Conrad Schlaun als Landhaus errichten. Der hübsche einstöckige Backsteinbau (das Geburtshaus Levin Schückings) wurde 1882 nicht sehr glücklich erweitert.

Sechs Kilometer südwestlich von Sassenberg liegt die Kreisstadt **Warendorf,** in der nicht nur die Pferdezucht Tradition hat. In den fünfziger Jahren unseres Jahrhunderts grub man am

Warendorf. Holzschnitt aus dem 17. Jahrhundert

südlichen Emsufer die Reste einer Siedlung aus, die den Sachsenkriegen zum Opfer gefallen war. Den sächsischen Oberhof Waratharpa mit seiner Gerichtsstätte übernahmen die Franken jedoch, gaben ihm eine Kirche, so daß sich diese Urpfarrei nun zum weltlichen und geistlichen Zentrum des östlichen Münsterlandes entwickeln konnte. Die günstige Lage an der Ems-Furt – hier verlief die Fernhandelsstraße von Brabant zu den niederdeutschen Seehäfen – ließ Handel und Handwerk rasch aufblühen. Um 1200 wurde Warendorf zur Stadt erklärt und erhielt damit das Recht auf Befestigung. Die Bevölkerungszahl stieg an, und die Stadt wurde nach Westen erweitert, das Kirchspiel in zwei Pfarreien aufgeteilt. Wie angesehen Warendorf schon damals war, erweist seine Zugehörigkeit zu mehreren Städtebünden; in der Hanse führte es die ostmünsterländischen Mitgliedsorte an.

Einen Rückschlag in der Entwicklung des Gemeinwesens mußte im 16. Jahrhundert hingenommen werden. Von Münster aus griffen die radikalen Ideen der Wiedertäufer über, und Bischof Franz von Waldeck sah sich gezwungen, militärisch einzugreifen. Von seiner Burg Sassenberg aus besetzte er 1534 die Stadt und nahm ihr alle Privilegien, die Warendorf erst 1556 zurückerhielt. Doch schon bald gab es neue Unruhen, die calvinistische Lehre erfaßte Warendorf, und nach der Einnahme im Dreißigjährigen Krieg durch ligistische Truppen (1623) verlor die Stadt erneut alle Privilegien und Freiheiten. Diesmal dauerte es rund dreißig Jahre, bis die gegenreformatorischen Maßnahmen Erfolge zeitigten und Warendorf wieder in den Genuß der alten Rechte gelangte. Handwerk und Märkte setzten ihre Tradition fort; vor allem die Leinenmanufaktur machte die Stadt berühmt. (Keine Geringere als Königin Viktoria von England ließ hier ihre Damastleinenaussteuer einkaufen.) Im 19. Jahrhundert gelang die Umstellung auf die maschinelle Produktion, und bis heute hat Warendorf seinen guten Ruf als Textilstadt mit betont mittelständischer Industrie gewahrt.

Doch auch noch ein Wort zur ›Stadt des Pferdes‹: Seit die preußische Gestütsverwaltung 1826 in der Nähe des Münstertores hier ein Landgestüt gründete, das später durch eine größere Anlage rechts der Ems erweitert wurde, entwickelte sich Warendorf zum Zentrum der Pferdezucht im Münsterland und wurde weltweit bekannt. Das Deutsche Olympia-Komitee für Reiterei nahm hier seinen Sitz, und alljährlich lockt die prächtige Hengstparade viele Besucher an (s. auch S. 306).

Von den Bomben des Zweiten Weltkriegs blieb die Stadt weitgehend verschont, so daß – im Gegensatz zu Münster – der *Marktplatz* (Abb. 73) mit den alten stolzen Bürgerhäusern sein charakteristisches Bild unverfälscht bewahrt hat und die Formenwelt der Profanbaukunst des 16. bis 19. Jahrhunderts im originalen Zustand vorweisen kann (Farbt. 33).

Ein älteres Zeugnis von Warendorfs geschichtlicher Bedeutung ist die *St. Laurentiuskirche,* das Gotteshaus der Urpfarre. Bei Grabungen unter dem heutigen Hallenbau, der nach einem Stadtbrand von 1404 errichtet wurde, entdeckte man Reste einer vorromanischen und einer romanischen Kirche. Der Brand von 1630 machte die Erneuerung der Quergiebel über den Seitenschiffen notwendig. Einen ungünstigen Eingriff in das Stadtbild stellt der 1913/14 anstelle des romanischen Westturms in gotisierenden Formen aufgeführte Turmbau dar.

Größte Beachtung verdient die Innenausstattung und hier vor allem das Gemälde des Hochaltars. Es ist die Mitteltafel eines um 1420–1430 entstandenen Flügelaltars, und sie schildert in fünf Szenen die Passion Christi. Die in jüngster Zeit ersatzweise angebrachten Flügel zeigen auf Großfotos einige der andernorts aufbewahrten Originaltafeln. Diese befinden sich im Warendorfer Pfarrhaus, in der Dechanei von Freckenhorst und im Westfälischen Landesmuseum, Münster; andere sind verschollen, doch kann man wohl ihr Programm in Kenntnis der Passions- und Auferstehungsgeschichte wie der zumeist festliegenden Auswahl der einzelnen Ereignisse bestimmen. Bei geschlossenen Flügeln zeigte der Altar auf der rechten Seite Geschehnisse um die Geburt Jesu Christi und auf der linken Szenen aus der Legende des hl. Laurentius. (Das folgende Schema verzeichnet die thematische Abfolge und den Aufbewahrungsort der einzelnen Tafeln, die Themen der verlorenen Teile sind in Klammern gesetzt.)

(Abendmahl)	Christus am Ölberg Münster	Christus vor Pilatus		Kreuzabnahme	(Auferstehung)	(Himmelfahrt)
			Kalvarienberg			
Gefangennahme Christi Freckenhorst	Geißelung Christi Freckenhorst	Kreuztragung		Grablegung	Pfingstfest Freckenhorst	Weltgericht Warendorf

Verkündigung Münster	(Geburt)	(Hl. Laurentius heilt Blinde)	(Die Geheilten werden dem Kaiser vorgeführt)
(Anbetung der Könige)	Marientod Freckenhorst	Verurteilung des Laurentius Warendorf	Marter des Laurentius Münster

Der Altar wies eine Höhe von 1,70 m und bei aufgeklappten Flügeln eine Breite von 5,40 m auf, er zählte also unter die größten bemalten Flügelaltäre Westfalens. Mit der großen zentralen Kreuzigungsdarstellung und den in zwei Reihen übereinandergestellten kleinen Seitenbildern weist er eine Anordnung vor, die seit dem letzten Drittel des 14. bis zum Ende des 15. Jahrhunderts verbindlich war. Der Warendorfer Altar zeigt im Unterschied zum nah verwandten Daruper (s. S. 275), mit dem er wahrscheinlich die – münstersche – Werkstatt, nicht aber den Meister gemeinsam hat, den figurenreicheren, überhaupt komplexeren Aufbau, ohne allerdings dessen Frische der Darstellung zu erreichen.

Unter den übrigen Ausstattungsstücken verdienen der figurengeschmückte Tabernakelturm (15. Jahrhundert), die feinen Steinfiguren vom Tympanon des alten Turms, das sogenannte Sassenberger Kreuz (um 1520) auf dem südlichen Seitenaltar und die Reliefgruppe eines knienden Domherrn mit den Aposteln Petrus und Paulus (Teil eines von Heinrich Brabender für den Dom in Münster geschaffenen Epitaphs) unser Interesse. Und wie in der Bischofskirche fällt der überlebensgroße Christophorus am nördlichen Turmpfeiler sofort ins Auge, die fast drei Meter hohe, bemalte Lindenholzskulptur zählt zu den für das frühe 17. Jahrhundert charakteristischen Darstellungen dieses Heiligen (Abb. 71).

Im Zuge der um 1200 vorgenommenen Stadterweiterung wurde auch eine zweite Pfarrkirche gebaut. Von diesem alten Gotteshaus ist jedoch nur der – 1870 umgestaltete und heute als Kriegergedächtnisstätte dienende – Turm erhalten. An der Stelle des abgebrochenen Langhauses steht jetzt die *Pfarrkirche Mariä Himmelfahrt* von 1911/12 (1958/59 erweitert), die ein bemerkenswertes Vesperbild aus Baumberger Stein besitzt. Es gehört in die Gruppe der um 1430 geschaffenen Nienborger Marienklagen (s. S. 286).

Etwas früher als in Wiedenbrück, nämlich bereits 1628, ließen sich die Franziskaner in Warendorf nieder. Den Grundstein zu ihrer dem Ordensstifter geweihten Kirche legte Fürstbischof Christoph Bernhard von Galen 1652. Gut zwanzig Jahre wurde an der *Franziskanerkirche* gebaut, bis sie 1673 geweiht werden konnte. Erst dann wurde mit dem Bau des Klosters begonnen, dessen Pforte im Westflügel das Wappen Ferdinands von Fürstenberg trägt.

In den weiten Feldfluren abseits der Bundesstraße, 4 km südlich von Warendorf, liegt das Städtchen **Freckenhorst** (heute Stadtteil von Warendorf), das berühmt ist durch seine mächtige *Stiftskirche* (Farbt. 22, Abb. 63, 64). Schon aus der Ferne ziehen ihre fünf Türme den Blick auf sich.

Es ist nicht leicht, Genaueres über die Gründung der hiesigen Kirche auszumachen, da beim Klosterbrand 1116 sämtliche Dokumente mit verbrannten. Die andernorts überlieferten Nachrichten sind sehr spärlich, den ersten und für die Forschung ergiebigsten aus dem Jahre 861 – hier halten die Xantener Annalen eine Reliquienübertragung nach Freckenhorst fest – folgt in einem Abstand von über 200 Jahren 1085 eine Urkunde, in der die Rechte der Freckenhorster Ministerialen durch den Bischof von Münster geregelt werden.

So muß man die Stiftungslegende auf ihren historischen Kern hin befragen. Nach der frommen Erzählung gründeten um die Mitte des 9. Jahrhunderts Everword, ein Adliger aus edelstem sächsischen Geschlecht, und seine Gemahlin Geva ein Damenstift an jener Stelle,

Wahre abbildung des Wunderthätigen Creutzes der Hochad-
lichen Stiffts, und Collegiat-Kirch zu Freckenhorst im
Hoch-stifft Münster. ~~~ ist ange...rühret worden.

Freckenhorst. Stich von Klauber

die Everword durch eine Erscheinung bezeichnet worden war. Thiathildis, eine Nichte des Stifterpaares, wurde zur ersten Äbtissin bestimmt. Sie wurde später als Heilige verehrt, so daß Bischof Christoph Bernhard von Galen ihre Gebeine 1669 feierlich in einem silbernen Schrein beisetzen ließ. 1240 nahmen die Stiftsdamen die Augustinerregel an, doch 1495 wurde die Einrichtung in ein freiweltliches adeliges Stift umgewandelt. Es folgte ein Jahrhundert der inneren Unsicherheit. Die Reformation gewann Einfluß, und zeitweilig bot das Stift sogar Wiedertäufern Zuflucht. Erst im 17. Jahrhundert wurde die katholische Lehre wieder die allein bestimmende Kraft. 1805 war es Friedrich Wilhelm von Preußen, der mit seinem Wunsch, daß auch Damen des evangelischen Adels aufgenommen werden sollten, noch einmal in die geistig-geistliche Struktur des Stiftes eingreifen wollte, doch dann wurde es 1811 durch die Franzosen aufgelöst.

Pläne oder Bauwerke aus der Gründungszeit des Stifts sind uns nicht überliefert. Bei der heutigen *Pfarrkirche St. Bonifatius* handelt es sich im wesentlichen um den Bau, dessen Weihe für 1129 bezeugt ist: eine kreuzförmige Pfeilerbasilika aus ursprünglich unverputz-

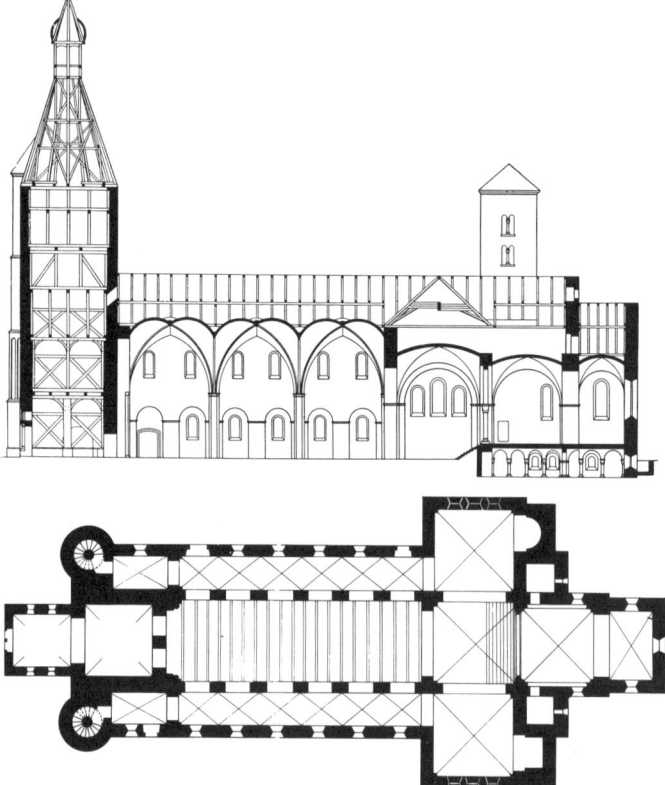

Freckenhorst. Pfarr-kirche St. Bonifatius, Aufriß und Grundriß

tem Bruchstein. Die Schmucklosigkeit der Mauern und die sich auf einfache Grundformen beschränkende Konstruktion entspricht der romanischen Baukunst Westfalens. Hierzulande außergewöhnlich ist jedoch die Vieltürmigkeit: Der mächtige viereckige Mittelturm des Westbaus wird von zwei runden Treppentürmen flankiert, und aus den von Chor und Querschiff gebildeten Außenwinkeln ragen zwei schmale rechteckige Osttürme (Abb. 63).

Unter dem Chor liegt die *Krypta*, eine dreischiffige Säulenhalle, die in ihrem Westteil um 1090 entstanden ist, während der kleinere Ostteil erst gegen Ende des 12. Jahrhunderts fertiggestellt wurde. Hier ist jetzt die Grabplatte der sagenhaften Stiftsgründerin Geva aufgestellt, eine steinere Figur mit deutlich weiblichen Formen, so daß diese Darstellung (vom Anfang des 13. Jahrhunderts) auf ergreifende Weise den Wandel von der bisher üblichen Stilisierung zu einer anderen, nämlich naturalistischen Auffassung bei der Formgebung des menschlichen Körpers aufzeigt (Abb. 59). Neben einer lateinischen findet sich auf der Platte eine nicht mehr vollständig erhaltene und nur schwer lesbare Inschrift in altdeutscher Sprache.

Das großartigste Ausstattungsstück der Kirche ist der Taufstein (Abb. 60–62). Mit seinem reichen plastischen Schmuck ist er nicht nur ein hervorragendes Kunstdenkmal des 12. Jahrhunderts, die bildnishaft dargestellten Szenen aus dem Heilsgeschehen vermögen dem aufmerksamen Betrachter auch den Zugang in die Welt des Glaubens zu vermitteln: Über einer Zone mit niedergeduckten, sich vergeblich aufzustemmen versuchenden Löwen erheben sich sieben (!) Bilder, deren Szenen aus der Heilsgeschichte (Verkündigung, Geburt, Taufe, Kreuzestod, Auferstehung, Himmelfahrt und Wiederkunft Christi) den Triumph Gottes und der sich an ihn haltenden Menschen über die Macht des Bösen darstellen.

Schon früh arbeiteten westfälische Steinmetze an der plastischen Gestaltung von Taufsteinen; mehrere Typen bildeten sich heraus. Die Freckenhorster Taufe ist die bedeutendste des 12. Jahrhunderts. Die Figuren der einzelnen Bilder treten beinahe vollplastisch aus dem Hintergrund heraus, so daß sie bereits als Bauplastik anzusehen sind. Schließlich stellt dieser Taufstein aber auch ein wertvolles Dokument zur Geschichte der Stiftskirche dar: Das die beiden figürlich gearbeiteten Zonen trennende Band trägt eine Inschrift mit dem Weihedatum des Gotteshauses (1129).

Neben anderen bemerkenswerten alten Gegenständen – zum Beispiel dem steinernen Vesperbild (um 1520) in der nördlichen Seitenapsis oder den drei schlanken Sakramentstürmchen (um 1500) – verdient die moderne Ausstattung von Heinz Gerhard Bücker Beachtung. Hierzu gehören vor allem die prachtvolle Bronzetür im Westportal, die Kreuzwegstationen im nördlichen Seitenschiff und das silberne Triumphkreuz über dem Hochaltar. – Südlich der Kirche lagen die ehemaligen Stiftsgebäude, von denen hauptsächlich Teile des Kreuzgangs (Anfang des 13. Jahrhunderts) erhalten sind. Im Pfarrhaus werden ein beinahe tausend Jahre altes Evangeliar und drei Tafeln von den Flügeln des Warendorfer Altars (s. S. 209 f.) aufbewahrt.

Fahren wir nun in westlicher Richtung bis **Everswinkel.** Das alte Bauerndorf besitzt eine *Hallenkirche* mit romanischem, 1838 jedoch erhöhtem Westturm, deren Patrozinium St.

Magnus auf eine frühe Gründung hinweist. Dieses zwischen 1489 und 1522 erbaute Gotteshaus fällt nicht nur durch seine ungleich breiten Seitenschiffe auf, sondern vor allem durch die freigelegten spätgotischen Gewölbemalereien. Vielfältige pflanzliche Motive, aber auch Christus als Schmerzensmann und Engel mit Leidenswerkzeugen bieten sich außerordentlich farbenfroh dar. Sehenswert sind auch der hohe, mit vielen zierlichen Figürchen dekorierte Sakramentsturm aus der Erbauungszeit der Kirche und eine von Johann Wilhelm Gröninger 1729 geschaffene Ölberggruppe, in der der Künstler die Hauptfiguren des für Ferdinand von Plettenberg geschaffenen Epitaphs (Dom zu Münster) wiederholt.

Wir wenden uns nun nach Norden, bis wir nach 5 km wieder auf die Bundesstraße 64 stoßen, der wir in nordwestlicher Richtung bis **Telgte** folgen.

Eines der interessantesten münsterländischen Kleinstadtbilder empfängt uns. Niedrige Giebelhäuser, die nur aus Erd- und Dachgeschoß bestehen, säumen die schmalen Straßen. Hier und da fallen einige dieser Häuser durch ihr besonders schönes, von Werkstein gegliedertes Ziegelfachwerk oder durch vorkragende Giebelfronten auf (zum Beispiel in der Ritterstraße und in der Steinstraße). Es sagt zu wenig, wenn man dieses Ortsbild ›typisch‹ nennt, schon gar nicht ist es anmutig oder lieblich, eher etwas streng, herbe, zurückhaltend, und dadurch besitzt es doch wieder charakteristisch westfälische Züge. Es ist der betont

Telgte. Stich von Klauber

Telgte. Wallfahrtskapelle, kolorierte Bleistiftzeichnung von T. Emmerich, um 1850. Westfälisches Landesmuseum für Kunst und Kulturgeschichte, Münster, Westfalia Picta

ländliche Charakter, der Telgte auszeichnet. Wie ein einzeln stehender Baum zum markanten und wesentlichen Bestandteil der ihn umgebenden Landschaft werden kann, so wirkt auch diese Stadt, die seit 1238 offiziell die Telge (= junge Eiche) in Siegel und Wappen führt. Ihre Geschichte reicht jedoch noch weiter zurück, nämlich in die Zeit von 800, als Liudger hier eine der Urpfarren des Münsterlandes gründete. Sie lag an einem für den Handelsverkehr wichtigen Punkt, denn hier teilte sich die von Holland kommende Straße in Richtung Osnabrück–Bremen und Warendorf–Paderborn. Diese günstige Lage ließ in den folgenden Jahrhunderten Gewerbe und Handel aufblühen; Telgte wurde Mitglied der Hanse. Tuchmachereien, Strumpfwebereien und die Fayencefabrikation des 19. Jahrhunderts haben ihre Wurzeln in der wirtschaftlichen Prosperität der damaligen Zeit.

Doch auch ein geistliches Element prägt die Stadt: Bereits um die Mitte des 15. Jahrhunderts wird die Verehrung eines Marienbildes, einer Pietà aus Lindenholz (Abb. 68), erwähnt, und zweihundert Jahre später war es Fürstbischof Christoph Bernhard von Galen, der die Wallfahrt zum Telgter Gnadenbild besonders förderte. Sichtbarer Ausdruck dieser

Unterstützung ist der Kapellenbau, den er in Auftrag gab. Bis heute ist diese Wallfahrt lebendig geblieben. Für das Münsterland kommt ihr dieselbe Bedeutung zu, die Kevelaer für den Niederrhein und Neviges für das Bergische Land besitzen.

Die *Wallfahrtskapelle* (Abb. 69) am Kirchplatz, 1654 von dem Franziskanerpater Jodokus Lücke begonnen und dann bis 1657 durch Peter Pictorius den Älteren vollendet, ist ein achtseitiger überkuppelter Zentralbau aus Werkstein. Freistehende korinthische Säulen betonen die Ecken. Das ausdrucksstarke Gnadenbild (Abb. 68) im Inneren ist eines der ältesten westfälischen Vesperbilder (um 1370).

Der Wallfahrtskirche benachbart liegt die ehemalige Pastoratsscheune, die Dominikus Böhm in den dreißiger Jahren unseres Jahrhunderts zum heutigen *Heimathaus Münsterland* behutsam umbaute und erweitere. Das Museum zeigt vorwiegend volkskundliche Sammlungen, darunter als besondere Kostbarkeit das ›Telgter Hungertuch‹ von 1623 (Abb. 70). In bäuerlich derben Formen sind die dreiunddreißig Felder zumeist mit alt- und neutestamentlichen Motiven bestickt, die sich auf die Passion Christi beziehen. Das Mühselige einer solchen Kleinarbeit kommt in der Redensart ›am Hungertuche nagen‹ zum Ausdruck, die wahrscheinlich ursprünglich ›am Hungertuch naien‹ (=nähen) lautete.

Das Gotteshaus der Urpfarrei aus der Zeit um 800 stand ursprünglich im Zentrum des Ortes, bis es um 1500 einem Brand zum Opfer fiel. Als neuen Standort wählte man nun das Gelände der ehemaligen landesherrlichen Florenzburg an der Ems, wo ab 1522 die auch heute noch bestehende (1868 erweiterte) *Pfarr- und Propsteikirche St. Clemens* gebaut wurde. Am nördlichen Chorpfeiler der weiträumigen Halle können wir eine anmutige steinerne Madonna (um 1450) bewundern.

Das westlich von Telgte gelegene Münster ist nur 12 km entfernt. Sei es, daß der Münsterland-Reisende die Metropole noch nicht besucht hat oder daß er die Anregungen, die er bisher empfangen hat, zum Beispiel im Westfälischen Landesmuseum für Kunst und Kulturgeschichte vertiefen möchte, hier bietet sich eine Unterbrechung der Emstal-Fahrt an. Der Fuß- oder Radwanderer kann dazu eine besonders reizvolle Route wählen, nämlich den alten *Prozessionsweg*, der ihn längs der Bundesstraße bis ins Stadtzentrum von Münster führt.

Von Greven bis Rheine

Ein 17 km nördlich von Münster gelegener Emsübergang war schon für die Franken ein wichtiger Platz; sie legten eine Siedlung an, die sich zum Marktort und zur heutigen Textilstadt **Greven** entwickelte. Zur wirtschaftlichen Entfaltung trug jedoch neben dem Straßenverkehr in früheren Jahrhunderten auch die Schiffahrt bei, denn bis zu dieser Stadt war die Ems schiffbar, wenn auch der unregelmäßige Wasserstand des Flusses schon damals nur verhältnismäßig kleinen Schiffen mit geringem Tiefgang (›Pünten‹) die Fahrt erlaubte. Der 1724 westlich unter Clemens August gebaute Max-Clemens-Kanal führte zwar nur zu einem vorübergehenden Rückgang der Emsschiffahrt, aber dann kam der Schiffsverkehr durch die fertiggestellte Eisenbahnlinie Münster–Rheine zum endgültigen Erliegen.

1 SCHÖPPINGEN   Pfarrkirche St. Brictius, Flügelaltar (Detail) des Meisters von Schöppingen
52   METELEN   Pfarrkirche, Kapitelldekor der Chorpfeiler ▷

53 METELEN
Pfarrkirche,
Apostelfigur
(13. Jh.)

54/55 METELEN Pfarrkirche, Relief der Gregorsmesse und Bursenreliquiar aus dem Kirchenschatz

56 METELEN Pfarrkirche, Verkündigungsgruppe

57 VREDEN Ehemalige Stiftskirche, Stufenportal am nördlichen Querhaus

58   VREDEN   Ehemalige Stiftskirche, Krypta

59   FRECKENHORST   Ehemalige Stiftskirche, Krypta mit Grab der Kirchengründerin Geva

62   FRECKENHORST   Ehemalige Stiftskirche, Detail aus dem romanischen Taufstein ▷

60/61   FRECKENHORST   Ehemalige Stiftskirche, romanischer Taufstein

64 FRECKENHORST   Ehemalige Stiftskirche, Blick in den Chor
63 FRECKENHORST   Ehemalige Stiftskirche, Westbau

65, 66, 67 MARIENFELD Ehemalige Zisterzienserklosterkirche, barockes Tor, Grabmal des Serk van Bak und seiner beiden Frauen sowie die Orgel, dem Johann Patroklus Möller zugeschrieben

68　TELGTE　Wallfahrtskapelle, got. Vesperbild

69 TELGTE Barocke Wallfahrtskapelle   70 TELGTE Heimathaus Münsterland, Hungertuch

71/72 WARENDORF Pfarrkirche St. Laurentius, hl. Christophorus (17. Jh.) und neugot. Hauptportal

73 WARENDORF Stadtansicht mit Blick auf St. Laurentius

74 BORGHORST Pfarrkirche, goldenes Reliquienkreuz ▷

Erst in der Mitte unseres Jahrhunderts wurde das einst größte Dorf des Münsterlandes zur Stadt erklärt. Freundliche Wohnsiedlungen umgeben den alten Ortskern, der von der erhöht liegenden *St. Martinskirche* beherrscht wird. Auf das hohe Alter der Pfarre deutet der massive romanische Westturm (im unteren Teil noch aus der ersten Hälfte des 12. Jahrhunderts), an den sich ein spätgotisches Hallenlanghaus anschließt. Hilger Hertel führte 1892 die aufwendige Osterweiterung mit Querschiff und Chor durch. Sehenswert ist die Johann Mauritz Gröninger zugeschriebene Kreuzigungsgruppe auf dem Hochaltar.

Eine junge Stadt ist auch **Emsdetten,** das nur wenige Jahre früher als Greven – nämlich 1938 – Stadtrechte erhielt. Nichtsdestoweniger blickt es auf eine jahrhundertealte und bewegte Vergangenheit zurück. Um eine Eigenkirche des münsterschen Dompropstes entwickelte sich die Pfarre, die 1178 als ›Thetten‹ erstmals urkundlich erwähnt wird. In den folgenden Jahrhunderten wechselte die Siedlung nicht nur die Schreibweise ihres Namens – 1280 lautete die urkundliche Bezeichnung ›Detten super Emesam‹, um 1500 ›Detten emes‹, dann hieß der Ort Embsdetten und schließlich Emsdetten –, sondern auch den Landesherrn. Die Grafen von Tecklenburg wurden 1400 durch die Fürstbischöfe von Münster abgelöst, unter deren Herrschaft der Ort bis 1803 blieb. Nach einer Übergangszeit, in der Emsdetten zunächst zum Großherzogtum Berg und dann zum französischen Lippe-Departement gehörte, wurde es 1813 dem Königreich Preußen zugeschlagen.

Der karge Sandboden warf zu geringe Erträge ab, als daß die Bewohner von der Landwirtschaft allein hätten existieren können. Sie sahen sich also gezwungen, einem Hausgewerbe nachzugehen, und das fanden sie in der Weberei und in der sogenannten Wannenmacherei. Die ›Wannen‹ waren flache, aus Weiden geflochtene Körbe, die man vor allem in der Landwirtschaft – zum Sammeln des Obstes, bei der Aussaat und nach der Ernte beim Trennen der Spreu vom Korn – benutzte. Emsdettener Wannen wurden zu einem nicht unbedeutenden Exportartikel, der sogar bis nach Westindien gelangte. Der Wohlstand der Bewohner wuchs, aber auch der Steuersäckel des Landesherrn profitierte davon. So räumte der Fürstbischof seinen »lieben Embsdettenern« im 17. Jahrhundert für das Gewerbe der Wannenmacherei eine Monopolstellung in seinem Bistum ein. Eine strenge Ordnung untersagte es den Einheimischen auch, Fremde in diesem Handwerk zu unterweisen.

Daß man ›auf einem Bein nicht stehen‹ kann, wußte man auch in Emsdetten, deshalb vernachlässigte man die Hausweberei nicht. Die Entwicklung bestätigte die Emsdettener; als sich die Absatzmöglichkeiten für die ›Wannen‹ verringerten, wurden Hanf und Flachs zu den ›Lebensfasern‹ des heimischen Webereihandwerks. (Wannenmachereisen und Weberschiff sind die heraldischen Symbole auch des heutigen Stadtwappens.) Auf die technische Entwicklung des 19. Jahrhunderts (Einführung des mechanischen Webstuhls) stellte man sich rechtzeitig ein. Als der heimische Flachs nicht mehr in ausreichender Menge zur Verfügung stand, stellte man die Produktion auf Baumwolle und Jute um; Emsdetten wurde zum Zentrum der deutschen Juteindustrie. Und noch einmal mußte man sich um die Mitte unseres Jahrhunderts an eine veränderte Situation anpassen: Jute als Verpackungsmaterial war nicht mehr so gefragt wie früher; die Textilbetriebe verwendeten nun zum Teil Kunstfasern, Metall- und Kunststoffverarbeitung kamen als neue Industriezweige hinzu.

Soweit die wirtschaftlich-industrielle Entwicklung. Doch was hat Emsdetten dem Kunstfreund zu bieten? Da ist an der Mühlenstraße der Hof Deitmar aus dem 19. Jahrhundert, der zum *Heimatmuseum* (August-Holländer-Museum) ausgebaut wurde. – Die *Pfarrkirche St. Pankratius* (Abb. 82) ist insofern interessant, als sie eines der frühesten neugotischen Gotteshäuser Westfalens ist (Langhaus von 1845–1848, Turm von 1905). Beachtenswert sind die – ebenfalls neugotischen – Altäre und eine steinerne Gruppe des kreuztragenden Christus (1723), die wahrscheinlich der Werkstatt Johann Wilhelm Gröningers entstammt.

Den Naturfreund wird es ins Emsdettener Venn ziehen, ein Hochmoor, das sich im Westen der Stadt erstreckt. Moorteiche und ihre heideartige Umgebung bieten verschiedenen Sumpfvogelarten Brutstätte und Aufenthaltsort. Von der Ortsmitte Emsdettens fährt man zunächst in Richtung Burgsteinfurt, hält sich dann – noch innerhalb des Ortes – an die nach rechts führende Abzweigung in Richtung Neuenkirchen und erreicht nach etwa 4 km einen Wanderparkplatz. Die hier aufgestellte Informationstafel des Verkehrsverbandes ›Das grüne Band im Münsterland‹ gibt eine Orientierungshilfe über die das Venn durchziehenden Feld- und Forstwege.

Am Kreuzungspunkt alter Handelsstraßen, später als Stützpunkt für die münsterschen Bischöfe auf dem Weg zu ihren Besitzungen im Emsland entwickelte sich **Rheine.**

Kaiser Ludwig der Fromme schenkte den während der Sachsenkriege am linken Emsufer angelegten Königshof mit der Dionysiuskirche dem Stift Herford. Bei diesem Hof im Norden der Kirche wuchs eine Siedlung, um die es im 13. Jahrhundert zum Streit zwischen den münsterschen Bischöfen und den Äbtissinnen von Herford kam, da Münster wegen seiner Neuerwerbungen an der unteren Ems auf das strategisch wichtige ›Reyne‹ nicht verzichten wollte. So entstand um 1280 südlich der Kirche eine bischöfliche Siedlung, die 1327 münstersches Stadtrecht erhielt und befestigt wurde. Erst über hundert Jahre später gewannen die Bischöfe die Oberhand über Herford und konnten den alten Fronhof in die Stadtbefestigung einbeziehen.

Es folgte eine Zeit, in der das Gemeinwesen aufblühte und sich festigte; im 15. Jahrhundert trat Rheine der Hanse bei. Dank der erreichten wirtschaftlichen Unabhängigkeit erstarkte das städtische Selbstbewußtsein, und trotz aller bischöflichen Gegenmaßnahmen konnte sich die evangelische Lehre, die Rheine im 16. Jahrhundert übernommen hatte, zunächst behaupten. Erst mit der Besetzung durch Truppen der katholischen Liga im Dreißigjährigen Krieg gingen die städtischen und religiösen Freiheiten wieder verloren. Noch im letzten Kriegsjahr 1647/48 erlitt die Stadt schwere Schäden, von denen sie sich vorläufig nicht wieder erholte, zumal auch die Emsschiffahrt seit dem 18. Jahrhundert immer mehr zurückging.

Neuen Aufschwung brachte erst das 19. Jahrhundert. Mit der ab 1834 eingerichteten Maschinenspinnerei, der ersten im Münsterland, fand Rheine nicht nur Anschluß an die

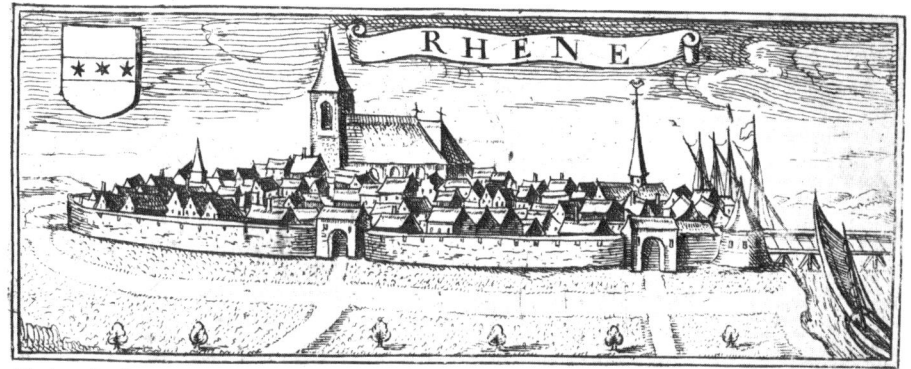

Rheine. Radierung um 1620, Westfälisches Landesmuseum für Kunst und Kulturgeschichte, Münster, Westfalia Picta

allgemeine industrielle Entwicklung, es wurde – vor allem mit der Herstellung von Nessel – führend auf dem deutschen Textilmarkt.

Die Stadtgeschichte hält auch das Panorama des *Marktplatzes* gegenwärtig; immer noch säumen ihn die Fronten mehrerer alter Kaufmannshäuser. Doch können wir auch Rheines Wahrzeichen, die *Stadt- und Pfarrkirche St. Dionysius* (Abb. 75), hier nicht übersehen. Ihr wuchtiger Vierkantturm scheint aus dem steilen Satteldach des Langhauses herauszuwachsen. Als Gotteshaus einer der Urpfarreien des Münsterlandes ist die Kirche eng mit dem einstigen Königshof verbunden. Das Patronatsrecht stand der Abtei Herford sogar noch zu, als diese evangelisches Damenstift war.

Der bestehende Bau wurde im wesentlichen im 15. und Anfang des 16. Jahrhunderts in zwei Bauabschnitten ausgeführt. Die Konzeption der westfälischen Halle bestimmte letztlich die Raumarchitektur. Bei den schlanken Stützen mit ihren reichen Laubwerkkapitellen sind Anregungen von St. Lamberti in Münster zu erkennen. Von der insgesamt beachtenswerten Ausstattung sind die zwölf lebensgroßen steinernen Apostelfiguren im Chor (um 1450, die Abb. 76 zeigt links den Matthäus vom Meister des Bentlager Kreuzigungsreliefs und rechts den Judas Thaddäus), eine ebenfalls steinerne Madonna (um 1460) im – sonst neugotischen – südlichen Seitenaltar und ein aus Holz geschnitztes Relief der Geburt Christi (um 1510) besonders zu erwähnen.

An der Tiefen Straße, auf dem Gelände des alten Fronhofs, liegt der für die Stadtgeschichte bedeutsame *Falkenhof*. Die Gebäude stammen im wesentlichen aus dem 16. Jahrhundert, als Dietrich von Morrien in die Familie von Valke einheiratete, der der Hof seinen Namen verdankt. 1940 erwarb ihn die Stadt Rheine und baute ihn nach sorgfältiger Restaurierung ab 1946 zu ihrem Kulturzentrum aus. Das hier eingerichtete Museum zeigt unter den Sammlungen zur Geschichte und Kultur des Raumes um Rheine in den überwölbten Kellerräumen des Ostflügels Objekte des heimischen Textilgewerbes von der manuellen Hausweberei bis zur industriellen Maschinenweberei. Kern der Gemäldesammlung ist die Stiftung des Kölner Kunstsammlers Kasimir Hagen (Öffnungszeiten montags bis freitags 9–12, dienstags und donnerstags auch 16–18, sonntags 10.30–12.30 Uhr). Der Westflügel beherbergt im Erdgeschoß das Stadtarchiv, dessen umfangreiche Bestände an Urkunden und Akten der Öffentlichkeit zugänglich sind. Im Obergeschoß sind drei Spezialbibliotheken untergebracht: eine heimatkundliche, ferner die Bibliothek der Gesellschaft zur Pflege des Märchenguts der europäischen Völker und schließlich der Nachlaß Josef Wincklers, der 1881 in Rheine geboren und mit seinem 1922 erschienenen Roman ›Der tolle Bomberg‹ bekannt wurde. Der Titelheld dieser westfälischen Münchhauseniade hat sein lebendiges Vorbild im Baron Gisbert von Romberg, der auf Schloß Buldern (s. S. 274 f.) zu Hause war. Die derben Streiche und das ausschweifende Leben des adeligen Herrn waren seiner Verwandtschaft ein Dorn im Auge, den münsterländischen Bauern boten sie unerschöpflichen Unterhaltungsstoff.

Schon im frühen Mittelalter war die Solequelle von **Bentlage** (links der Ems) bekannt, deren Nutzung für die heute zu Rheine gehörende einstige Bauernschaft eine wesentliche wirtschaftliche Grundlage war.

Bentlage. Schloß, Farblithographie von 1866/67. Westfälisches Landesmuseum für Kunst und Kulturgeschichte, Münster, Westfalia Picta

Das *Schloß* geht auf eine Niederlassung der Kreuzherren zurück, die 1437 eine hier von der Edelfrau Reinmodis im 11. Jahrhundert gestiftete Kapelle erwarben und sich ein Kloster bauten. Nach Zerstörungen im Dreißigjährigen Krieg wurde es wiederhergestellt, 1803 aber aufgehoben. Es diente dann dem Herzog des neugegründeten Fürstentums Rheina-Wolbeck als Residenz. In der heutigen Schloßkapelle befinden sich mehrere gute, zumeist spätgotische Plastiken.

In der herrlichen Parklandschaft um Bentlage liegt auch der Tierpark. Neben den üblichen Freigehegen bietet er einen ›Streichelzoo‹. (Öffnungszeiten: Im Sommer 8.30–19, im Winter 9–17 Uhr.)

Auf dem rechten Emsufer entstanden seit dem vorigen Jahrhundert die Fabrikanlagen Rheines, die Wohnhäuser der Arbeiterfamilien und die zugehörigen Erholungseinrichtungen. Als städtebauliches Gegengewicht zur Dionysiuskirche der Altstadt erhebt sich hier der mächtige Werksteinbau der *Pfarrkirche St. Antonius,* die sogenannte ›Basilika‹. Johann Franz Klomp aus Dortmund errichtete das mit sechs Türmen, zwei Querhäusern, Chorumgang und Krypta imponierende Gotteshaus von 1900 bis 1905 in neuromanischen Formen. Der Westturm ist der höchste in Westfalen.

Die Kluse-Kapelle in **Altenrheine** besitzt in dem steinernen Altaraufsatz ein wertvolles Relief mit einer Kreuzigungsgruppe (um 1470), darüber ein spätgotisches Vesperbild.

Zu Wasserburgen und -schlössern

Wir sind es gewohnt, die Stammsitze der mittelalterlichen Grafen und Ritter auf steilem Felsen, meist hoch über dem Tal eines Flusses, zu finden. Aus dem Bedürfnis nach Sicherheit und Überlegenheit sind diese Höhenburgen entstanden, die dann im Laufe der Geschichte und der waffentechnischen Entwicklung bedeutungslos wurden und verfielen. Erst die Romantik wandte ihnen wieder volle Aufmerksamkeit zu.

Im flachen Münsterland dagegen war man beim Burgenbau von vornherein auf ein anderes Konzept angewiesen. Zwar wollte man auch hier zunächst nicht auf eine gewisse Höhenlage verzichten – künstlich aufgeschüttete Erdhügel sollten den natürlichen Berg ersetzen –, doch die bedeutendste Rolle beim Bau der Verteidigungsanlage spielte hier das so reichlich vorhandene Wasser. Große und kleinere Burgen (zum Beispiel Schloß Burgsteinfurt, S. 190f., Schloß Rheda, S. 199ff. und Haus Döring bei Marbeck, S. 285) entstanden als sogenannte ›Motten‹*, andere Anlagen wurden so gebaut, daß ihre Mauern unmittelbar aus einem Teich herausragen.

An die 3000 Wasserburgen soll Westfalen einst besessen haben, und immer noch gibt es ein paar hundert, die meisten im Münsterland. Als Sehenswürdigkeiten wurden sie erst in unserem Jahrhundert entdeckt, präsentieren sie sich doch nur selten an den großen Verkehrsstraßen. Fast immer verstecken sie sich hinter Dörfern und Waldstücken, sind oft nur über holprige Landwege zu erreichen. Das gilt für die wenigen größeren Burgen und Schlösser ebenso wie für die zahlreichen kleineren Anlagen, die sich schlicht ›Haus‹ nennen. Wo in Deutschland findet man auf so kleinem Raum noch so viele Adelssitze? Während die Höhenburgen meist dem Verfall preisgegeben wurden, nutzte man die Wasserburgen weiterhin für Wohnzwecke, zur Repräsentation, vor allem aber, um von hier aus die Ländereien zu verwalten. So ist fast allen Anlagen der ländlich-bäuerliche Charakter gemeinsam. Immer schon lagen sie inmitten der Äcker und Wiesen; neben dem Herrenhaus

---

* Die ›Motte‹ war ein fester Wohnturm, der scheinbar auf einem Hügel stand, tatsächlich aber in seinem unteren Teil von der angeschütteten Erde geschützt wurde, die man rings um den Turm ausgegraben hatte. Oft wurde das Burghaus auch tatsächlich auf den künstlich aufgeworfenen Erdeberg gebaut. Bei beiden Arten entstand gleichzeitig ein Graben, durch den in der Regel der vorüberfließende Bach geleitet wurde, so daß in solchen Motten die ersten Wasserburgen zu sehen sind.

stehen Scheune und Ställe, Mühle und Backhaus. Die Burgherren lebten als Bauern unter Bauern. Und seien wir nicht überrascht: Viele der Burghäuser sind noch heute von den Nachkommen der alten Adelsfamilien bewohnt, andere, die zu verfallen drohten, wurden zu neuem Leben erweckt; sie dienen als Alters- oder Jugendheim, Finanz- oder Berufsschule.

Kaum etwas wird den Westfalen-Reisenden so locken wie eine Fahrt zu den Wasserburgen und -schlössern des Münsterlandes. Doch wo soll er beginnen, nach welchen Gesichtspunkten auswählen? Der Kunsthistoriker, der es gewohnt ist, die Gegenstände seiner Untersuchungen bestimmten Stilepochen zuzuordnen, hat es hier schwer, denn die meisten dieser Bauwerke lassen sich nicht nur einer Periode zuschreiben. Viele Jahrhunderte haben sie erlebt, und in jedem Zeitabschnitt wurde Wesentliches zerstört, umgebaut oder hinzugefügt. So stellt sich die Entwicklung der westfälischen Baukunst weniger in der Reihenfolge der verschiedenen Burgen und Schlösser dar als in fast jedem dieser Bauwerke selber. Der ›Nur‹-Kunstfreund tut sich da leichter: Er wandert, radelt oder fährt von Burg zu Burg, findet mittelalterliche Reste, freut sich an Schmuckformen der Renaissance und des Barock, sieht sich auch Zweckbauten des Klassizismus gegenüber und durchschaut die Bemühungen des 19. und 20. Jahrhunderts, Romanik, Gotik und Renaissance wiedererstehen zu lassen. Das alles begegnet ihm in wohl beispielloser Vielfalt.

Die eine oder andere Route festzulegen hieße, Wichtiges und Schönes außer acht zu lassen. So konnten auf den bisher beschriebenen Fahrten nur die Wasseranlagen ausführlich gewürdigt werden, denen wir – gewissermaßen zwangsläufig – am Wege begegneten; und auch die folgenden Ausführungen können nur ein paar Lücken füllen. Tatsächlich sind der individuellen Entdeckerfreude kaum Grenzen gesteckt.

Die Burgen und Schlösser, die wir bisher kennenlernten, wiesen bei aller Vielfalt der Formen doch gemeinsame Charakteristika auf: in der Konzeption als Ein- oder Zweiinselanlage, umgeben von einem mehr oder weniger komplizierten Gräftensystem, in der Gliederung der Wände durch den gelben Baumberger Stein und in den Giebeln, die dreistufig – zum Teil mit schmückendem Beiwerk – emporsteigen. Das alles fügte sich zu einem Bild, das uns schließlich etwas von der Eigenart dieses Landstrichs und seiner Bewohner mitzuteilen schien. Doch es gibt im Münsterland auch ein paar Schlösser, die von der Anlage her besonders eigenwillig sind, bei denen Einflüsse anderer Landschaften auffallen, ja, die uns geradezu fremdländisch anmuten. Und unter diesem Aspekt sind denn auch die folgenden Ziele ausgewählt worden. (Genaue Anschriften und Hinweise auf Besuchsmöglichkeiten s. S. 300ff.)

Das ›phantastische‹ Schloß Raesfeld des ›westfälischen Wallenstein‹ und die ehemaligen Herrschaften Lembeck und Anholt

Auch in Westfalen gab es nach 1648, also nach dem zu Münster und Osnabrück geschlossenen Frieden unverkennbar Bestrebungen, die Regierungsform des Absolutismus

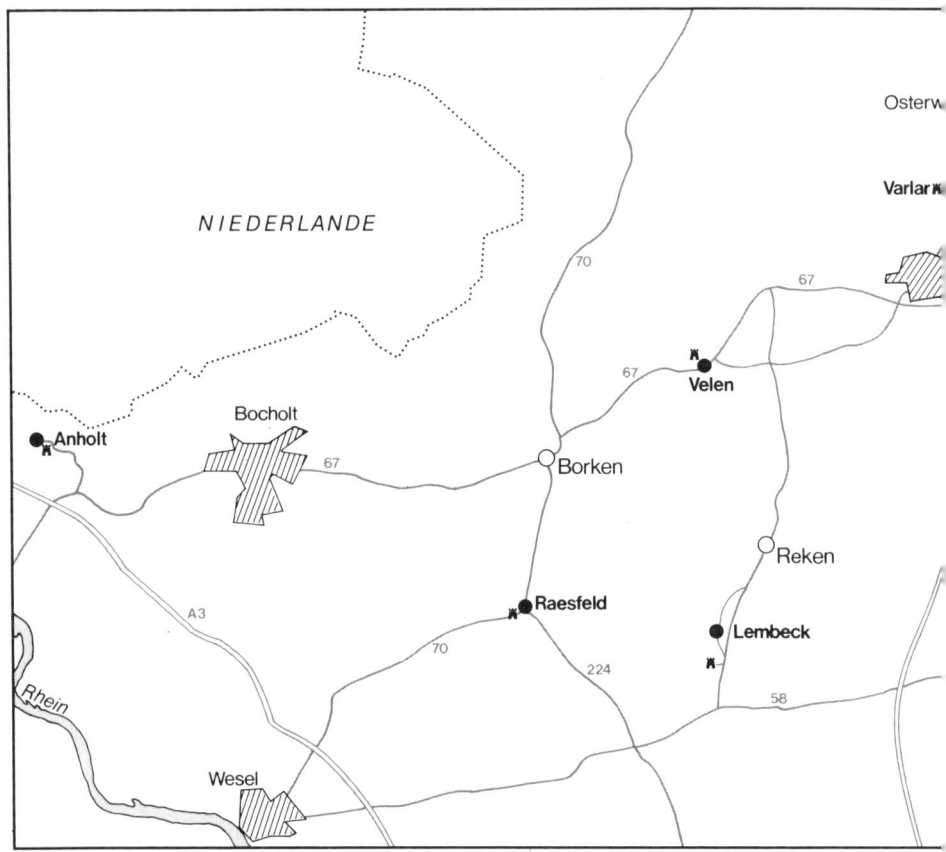

Stationen und Route der Wasserburgen-Fahrt

durchzusetzen. Wenn man sich im Bistum Münster auch nie dem großen Vorbild Frankreich hat annähern können, so ist doch die Bautätigkeit in der Folgezeit stark von der absolutistischen Ideologie geprägt worden. Es ging mithin weniger um den Wiederaufbau des vom Krieg Zerstörten, vielmehr beherrschte das Streben nach sinnfälliger Präsentation der eigenen Macht den neuen Baugedanken.

Dieser ist in Ansätzen bereits am **Schloß Raesfeld** (10 km südlich von Borken, Farbabb. 17) zu erkennen. Der Nordflügel (im Kern aus dem 15. Jahrhundert), einer der beiden Trakte des ehemals vierflügeligen Hauptschlosses, atmet noch die kühle, herbe Strenge der Renaissance. Er ist ein massiges Giebelhaus aus Ziegeln, das Alexander I. von Velen nach einem Brand Anfang des 17. Jahrhunderts wieder hatte aufbauen lassen. Auch der Rundturm an der Nordecke entstand wohl um 1600. (Im 19. Jahrhundert war er abgebro-

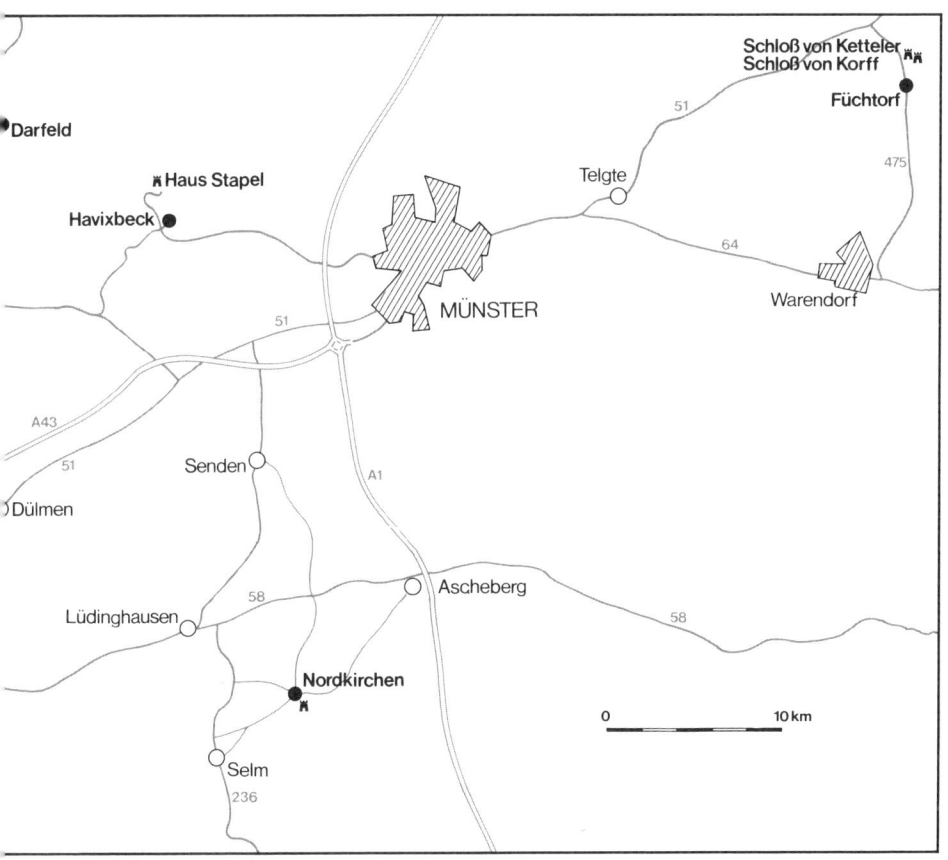

chen, 1959/1960 aber neu errichtet worden.) Der Bauherr war ein Mann von ungemein großer Energie, der trotz spanischer und mansfeldischer Besatzung seinen Besitz vergrößerte, die zerrütteten Finanzen ordnete und Statthalter sowie Hofmarschall des Fürstbischofs von Münster wurde. Als kaiserlicher Oberst zog er in den Krieg gegen die Türken und erreichte 1628 die Reichsunmittelbarkeit. So geradlinig in ihrem Handeln und Tun sich diese Persönlichkeit darstellt, so schillernd ist die ihres Sohnes, der – nicht zuletzt wegen seiner Beschäftigung mit der Astrologie – der ›westfälische Wallenstein‹ genannt wird. Auch Alexander II. genoß die Gunst des Kaisers, kämpfte er doch als General und Generalfeldmarschall im Heer der katholischen Liga. Im Dreißigjährigen Krieg kam er zu großem Reichtum und zog sich 1646 auf seine Burg Raesfeld zurück, deren Ausbau zur Residenz er bereits 1643 in Auftrag gegeben hatte.

Schloß Raesfeld. Lithographie von Philipp Herle

Nach Plänen des Kapuzinerbruders Michael von Gent entstanden der Westflügel und der anschließende fünfstöckige Turm, für dessen phantastisch geformte Haube es weder Vorläufer noch Nachfolger gegeben hat: Mehrfach geschachtelt, steigt sie steil in die Höhe und schließt endlich mit einer Zwiebel ab. Ob hier tatsächlich das Bild eines gewaltigen Fernrohrs assoziiert werden sollte, ist fraglich, obwohl es die eigentümlichen Abstufungen nahezulegen scheinen. Doch eine Art Sternwarte richtete sich Alexander II. in dem, ebenfalls von Michael von Gent entworfenen, Turm der Vorburg (›Sterndeuterturm‹) ein. Er erhebt sich als Pendant zum Turm des Hauptschlosses an der Südostecke des langgezogenen Haupttrakts der Vorburg, an dessen vieleckigem Treppenturm der Bau leicht nach innen knickt.

Im Bereich der sogenannten Freiheit steht die dem heiligen Sebastian geweihte Schloßkapelle. Jacob Schmidt aus Roermond und Dietrich Wichmann vollendeten sie 1658, wobei sie sich an den Entwürfen des Michael von Gent orientierten. Die von zwei Türmen gerahmte Fassade besticht durch ihre klare Symmetrie. Wirkt der Aufgang mit dem Doppelbogen der Vorhalle eher förmlich, so setzt der anmutig verspielte Volutengiebel, dessen Schwung beide Turmhauben aufnehmen, einen gegenteiligen Akzent.

Der Sohn Alexanders II. verschleuderte das gewaltige Vermögen innerhalb weniger Jahre. Das Schloß verfiel, bis Graf Max von Landsberg 1922 die Restaurierung der noch vorhandenen Gebäude veranlaßte. Von den vier Flügeln, die einst den Schloßhof umgaben, sind der Tor- und der Galerieflügel jedoch nicht mehr vorhanden. Die Gräften sind zum Teil zugeschüttet, und auch die einst ausgedehnten Parkanlagen im Westen und Norden des Hauptschlosses existieren nicht mehr.

Wandervorschlag: Ein knapp 6 km langer Rundweg durch den Tiergarten bietet uns nach so viel steingewordener Geschichte erwünschte Abwechslung. Entlang den Stauteichen des Mühlenbachs gehen wir über den Forstlehrpfad bis zum Forellenteich. Der gezeichnete Weg führt dann durch Wald und Feld zurück zum Schloß, wo wir uns vor der Weiterfahrt in der Schloßgaststätte stärken können.

Fahren wir von Raesfeld auf der B 224 in Richtung Dorsten, so sind wir schon nach wenigen Minuten auf dem Boden der einstigen **Herrlichkeit Lembeck.** In Erle markiert die tausendjährige Femeeiche eine alte germanische Kultstätte. In östlicher Richtung fahren wir durch Rhade und biegen schließlich in Lembeck nach Süden zum Schloß (Farbabb. 13, Abb. 88). Ausgedehnte Gräften umgeben die stattliche Anlage, die einst Stammsitz der 1177 erstmals urkundlich genannten Ritter von Lembeck war. Deren Burg ging 1526 an die Herren von Westerholt über, und der letzte dieses Geschlechts, Dietrich Conrad Adolf von Westerholt zu Hackfurt, begann Ende des 17. Jahrhunderts mit dem Neubau dieser außerordentlich kapriziösen Anlage, die sogleich auf eine gewagt konsequente Weise die Straßenachse der französischen Barockschlösser zum ersten Mal in Westfalen einsetzt. Die Straße hatte bereits eine gute Strecke Wegs hinter sich, ehe sie die Vorburg erreichte, durch ihr Tor hindurch und auf die Hauptburg zulief, dann aber – im Gegensatz zu ihren französischen Vorbildern – keineswegs vor ihrer Front endete, sondern durch die Hauptburg hindurch und jenseits der Gräfte noch durch einen – heute nicht mehr existenten – französischen Garten führte, um sich erst dann in einer Waldschneise zu verlieren. Damit der ganzen Anlage – zumindest, was den repräsentativen Eindruck angeht –, nicht dasselbe widerführe, war die Betonung der Breitenwirkung äußerst wichtig. Sehr behäbig wirkt die ursprünglich dreiflügelige Vorburg, deren Nordtrakt nach dem Brand von 1887 nicht wieder aufgebaut wurde. Zwei leicht versetzt aufgeführte Torpfeilergruppen, geschmückt mit Wappenträgern, Vasen und Waffentrophäen, lenken den Blick auf den massigen Torturm, dessen Durchfahrt von gequaderter Pilasterarchitektur umrahmt wird. Das heutige Hauptschloß setzt sich aus zwei rechtwinklig zusammenstoßenden Flügeln zusammen, deren unterschiedliche Geschoßhöhen auf mehrere Bauperioden hinweisen; der Kernbau an der Nordseite stammt noch aus dem 15. Jahrhundert. Die strenge Hauptfront wird lediglich durch die beiden vorgezogenen, von welschen Hauben bekrönten Eckpavillons und das hohe zweigeschossige Portal mit der Muttergottesstatue aufgelockert. Wie der Torturm bei der Vorburg, so betont es hier am Herrenhaus die Baumitte.

Von den beiden schönsten Räumen des Schlosses gestaltete den einen Johann Conrad Schlaun um 1726. Der Große Saal entzückt durch die Harmonie von Eichenholztäfelung, zarten Stukkaturen und gemalten Supraporten. Der Kleine Saal besitzt einen kostbaren Intarsienfußboden; die Wände sind mit bemalter Leinwand bespannt.

Wandervorschlag: Nach der von Ost nach West den Schloßkomplex durchziehenden langen Wegachse biegen wir etwa 400 m hinter der Hauptinsel links in einen Buchenwald ein. Eine halbe Stunde gehen wir in südliche Richtung und wenden uns dann, bevor wir auf die B 58 stoßen, wieder nach links; dort liegt die Wienbeker Mühle. Von hier führt der Wanderweg bis kurz vor den Hof Groß-Kottendorf, zweigt nach rechts ab und bringt uns nach Wulfen. Sobald wir dort die Bahntrasse überquert haben, halten wir uns in nördlicher Richtung. Vorbei am Hof Schulte Spechtel kommen wir auf den ›Becker Patt‹, einen alten Kirchweg, der uns zum Weiler Beck führt. Wieder nach links überqueren wir erneut die Bahnstrecke, und die schon bekannte Buchenallee bringt uns zum Schloß Lembeck zurück. Nach dieser gut zweistündigen Wanderung erwartet uns auch dort wieder ein gepflegtes Restaurant.

Im westlichsten Zipfel des Münsterlandes, in der von zahlreichen Wasserläufen durchflossenen Isselniederung, liegen Stadt und Wasserschloß **Anholt** (Farbt. 18, Abb. 87). Angesichts der engen Nachbarschaft zu Holland überraschen die deutlich erkennbaren niederländischen Einflüsse nicht. Mögen die barock-anmutigen Akzente dabei auch überwiegen, die vielfältigen politischen Querelen, in die die Besitzer Anholts während früherer Jahrhunderte verwickelt waren, haben doch ihre Spuren hinterlassen.

Über das genaue Gründungsdatum herrscht Unklarheit, aber man nimmt an, daß die 1313 erstmals erwähnte Burg bereits im 12. Jahrhundert von ihren Besitzern, den Herren von Sulen (Zuylen) angelegt wurde. Diese müssen schon bald über landesherrliche Rechte verfügt haben; 1349 verliehen sie dem im Schutz ihrer Burg gewachsenen Ort die Stadtrechte. Durch Einheirat fiel Anholt den Herren von Gemen zu (1380–1402), dann denen von Bronckhorst-Batenburg.

Die exponierte Lage zwischen dem Fürstbistum Münster und den Herzogtümern Geldern und Cleve machte eine Befestigung der Stadt notwendig. Die Burg selber – ihr ältester Teil, der ursprünglich freistehende Bergfried, stammt noch aus dem 13. Jahrhundert – wuchs durch Anbauten zu einer wehrhaften Vierflügelanlage. Doch alle diese Maßnahmen bewahrten die kleine Herrschaft während der Geldernschen Fehde nicht vor Zerstörungen durch die Truppen Herzog Karls. Und kaum waren die Schäden behoben, geriet Anholt zwischen die Fronten im Spanisch-Niederländischen Krieg (1568–1609). Aber trotz der immer wieder aufflammenden Bedrohung durch die Nachbarterritorien im Westen und Osten konnte die Reichsunmittelbarkeit letztlich doch bis zur napoleonischen Zeit erhalten werden.

1647 gelangte die Herrschaft endgültig an die Fürsten zu Salm-Salm, die sofort einen Umbau des Schlosses in den Formen des niederländischen Barock veranlaßten. Die Arbeiten, an denen verschiedene Architekten beteiligt waren, zogen sich über viele Jahrzehnte hin.

Heute, nach der Beseitigung der Kriegsschäden ab 1949 und der Einrichtung als Museum, zeigt sich das Schloß wieder fast in der Gestalt, die es im 17. und 18. Jahrhundert erhalten hatte. In den Innenräumen der Oberburg (Farbabb. 28) wird der Besucher die schönen

Stuckdecken und Wandteppiche bewundern; berühmt ist die prächtige flämische Lederta-
pete im ›Grünen Saal‹. Den größten Anziehungspunkt aber bildet eine bedeutende
Kunstsammlung mit Werken vor allem niederländischer Meister des 16. und 17. Jahrhunderts.

Dreiflügelig öffnet sich die Vorburg (heute Hotel) zum Hauptschloß; auch sie wurde
barock umgestaltet. Im Vergleich mit dem stattlichen haubenbekrönten Torturm wirken die
kleinen auskragenden Ecktürmchen wie aus einer spielerischen Laune heraus geboren.

Ein holländisches (später zum Teil englisches) Aussehen erhielten auch die Park- und
Gartenanlagen, die – auf eigenen Inseln gelegen – die beiden Inseln von Oberburg und
Vorburg umgeben.

Darfeld – der »Traum des Südens«,
Haus Stapel und Schloß Velen: Barock und Klassizismus

Nördlich von Coesfeld breiten sich die Dörfer und Bauerschaften des Amtes Rosendahl
aus. Hierzu gehört auch **Darfeld** (Abb. 86), dessen Wasserschloß das wohl am fremdartig-
sten anmutende im ganzen Münsterland ist.

Als »Traum des Südens« wird die Anlage oft empfunden, andere bezeichnen sie deutlicher
als »venezianischen Traum«. Wie auch immer, ein Traum wird Darfeld bleiben, nicht nur,
weil der interessierte Reisende sich mit dem begnügen muß, was er von ferne sieht – Schloß

Schloß Darfeld. Lithographie von Philipp Herle

und Park sind nicht zu besichtigen –, sondern auch, weil der Baumeister des 17. Jahrhunderts seine ehrgeizigen Pläne nicht vollenden durfte.

Es ist der durch Gerhard Gröninger in den Jahren 1612 bis 1618 errichtete Galeriebau, der südländischen Zauber ausstrahlt. Jobst von Vörden, dessen Familie im 16. Jahrhundert den Besitz von den Herren von Darfeld übernommen hatte, beauftragte den münsterschen Bildhauer mit dem Neubau des Schlosses. Geplant waren ursprünglich wohl insgesamt acht Flügel, die den Hof mit zweistöckigen Bogenhallen loggienartig einfassen sollten. In baukünstlerischer Beziehung konnte sich Gröninger dabei auf die Kölner Rathausvorhalle des Wilhelm Vernukken, der auch die figürlichen Plastiken am Schloß Horst geschaffen hatte, und auf den als Stich verbreiteten Entwurf einer Hausfassade des französischen Architekten Jaques Androuet Ducerceau (aus dem Jahre 1534) berufen. Bedenken scheinen dem Bauherrn jedoch darüber gekommen zu sein, ob die offene Bauweise für die klimatischen Verhältnisse Westfalens geeignet war. Es kam zum Streit mit Gröninger, so daß schließlich nur zwei Flügel des Galeriebaus vollendet wurden. Sie stoßen in stumpfem Winkel aufeinander; die übereinandergestellten Säulenreihen betonen die vertikale Linienführung der ganz in Baumberger Quadern ausgeführten Fassade.

Nach einem Brand von 1899 ließen die Besitzer (seit 1680 die Grafen Droste zu Vischering) die beschädigten Galerieflügel durch Hermann Schaedler wieder herrichten; Ziergiebel, Balustrade und die Verglasung wurden von ihm hinzugefügt. Vor allem aber erhielt Schaedler den Auftrag zum Neubau des Herrenhauses, das er in den Formen der Neurenaissance erstellte (1902–1904).

Zwar auf andere Weise, aber auch fremdartig wirkt **Haus Stapel** (2 km nördlich von Havixbeck) auf den Besucher. Der warme Baumberger Sandstein, aus dem alle Gebäude des Komplexes errichtet sind, ist uns nun schon an vielen Orten als ein bestimmendes Element der Architektur aufgefallen, hier ist er das einzig verwandte Baumaterial. Bei Haus Stapel fällt vor allem die Eleganz der Vorburg (Abb. 89) auf, ein Gebäude, das man andernorts sehr viel nüchterner gestaltet hat. Von den beiden Ecktürmen über die abgewalmten Dächer der seitlichen Flügel wird der Blick zum energisch gegliederten Torhaus mit seinen drei laternenbekrönten Dachhauben geführt, dem Zentrum der Anlage und zweifellos auch ihrem baulichen Höhepunkt. Das alles beeindruckt, aber überrascht nicht. Doch dann stehen wir vor dem langgestreckten Herrenhaus, das uns mit einer ganz anderen Stilepoche konfrontiert.

Der Betrachter wird hier vergeblich nach Formen barocker Repräsentation suchen, dem klassizistischen Baugedanken ist die Verwendung üppigen Dekors fremd, auch sind die schwingenden Linien – wie etwa in der Dachzone der Vorburg – hier einem statisch aufgefaßten, kubischen Baukörper gewichen, zu dem die strenge Linienführung der Fassaden stimmt (Abb. 90). Damit hat sich auch in Westfalen ein Stil durchgesetzt, in dessen Rückgriff auf die antike Kunst sich ursprünglich die Parteinahme für die Ideale des Bürgertums aussprach, das in den klassischen Demokratien seine eigene Tradition begründet sah. Wenn auch davon im ständisch geprägten Westfalen keine Rede sein konnte, so

Haus Stapel. Lithographie von Philipp Herle

spiegelte sich in der Übernahme des klassizistischen Formenkanons doch auch die Tatsache wider, daß sich die Aufgabenbestimmung der Adelssitze geändert hatte. Waren sie früher der sichtbare Ausdruck feudaler Macht gewesen, so dienten sie nun schlicht als Wohnsitz des von hier seinen Grundbesitz verwaltenden Hausherrn.

Auch war die Zeit der Napoleonischen Kriege wie die unsichere gesellschaftliche Lage überhaupt dem Bauwillen des Adels nicht günstig. Nur wenige Münsterländer Wasserschlösser wurden zunächst im ›neuen‹ Stil gebaut beziehungsweise umgebaut. Einer der letzten großen westfälischen Architekten, August Reinking, leitete die bedeutendsten dieser Umgestaltungen. Die Ausführung seiner Pläne für den Bau des Herrenhauses konnte er jedoch nicht mehr selbst überwachen. Im Jahr 1819, also hundert Jahre nach Fertigstellung der Vorburg, verstarb Reinking, während Tiroler Bauleute mit den Arbeiten gerade begannen.

Drei Pavillons ragen nur leicht über den langgestreckten Bau hinaus. Der mittlere endet nicht wie die seitlichen in einem Dreiecksgiebel, sondern mit einem geschwungenen Haubendach über einer Attika. Ein von Säulen getragener Altan über dem Haupteingang gestaltet diesen Teil der Front zu einer Art Vorhalle. Die Innenräume wurden mit guten Stukkaturen ausgestattet; die Tiroler Ludwig Falger und Josef Rief arbeiteten hier. Bemerkenswert aber ist vor allem der Bestand an Bildtapeten des 19. Jahrhunderts, der in Westfalen nicht seinesgleichen hat.

Wandervorschlag: Von Haus Stapel zum Haus Havixbeck (s. S. 174), 2,5 km südlich und von dort in südwestlicher Richtung nach wiederum 4 km zum Longinusturm (Aussichtspunkt).

Auch beim **Schloß Velen** (heute Bundeszollschule; zwischen Gescher und Borken nahe der B 67) ist Reinkings Handschrift sichtbar, wiewohl das Erscheinungsbild zum größten Teil noch von barocken Elementen bestimmt wird.

Bereits für das 13. Jahrhundert ist hier eine Burg bezeugt, die 1371 vom Bischof von Münster eingenommen und als Lehen vergeben wurde. Die heute bestehende, rings von einer Gräfte umschlossene Anlage wirkt bei aller Großzügigkeit doch in sich geschlossen. Dreiflügelig ist das Herrenhaus, im Kern aus dem 15. Jahrhundert. Der Südflügel wurde im 16. Jahrhundert angebaut; den Nordflügel gestaltete Johann Conrad Schlaun 1744/45 um. Die Hoffront des kurzen Mitteltrakts wurde im 17. Jahrhundert durch einen giebelbekrönten Risalit (wahrscheinlich von Ambrosius von Oelde) geschmückt. Den klassischen Portikus auf der hohen Freitreppe und die schlanken Fenster der Gartenseite gestaltete Anfang des 19. Jahrhunderts August Reinking.

Das Doppelschloß von Harkotten
und das umgebaute Kloster Varlar

Zwei eigenständige Herrenhäuser, unterschiedlich in ihrem Äußeren, treffen wir in **Harkotten** bei Füchtorf an. Auffällig ist, daß sie innerhalb einer gemeinsamen Wasserburganlage stehen. Die Kapelle von 1744 auf der einstigen Vorburg sowie die Gebäude auf der Mühleninsel und das Burgtor gehören bis heute zu beiden Schlössern.

Als Heinrich von Korff um 1300 hier an der Bever seine Burg bauen ließ, stand er im Dienst des münsterschen Bischofs, für dieser Platz als Grenzfeste gegen das benachbarte Bistum Osnabrück und die Grafschaft Ravensberg wichtig war. Dann trat Heinrich als Mönch in das Kloster Marienfeld ein, wo er auch verstarb. Seine beiden Söhne erbten den Besitz; 1334 wurde er geteilt, und seit jener Zeit gibt es zwei Burghäuser, wenn auch zunächst immer noch unter dem Namen von Korff.

Doch 1615 fiel der Ostteil durch Heirat an die Herren von Ketteler, die sich in der zweiten Hälfte des 18. Jahrhunderts durch Johann Leonhard Mauritz Gröninger ein neues Herrenhaus errichten ließen. Das *Schloß von Ketteler* (Elternhaus des Mainzer ›Arbeiterbischofs‹ Wilhelm Immanuel von Ketteler, 1811–1877; jetzt Caritas-Altersheim) ist ein stattlicher verputzter Backsteinbau, zurückhaltend gegliedert durch nur schwach vortretende Eckrisalite mit Werksteineinfassung. Vornehm wirkt der konvex ausladende Mittelrisalit, dessen geschwungener Giebel das Allianz-Wappen von Ketteler-Korff trägt. Zugbrücken, wie sie

75 RHEINE Stadtansicht mit Blick auf die Pfarrkirche St. Dionysius ▷

76 RHEINE Pfarrkirche St. Dionysius, Apostelfiguren, um 1450

77 NIENBORG Pfarrkirche St. Petrus und Paulus, Vesperbild, um 1430

78 Im VENNER MOOR ▷ ▷

79/80 LANGENHORST Pfarrkirche St. Johannes d. T., rechtes Südportal und der südliche Seitenaltar mit dem Kruzifixus aus dem 14. Jh.

81 LANGENHORST Pfarrkirche St. Johannes d. T., Taufstein, um 1230

82 EMSDETTEN Pfarrkirche St. Pankratius, Blick in den Chor

83 HORSTMAR Torhaus des Sendenschen Hofes

84 FÜCHTORF   Schloß von Korff

85 OSTERWICK-HÖVEN   Schloß Varlar

86 DARFELD Wasserschloß
87 ANHOLT Wasserschloß

88 LEMBECK Wasserschloß

89 HAVIXBECK Haus Stapel, Vorburg

90 HAVIXBECK Haus Stapel, Herrenhaus

91 NORDKIRCHEN Wasserschloß

92 RHEDA Schloß mit dem Torturm

93 WIEDENBRÜCK Stadtansicht

94 RIETBERG Rathaus

95　GÜTERSLOH　Fachwerkhäuser am Alten Kirchplatz

aus Holland bekannt sind, führen über die Gräfte; der Charakter eines Wasserschlosses blieb voll und ganz gewahrt.

Anders dagegen das *Schloß von Korff*. Wir begegnen dort dem Schaffen des nach August Reinking zweiten bedeutenden Architekten der klassizistischen Epoche: Adolf von Vagedes. Nach anfangs umfangreichen Aufträgen mußte er sich schließlich mit weniger bedeutenden Veränderungsarbeiten begnügen. Zu seinen größeren Aufgaben zählte 1805/06 der Neubau des von Korffschen Herrenhauses in Harkotten, und hier gelang es ihm, seine künstlerischen Vorstellungen zu verwirklichen (Abb. 84). Es entstand ein villenartiges Haus, die Westfassade gegliedert von drei Risaliten und einem viersäuligen Portikus, der vor einem 1831 durchgeführten Umbau noch ›griechischer‹ wirkte, weil er statt des Balkons einen klassischen Giebel trug. Vom Typus der Wasserburg rückte von Vagedes ganz ab. Die Wassergräben, die das alte Schloß umgaben, ließ er zuschütten; er duldete auf dem Platz vor dem neuen klassizistischen Herrenhaus nur noch einen kleinen runden Teich.

Daß Adolf von Vagedes seine diesbezüglichen Vorstellungen später nicht mehr durchsetzen konnte, zeigt **Schloß Varlar** (etwa 5 km nördlich von Coesfeld, Abb. 85). Die Geschichte dieses Platzes ist eng mit Coesfeld verbunden. Um 1125 stiftete Graf Gottfried von Cappenberg seine Burg den Prämonstratensern als Kloster für Adelige, dem auch der Hof Coesfeld zufiel. Selbst die dortige Lambertikirche wurde ihm unterstellt. Nach der Aufhebung des Klosters 1803 ging der gesamte Besitz an die Wild- und Rheingrafen von Salm-Grumbach, die späteren Fürsten von Salm-Horstmar, über. Sie beauftragten 1828 Adolf von Vagedes, das ehemalige Klostergebäude zu ihrer Residenz umzubauen. So erhielt das in einem herrlichen Park gelegene heutige Schloß zwar eine klassizistische Gestalt – beeindruckend ist vor allem die stattliche Ostfassade mit übergiebelten Risaliten und einem Altan –, verschiedene Bauteile gehen jedoch noch auf das 17. und 18. Jahrhundert zurück. Auch die alten Gräben blieben mit Wasser gefüllt, so daß der Charakter eines großzügigen Wasserschlosses erhalten blieb.

Schloß Nordkirchen – das westfälische Versailles

Wie zu einer Paris-Reise der Besuch in Versailles gehört, ist **Schloß Nordkirchen** ein ›Muß‹ jeder Wasserburgen-Fahrt im Münsterland. Die Pracht und Großartigkeit, die diese Anlage auszeichnen, haben ihr denn auch den Namen ›westfälisches Versailles‹ eingetragen.

Von Münster aus erreichen wir Nordkirchen in einer halben Autostunde (etwa 30 km südlich). Der im frühen Mittelalter als Lehen des Klosters Werden geführte Hof fiel im 13. Jahrhundert an die Herren von Morrien, die als Erbmarschälle des Bistums Münster schon 1398 ein festes Haus bauten. Um 1528 begann Gerhard von Morrien mit dem Neubau einer Burg und verlegte zu diesem Zweck das Dorf an seine heutige Stelle. Nach einer überlieferten Zeichnung von Peter Pictorius dem Jüngeren zu urteilen, muß es sich bei dieser Burg um eine durchaus beachtliche Wasseranlage gehandelt haben, als Friedrich Christian

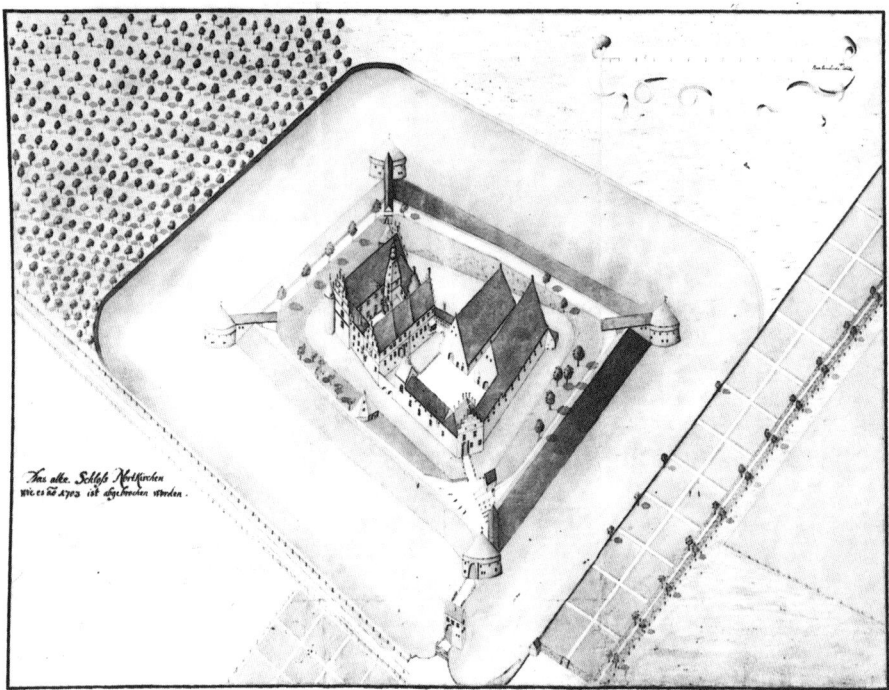

Nordkirchen. Altes Schoß, Vogelschaubild der Gesamtanlage. Zeichnung von Peter Pictorius dem Jüngeren. Westfälisches Landesmuseum für Kunst und Kulturgeschichte, Münster

von Plettenberg, Münsters baufreudiger Fürstbischof, sie 1694 erwarb. Offensichtlich genügte sie dessen Repräsentationsansprüchen aber nicht; er ließ sie abreißen und beauftragte Gottfried Laurenz Pictorius mit dem Neubau eines großzügigen Schlosses. Ohne Rücksicht auf alte Bauteile nehmen zu müssen, konnte dieser nun das Ideal einer Wasseranlage verwirklichen. Umgeben vom Viereck der Gräben liegt das Schloß auf einer großen Insel inmitten eines Parks, dessen Alleen auf es zulaufen. Bei aller Weiträumigkeit ist so alles auf diese Schloßinsel konzentriert. In der Disposition der einzelnen Gebäude folgte der am niederländischen Klassizismus orientierte Pictorius der damals in Frankreich üblichen Gestaltung barocker Residenzen.

1734 war die gesamte Anlage einschließlich der Nebengebäude und des Parks fertiggestellt; der Bauherr aber war inzwischen (1706) gestorben, sein Neffe, Ferdinand Graf von Plettenberg hatte das Erbe angetreten. Und auch Pictorius hatte die Weiterführung seiner Aufgabe anderen überlassen müssen. Zunächst waren die Bauarbeiten von Peter Pictorius, dann ab 1725 von Johann Conrad Schlaun fortgesetzt worden, der vor allem die Gartenanlagen nach eigenen Plänen gestaltete (Oranienburg). Im 19. Jahrhundert kam der Besitz durch

Heirat an die Grafen von Esterhazy-Galantha, 1903 kaufte ihn der Herzog von Arenberg. In seiner Hand blieben auch der größte Teil des Parks und überhaupt der Grundbesitz, als 1958 das Land Nordrhein-Westfalen das Hauptschloß übernahm, in dem schon Jahre vorher die Landesfinanzschule untergebracht worden war (Farbt. 14, Abb. 91).

Nach vorheriger Anmeldung und zu bestimmten Zeiten werden Besichtigungen gerne gestattet. Wir betreten zuerst eine der Schloßinsel vorgelagerte Insel mit ihren weit auseinanderliegenden Wirtschaftsgebäuden. So führt der Hauptzugang über zwei Brücken genau axial auf den Mittelbau des Schlosses zu. Trotz der einheitlichen Wirkung der Anlage ist doch auch die früher übliche Unterteilung in Ober- und Unterburg nicht ganz zu übersehen; allerdings wird sie hier nur noch durch eine niedrige Ziermauer mit Torpfeilern angedeutet. Vier gleiche Eckpavillons anstelle früherer mächtiger Bastionstürme fassen die große Hauptinsel ein, markieren im Zusammenspiel mit den Wassergräben den festen Rahmen für die dynamische Architektur im Inneren der Insel, wo die Gebäude der beiden seitlichen Schloßflügel stufenförmig, wie in rhythmischer Bewegung, auf den Mitteltrakt hin angeordnet sind. Der von einem übergiebelten Risalit umrahmte Eingang führt über eine Freitreppe ins Innere, das noch zum Teil die prächtige Ausstattung des 18. Jahrhunderts mit schwarzmarmorierten Wandsäulen, Stuckdecken mit Gemälden von Johann Martin Pictorius, Alabasterbüsten und geschnitzter Eichenholztäfelung aufweist. Die Schloßkapelle im rechten Seitenflügel ist das bedeutendste westfälische Werk dieser Art im Hochbarock. Besonders beeindruckt hier das Deckengemälde mit einer Darstellung der Himmelfahrt Mariens, der die Kapelle auch geweiht ist.

Daß in den Moor- und Heidegebieten des Münsterlandes Geister und Gespenster Unterschlupf gefunden haben, wird niemand verwundern. Doch auch Nordkirchens hat sich die Sage bemächtigt. Zwar nicht in dem heutigen neuen Schloß, wo angehende Finanzbeamte ausgebildet werden, sondern in den Räumen der alten Burg sollen unheimliche Gestalten ihr Unwesen getrieben haben. Der hartherzige Rentmeister Schenkewald, der zu seinen Lebzeiten erbarmungslos Zins und Pachtgeld eingetrieben hatte, heulte und polterte die Treppen auf und ab. Messen wurden für ihn gelesen, bis er schließlich in einer stürmischen Nacht von zwei Kapuzinermönchen abgeholt wurde. Vier kohlrabenschwarze Rosse zogen die Kutsche in die Davert hinaus, wo man sie noch oft gesehen hat. Doch kaum wollte sich jemand auf den Wagen schwingen, flog dieser mit den Pferden durch die Lüfte davon.

Nordkirchen. Die heutige Anlage, Zeichnung von Hubert Wartenberg ▷

Was es im Münsterland sonst noch zu sehen gibt

(In diesem Kapitel sind die Orte – in alphabetischer Reihenfolge – aufgeführt, die im vorangehenden Text nicht behandelt wurden.)

Ahle s. Heek

Ahlen (Kreis Warendorf)

Grundlage der frühen Marktsiedlung, die 1224 Stadtrechte erhielt, war ein Übergang über die Werse, an dem sich alte Handelswege kreuzten. Im 15., 17. und 18. Jahrhundert vernichteten Brände große Teile des Stadtgebietes. Mit dem Anschluß Ahlens an das Ruhrgebiet durch die Bahnlinie Köln-Minden-Berlin (1847) entwickelte sich die ehemalige Ackerbürgerstadt zur Industriestadt. 1907 begann man mit dem Abteufen der Schächte für die Zeche ›Westfalen‹, die in eine Tiefe von 1100 m vordringen.

Pfarrkirche St. Bartholomäus: Eine der ältesten Taufkirchen des Münsterlandes (9. Jahrhundert), die 1139 dem Prämonstratenserkloster Cappenberg inkorporiert wurde. Das bestehende Gotteshaus aus der Zeit um 1500 ist eine spätgotische Hallenkirche, in deren Querhaus Reste des romansichen Vorgängerbaus einbezogen wurden. Der Westturm ist ein Neubau von 1815–1819.

Pfarrkirche St. Marien: Diese ›Neue Kirche‹ wurde um 1285 gegründet, als Handwerk und Handel aufblühten und das wirtschaftliche Leben der sich vergrößernden Stadt förderten. Der jetzige Bau ist eine neugotische Halle vom Anfang des 20. Jahrhunderts. Das reich ausgestattete frühgotische Portal an der Südseite stammt von der 1902 abgebrochenen Vorgängerkirche; es mußte teilweise ergänzt werden.

Heimatmuseum am Marktplatz.

Westlich von Ahlen, in freier Lage, steht *Haus Küchen,* eine schon im 15. Jahrhundert genannte, auf zwei Inseln erbaute Wasseranlage. Der ältere Teil des zweiflügeligen Herrenhauses entstand nach einem Brand von 1543. Die steilen Dreistaffelgiebel erhalten durch pfeilerartige Aufsätze einen originellen Akzent. Über dem Eingang des jüngeren Flügels (1716) Wappentafel der Mallinckrodt-Neheim.

Albersloh (Kreis Warendorf)

Die *Pfarrkirche St. Ludgerus* wurde der Überlieferung nach von dem Namensheiligen selber gegründet. Im 13. Jahrhundert errichtete man anstelle eines kleinen romanischen Saalbaus eine größere Hallenkirche, deren dreischiffiger Innenraum durch im Wechsel aufgestellte runde Pfeiler und kreuzförmige Stützen gegliedert ist. Ihre Kapitelle sind mit Laubwerk geschmückt. Am sonst schlichten Außenbau fällt das aufwendiger gestaltete, rundbogige Nordportal auf.

Alstätte (Kreis Borken)

Pfarrkirche Mariä Himmelfahrt: Westturm mit erneuertem Treppengiebel (15. Jahrhundert) und schlichter Wandpfeilersaal vom Ende des 18. Jahrhunderts mit Erweiterungsbau von 1936/37. Sehr eindrucksvoll sind die Johann Mauritz Gröninger zugeschriebenen überlebensgroßen Sandsteinfiguren der Kirchenväter.

Altenberge (Kreis Steinfurt)

Die flachen Kuppen des Altenberger Höhenrückens erstrecken sich nach Nordwesten bis Burgsteinfurt. Ein bischöflicher Haupthof ist die Keimzelle der Pfarrei, deren *Johanneskirche* auf eine Gründung des heiligen Liudger zurückgehen soll. Das heutige, hoch über einem Hang angelegte Gotteshaus entstand im 14. Jahrhundert. 1882 wurde der romanische Turm abgebrochen und durch einen schlanken Neubau in neugotischen Formen ersetzt, der nun weithin sichtbar den Ort überragt. Neben der guten neugotischen Ausstattung besitzt die Kirche zwei von Gerhard Gröninger um 1625 bzw. 1630 gearbeitete Nebenaltäre.

Haus Bödding (etwa 3 km nördlich, westlich der B 54): Im 14. Jahrhundert wird die kleine Wasserburg als Lehngut des Domkapitels erstmals genannt; im 16. Jahrhundert wird sie dann als Lehen an hohe fürstbischöfliche Beamte vergeben. Nur selten wohnte der Grundherr hier.

Das Torhaus am Ostrand der Insel wurde um 1580 für den Lehnsträger, Kanzler Dietrich von Schelver, errichtet, im Untergeschoß aus Bruchstein, darüber aus Ziegeln. Die Dreistaffelgiebel sind typisch münsterscher Art; ihre Seitenstufen tragen kugelbesetzte Halbkreisaufsätze. Der hervorstehende Dachreiter stammt aus der Zeit der Erneuerung des Torhauses (1843). Die die Insel umschließende Gräfte wird von einer unter dem Wohnhaus entspringenden Quelle gespeist.

Haus Sieverding (7 km südlich des Ortes an der Straße Nienberge-Horstmar): Von den alten Gebäuden des einstigen Gräftenhofes ist nur ein dreigeschossiger Speicher mit Dreistaffelgiebel erhalten (1661).

Alverskirchen (Kreis Warendorf)

Pfarrkirche St. Agatha: Saalbau (um 1500) mit romanischem Westturm.

Haus Brückhausen (2,5 km südlich des Dorfes): Die Zufahrt von Westen führt über eine Brücke mit Torpfeilern von 1721. Die Gräften der ursprünglich auf zwei Inseln erbauten Wasseranlage sind zum größten Teil zugeschüttet. Aus der Spätrenaissance stammt das große Herrenhaus, dessen Dreistaffelgiebel mit kugelbesetzten Halbradaufsätzen versehen sind.

Ammeloe (Kreis Borken)

Die kleine neugotische *Rektoratskirche St. Antonius Abt,* 1858 von Emil von Manger aus Oelde erbaut, besitzt eine lebensvolle geschnitzte Anna Selbdritt aus dem ersten Viertel des 16. Jahrhunderts.

Anholt (Kreis Borken)

Wasserschloß (s. S. 244).

Das *Rathaus* von 1567 konnte nach 1945 in der alten Form wiederhergestellt werden. Mit seinem geschwungenen Fialengiebel und der allerdings erst 1795 hinzugekommenen Freitreppe bestimmt es wirkungsvoll das Bild des Marktplatzes.

Asbeck (Kreis Borken)

Bischof Werner von Münster gründete 1151 ein Doppelkloster nach der Augustinerregel, das aber schon seit 1173, demselben Jahr, als ihm die Pfarre Legden unterstellt wurde, nur noch Nonnen aufnahm. Im 16. Jahrhundert wurde es in ein freiweltliches Stift umgewandelt, das bis 1811 bestand. Die *Stiftsgebäude* wurden dann bis auf einen Teil des Südflügels und das aus Fachwerk aufgeführte Torhaus (1630) abgebrochen.

Die eindrucksvolle ehemalige Stiftskirche (12. und 13. Jahrhundert) dient jetzt als *Pfarrkirche*. Neben einem schönen romanischen Taufstein besitzt das Gotteshaus zahlreiche gotische und barocke Plastiken. Außerdem hat man den Chorraum in seiner ursprünglichen Farbfassung wieder ausgestalten können. Damit haben die Restauratoren eines der wenigen Beispiele spätromanischer Architekturmalerei in Westfalen der Nachwelt erhalten.

Ascheberg (Kreis Coesfeld)

Pfarrkirche St. Lambertus: Die um 1022 erstmals genannte Pfarre dürfte auf eine Gründung des heiligen Liudger zurückgehen. An die spätgotische Halle aus Werkstein (1524) fügte Johann Conrad Schlaun 1737 einen in Backstein ausgeführten rechteckigen Chor an. Der neugotische Turm stammt von 1909. Der gute Barockaltar wurde 1959 im Kunsthandel erworben.

Haus Byink (3,5 km nordwestlich): Die ehemalige Wasserburg gehört zum Typ der Zweiinselanlagen. Torhaus und Bauhaus (Mitte des 16. Jahrhunderts) besitzen die charakteristischen Dreistaffelgiebel mit kugelbesetzten Halbradaufsätzen. Den damaligen Wehrzweck gerade des Torhauses – es wurde auch als Waffenhalle genutzt – betonen zwei zur Feldseite vorstoßende, fast dreiviertelrunde Türme.

Haus Romberg (2,5 km nordwestlich): Der kleine Backsteinbau des Herrenhauses wurde im 16. Jahrhundert errichtet, um 1875 aber stark verändert. Am Torhaus (1618) fallen die Schießscharten und das Wappen Galen-Wulf auf.

Barlo (Kreis Borken)

Pfarrkirche St. Helena: Schlichter Saalbau des königlichen Bauinspektors Teuto aus Münster (1823/24). Die Altarbilder (erste Hälfte des 19. Jahrhunderts) sind typische Beispiele nazarenischer Bildauffassung.

Haus Diepenbrock (1,5 km südwestlich): In einem Erlenbruch an der Straße nach Bocholt liegt die 1326 erstmals erwähnte, in den siebziger Jahren hervorragend restaurierte Wasseranlage. Das Herrenhaus mit auffallend hohem Walmdach und zwei Rundtürmen entstand in der heutigen Form durch einen im 18. Jahrhundert ausgeführten Umbau verschieden alter Bauteile. Das Torhaus von 1523 mit dem (rekonstruierten) Dreistaffelgiebel und der ebenfalls freigelegten alten Wehrmauer bildet mit der rechts anschließenden Fachwerkscheune (18. Jahrhundert) ein sehr eindrucksvolles Ensemble.

Beelen (Kreis Warendorf)

Die heutige *Pfarrkirche St. Johannes Baptist* wurde 1968 geweiht. Ein Kruzifix um 1300, eine Pietà um die Mitte des 15. Jahrhunderts und ein Johannes der Täufer (um 1460) sind aus einem mittelalterlichen Vorgängerbau übernommen.

Beerlage (Kreis Coesfeld)

Am Eingang zum *Hof Langenhorst* steht ein Bildstock mit einer lebensgroßen Immaculata-Figur (1745). Der zweigeschossige Speicherbau aus Baumberger Quadern stammt aus dem 15. Jahrhundert. Im 16. Jahrhundert wurden die Treppengiebel in Ziegeln erneuert.

Bockum-Hövel (Stadt Hamm)

Die 1905 angelegte Zeche Radbod hat die dörfliche Struktur der beiden einstigen Landgemeinden verändert. 1956 wurden sie zur Stadt erklärt.

In dem neuromanischen Bau der *Pfarrkirche St. Stephanus* (die Pfarre wird bereits Ende des 11. Jahrhunderts erwähnt) finden sich noch einige alte Ausstattungsstücke: ein arkadengegliederter und mit Blattfries verzierter Taufstein (13. Jahrhundert), ein spätgotisches Sakramentshäuschen und ein geschnitztes Vesperbild aus dem ersten Viertel des 18. Jahrhunderts.

Haus Ermelinghof (im Nordosten der Stadt) ist eine der ältesten Wasserburgen des Münsterlandes. Das stattliche Brauhaus, ein Ziegelbau mit Dreistaffelgiebeln, und die Schloßkapelle stehen unter Denkmalschutz.

Bösensell (Kreis Coesfeld)

Pfarrkirche St. Johannes Baptist: Neugotisches Langhaus (1913–1916) mit Westturm aus dem 14. Jahrhundert. Gerhard Gröninger schuf die mit Blick zum Chor an den Langhauswänden stehenden Sandsteinfiguren Christi und der Apostel (um 1620).

Haus Alvinghof (1 km nordöstlich) gehört zum Typ der Herrenhäuser, die Johann Conrad Schlaun im Stil der französischen ›Maison de Plaisance‹ errichtete. Der durchgehend schlicht gehaltene Backsteinbau mit dem nur flachen Mittelrisalit besticht durch die feine Sandsteingliederung.

Auch *Haus Ruhr* (3 km südlich des Ortes, auch Haus Offer genannt) wurde durch Johann Conrad Schlaun umgebaut (1742); der Nordflügel kam 1906 hinzu. Neben dem kleinen Herrenhaus steht das langgestreckte, einstöckige Bibliotheksgebäude, das mit einem reichverzierten Portalrisalit des 17. Jahrhunderts geschmückt ist.

Die in der Nähe liegende *Grabkapelle* besitzt ein bemerkenswertes steinernes Relief mit der Darstellung der Grablegung Christi, das Johann Mauritz Gröninger für ein Epitaph in Münsters Ägidiikirche geschaffen hatte.

Bokel (Kreis Gütersloh)

Die *St.-Anna-Kirche* besitzt einen mit Figuren, Reliefs und Wappen reich ausgestatteten Altaraufbau im Stil der Spätrenaissance, der ursprünglich als Epitaph im Dom zu Münster für den 1622 verstorbenen Domherrn Heinrich von Galen bestimmt war.

Borghorst (Kreis Steinfurt)

Textilindustrie bestimmt das Leben des Ortes (heute Stadtteil von Steinfurt). Um einen Blick in die alte Geschichte des Ortes werfen zu können, sind wir auf Urkunden und Heimatbücher angewiesen, denn selbst die ehemalige Stiftskirche steht nicht mehr.

968 gründeten Bertha, die Witwe des Grafen Berenrad, und ihre Tochter (?) Hadwig ein Kanonissenstift, das Kaiser Otto I. der Schirmherrschaft des Erzbistums Magdeburg anvertraute. Die Stiftsgebäude und die Kirche wurden einige Zeit nach der

Säkularisation (1811) bis auf unbedeutende Reste abgebrochen.

Pfarrkirche St. Nikomedes: An der Stelle des romanisch-gotischen Vorgängerbaus errichtete Hilger Hertel der Ältere 1885–1889 einen Neubau, dessen Kirchenschatz an den Reichtum des einst bedeutenden Stifts erinnert. Wertvollstes Stück ist ein etwa 40 cm hohes Reliquienkreuz aus der Zeit um 1100 (Abb. 74). Der Holzkern ist mit Goldblech beschlagen und mit getriebenen Reliefs, kostbaren Steinen und Gemmen besetzt. Im Längsbalken sind zwei Bergkristallfläschchen eingelassen, die die Reliquien (Teile vom Kreuz und Schwamm Christi) enthalten.

Die *Aloysiuskapelle* (Kapellenstraße) ließ die Äbtissin Isabella von Nagel 1756 errichten. Durch die großen, bleiverglasten Fenster fällt viel Licht in den achtseitigen Zentralbau, der mit Delfter Kacheln ausgestattet ist.

Borkenwirthe s. Groß Burlo

Brünen (Kreis Wesel)

Wer von Raesfeld auf der B 70 in westlicher Richtung fährt, wird zu Wanderungen in einem besonders reizvollen Waldgebiet eingeladen, das sich links der Bundesstraße zwischen Issel und Lippe ausbreitet. Kiefern-, Eichen-, Buchen- und Birkenbestände überschatten die verschwiegenen Wasserläufe, die sich zahlreich durch den sandigen Boden winden. Das Gebiet trägt den bezeichnenden Namen ›Dämmerwald‹.

Die moderne Kunst hat in dieser Region zwei Pflegestätten gefunden: Südöstlich von Brünen finden wir in *Haus Esselt* das *Otto-Pankok-Museum.* Wechselnde Ausstellungen machen mit dem Lebenswerk des Grafikers und Bildhauers Otto Pankok (1893–1966) bekannt, dessen Stil von der Farbpalette und der Linienführung des Expressionismus bestimmt war. In der Auswahl der Bildsujets, die den leidenden und unterdrückten Menschen darstellen, sah sich der Künstler unter dem Einfluß seines großen Vorbildes van Gogh. (Besichtigung: freitags, samstags und sonntags.)

In **Marienthal,** etwas abseits der Bundesstraße am Isselufer, ist die ehemalige Kirche des Augustinerklosters (1345) seit 1924 zu einem Zentrum moderner christlicher Kunst geworden. Das bedeutendste Werk ist die von Edwin Scharff 1950 geschaffene Bronzetür, auf der in Einzelgestalten der Inhalt des Glaubensbekenntnisses dargestellt ist.

Buddenbaum s. Hoetmar

Buldern (Kreis Coesfeld)

Alte Pfarrkirche St. Pankratius: Der kleine gotische Saalbau, der sich an einen älteren romanischen Westturm anlehnt, wird heute von der Familie von Romberg als Gruftkirche benutzt.

Die *Neue Pfarrkirche* baute Hilger Hertel der Jüngere zu Beginn unseres Jahrhunderts in neugotischen Formen. Sie besitzt beachtliche alte Ausstattungsstücke.

Südlich des Ortes, rechts von der Straße nach Lüdinghausen, liegt inmitten eines weiten, von Wassergräben durchzogenen Parks *Haus Buldern.* Die Geschichte des Schlosses reicht bis ins 13. Jahrhundert zurück. Damals war die Burg Sitz der Herren von Buldern, wechselte dann mehrfach den Besitzer, bis sie im 18. Jahrhundert an die

Familie von Romberg überging. An die alte Tradition des Hauses erinnern heute am ehesten die umfangreichen Gebäude der Vorburg mit Torhaus und Ecktürmen aus dem 17. Jahrhundert, wenn sie auch im Laufe der Zeit stark verändert wurden.

Die Herren von Romberg, von denen sich einer als der ›tolle Bomberg‹ bei den münsterschen Kürassieren einen Namen gemacht hat, ließen sich um 1830 an der Stelle des älteren Baus aus dem 17. Jahrhundert ein neues Herrenhaus errichten. Die Fassade zwischen den beiden runden, von Balustraden bekrönten Eckpavillons weist noch einmal spätklassizistische Formen auf. Im Inneren des Baus befindet sich noch ein reich mit Reliefs verzierter Kamin aus dem ersten Viertel des 17. Jahrhunderts.

Haus Buldern beherbergt heute eine Internatsschule. Außenbesichtigung ist nach Voranmeldung möglich (✆ 0 25 90/5 21).

Capelle (Kreis Coesfeld)

Die schlichte *Pfarrkirche St. Dionysius*, ein zu Beginn unseres Jahrhunderts erweiterter Gewölbesaal von 1701, birgt eine hübsche geschnitzte Doppelmadonna aus dem 17. Jahrhundert.

Clarholz (Kreis Gütersloh)

Links der Bundesstraße von Rheda nach Warendorf – inmitten eines von alten Bäumen bestandenen Platzes – liegt die Kirche des ehemaligen Prämonstratenserklosters (heue *Pfarrkirche St. Laurentius).* Das jetzige Gotteshaus entstand Anfang des 14. Jahrhunderts durch den Umbau einer romanischen Basilika zu einer gotischen Halle. Die flache Decke wurde durch Gewölbe ersetzt,

die sehr dekorativ ausgemalt sind. Die reizvollen Tierbilder lassen Anregungen aus der orientalischen Motivwelt erkennen, wobei anzunehmen ist, daß die Vorlagen über den damals regen Ostseehandel nach Westfalen kamen.

Darfeld (Kreis Coesfeld)

Wasserschloß (s. S. 245 f.).

Pfarrkirche St. Nikolaus: Saalbau mit Chor von 1767. In der Turmhalle spätromanischer Taufstein, dessen Arkadenfelder Gesichtsmasken und Tiergestalten füllen.

Wenige hundert Meter östlich von Darfeld liegt das Dorf **Höpingen.** In der kleinen *St.-Anna-Kapelle* (1838) entdecken wir eine beachtenswerte Holzplastik der Anna Selbdritt vom Ende des 15. Jahrhunderts. – Die auf der Höhe gelegene guterhaltene *Holländer-Windmühle* gibt dem Ortsbild einen reizvollen Akzent.

Darup (Kreis Coesfeld)

Der 1188 erstmals als Kirchspiel genannte Ort liegt 4 km westlich von Nottuln eingebettet zwischen den Baumbergen und der Roruper Mark. In der im wesentlichen spätgotischen *Pfarrkirche St. Fabian und Sebastian* treffen wir auf ein frühes Werk westfälischer Tafelmalerei (s. auch S. 20), den Mittelteil eines ehemals dreiflügeligen Altars mit einer figurenreich dargestellten Kreuzigung, die von kleineren übereinander angeordneten Bildern der Passion und der Auferstehung eingefaßt wird. Aus der Werkstatt des uns mit Namen nicht bekannten Meisters, der um 1430 gewirkt hat, kennen wir außerdem den schon beschriebenen Passionsaltar in der Warendorfer St.-Laurentiuskirche (s. S. 209 f.).

275

Auf dem *Daruper Berg,* etwa 1 km westlich des Dorfes, versteckt sich im Walde eine kleine achteckige *Wallfahrtskapelle* aus dem 17. Jahrhundert. Den lebensgroßen Kruzifixus aus Sandstein (1717) schuf Wilhelm Heinrich Kocks.

Dernekamp s. Dülmen

Deuten s. Wulfen

Diestedde (Kreis Warendorf)

Haus Crassenstein: An der Stelle einer mittelalterlichen Burg erbauten die Herren von Wendt im 16. Jahrhundert ein Wasserschloß, das den Anlagen von Horst und Hovestadt ähnlich werden sollte; die Pläne wurden jedoch nur unvollständig ausgeführt. Eine um 1840 in klassizistischer Manier durchgeführte Umgestaltung führte auch zum Verlust der plastischen Dekoration an den Außenwänden. Bei einem abermaligen Umbau 1922 erhielt das Hauptgebäude sein heutiges, an barocke Anlagen erinnerndes Aussehen.

Die 1958 geweihte *Pfarrkirche St. Nikolaus* besitzt noch ein romanisches Kreuz aus der Zeit um 1100. Trotz einiger Veränderungen im 19. Jahrhundert zeigt der Korpus, daß er einst hoch verehrt wurde. Er hat an drei Stellen Reliquien getragen, das Haupt schmückte ursprünglich wohl eine Königskrone. Der Lendenschurz war mit Edelsteinen besetzt, die Füße stecken in Schuhen, die auf zinnoberroter Grundfarbe punzierte Goldborten, verziert mit romanischen Rosetten, zeigen.

Dingden (Kreis Wesel)

Pfarrkirche St. Pankratius: Der Neubau von 1951 (mit spätromanischem Westturm) besitzt ein gutes spätgotisches Vesperbild.

Dolberg (Kreis Warendorf)

Pfarrkirche St. Lambertus: Frühgotische Dorfkirche mit einem Erweiterungsbau von 1901. Im Inneren eine schöne Doppelmadonna im Strahlenkranz (Ende des 15. Jahrhunderts).

Haus Oberwerries: Ambrosius von Oelde baute 1685–1692 das Schloß für Ida Maria von Beverfoerde-Werries, eine geborene Plettenberg. Das zweistöckige, aus dem Wasser ragende Herrenhaus erhielt einen etwas niedrigeren Seitenflügel und einen wuchtigen Pavillonturm (s. auch Schloß Ahaus). Den Marstall fügte Johann Conrad Schlaun um 1730 hinzu. Seit 1959 Westfälische Turnschule, Besichtigung auf Anfrage, ✆ 0 23 88/23 81.

Drensteinfurt (Kreis Warendorf)

Die Geschichte von Steinfurt im Dreingau reicht in legendäre Zeiten zurück. Da sollen sich nämlich 851 bei der Überführung der Reliquien des heiligen Alexander von Rom nach Wildeshausen Wunder ereignet haben. Aus mittelalterlichen Besitzungen des Stiftes Vreden und des Osnabrücker Bischofs wuchs die Rundsiedlung Drensteinfurt um den Kirchplatz als Mittelpunkt.

Von den schönen alten Fachwerkhäusern, die noch erhalten sind, ist vor allem die ›Alte Post‹ aus dem 17. Jahrhundert zu nennen (Ecke Mühlenstraße/Wagenfeldstraße).

Der bestehende Bau der *Pfarrkirche St. Regina* ist ein 1787–1790 auf alten Fundamenten errichteter klassizistischer Saal, der 1890 verändert wurde. Abgesehen vom Taufstein aus dem 13. Jahrhundert stammt die Ausstattung vollständig aus klassizistischer Zeit.

Das *Schloß* ist eine auf zwei von der Werse umflossenen Inseln erbaute Wasseranlage, die um 1200 den Herren von Rinkerode, ab 1429 der Familie von der Recke gehörte. 1739 übernahmen die Freiherren von Landsberg den Besitz. Das Torhaus (Abb. 40) ist eines der besten Beispiele münsterländischer Renaissance-Architektur. Während dieses Gebäude mit seinen farbig gemusterten Backsteinflächen und den Muschelaufsätzen am Giebel des vorspringenden Brückentores noch im 16. Jahrhundert errichtet wurde, stammt das heutige Herrenhaus, ebenfalls ein Ziegelbau, erst vom Anfang des 18. Jahrhunderts. Den Saal schmückt ein prächtiger, reich ornamentierter Renaissance-Kamin aus Sandstein. (Außenbesichtigung nach Voranmeldung, ℡ 02508/1294)

Außerhalb des Ortes, dort wo sich die Straße nach Albersloh und Sendenhorst gabelt, steht die kleine *Loretokapelle*, die Lambert Friedrich von Corfey in der Gestalt des Nazareth-Hauses der heiligen Familie erbaute.

Dülmen–Kirchspiel (Kreis Coesfeld)

DERNEKAMP

Nahe der B 474 in Richtung Lüdinghausen liegt *Haus Visbeck*, eine ehemalige, auf zwei Inseln erbaute Wasserburg. Das Herrenhaus wurde nach einem Brand von 1639 nicht wieder aufgebaut. So sind nur der schlichte Backsteinbau der Vorburg (17. Jahrhundert) mit quadratischem Eckturm und die achteckige Kapelle aus dem 18. Jahrhundert erhalten; sie hat man später noch erweitert.

KARTHAUS

Nordöstlich von Dülmen, auf dem ehemaligen Burggelände der Herren von Weddern, stiftete der spätere Besitzer, Gerd von Keppel, 1476 ein Karthäuserkloster. Es war die einzige Niederlassung des Ordens in Westfalen. 1804 wurde es aufgehoben und bis auf die Kirche und ein paar Wirtschaftsgebäude abgerissen. Von der einstigen Großartigkeit der Anlage künden nur noch die überlieferten Ansichten und Pläne.

Die heutige *Pfarrkirche St. Jakobus d. Ä.* ist die ehemalige Klosterkirche, deren Grundstein 1477 gelegt wurde. Ein prächtiges schmiedeeisernes Gitter (1757) trennt im Inneren den Mönchschor vom Kirchenschiff. Bemerkenswert sind ferner ein steinerner Kruzifixus (17. Jahrhundert) und das mit reichen Schnitzereien geschmückte Chorgestühl (um 1350).

Eggerode (Kreis Borken)

Seit 1338 pilgern Wallfahrer zu einem Muttergottesbild, das in einer 1843/44 neuerbauten (und 1951 erweiterten) *Kapelle* auf dem Kirchplatz aufgestellt ist.

Die 1957 erneuerte *Pfarrkirche Mariä Geburt* besitzt einen Taufstein, dessen romanisches, mit prächtigem Laubfries geschmücktes Becken auf den Resten zweier spätgotischen Steinleuchter ruht.

Einen (Kreis Warendorf)

Abseits der Bundesstraße zwischen Warendorf und Telgte erhebt sich auf einer Anhöhe über dem rechten Emsufer die schlichte *Pfarrkirche* des Dorfes, das als Haupthof des Stiftes Metelen gegründet wurde. Das im Kern noch aus dem 12. Jahrhundert stammende, im 16. Jahrhundert umgebaute

Gotteshaus besitzt eine sehenswerte steinerne Altartafel (um 1500) mit plastisch und figurenreich dargestellten Szenen aus der Leidensgeschichte Christi.

Elte (Kreis Steinfurt)

Die *Pfarrkirche St. Liudger* gilt als Nachfolgerin einer Burgkapelle, die mit der zugehörigen ›Schwanenburg‹ der Edlen von Steinfurt 1343 in einer Fehde durch den Bischof von Münster zerstört wurde. 1668 bauten sich die Bauern des Dorfes die bestehende kleine Kirche und orientierten sich dabei an den Architekturformen der Gotik. Die beiden Barockaltäre stammen aus der Zeit um 1684 (s. auch Mesum).

Ennigerloh (Kreis Warendorf)

Pfarrkirche St. Jakobus major: Die nur zweijochige Halle lehnt sich an einen romanischen Turm an; Querschiff und heutiger Chor stammen von 1886/87. Romanischer Taufstein mit Reliefdarstellung des Kirchenpatrons.

Epe (Kreis Borken)

Pfarrkirche St. Agatha: In der neugotischen, 1890–1892 aus Werkstein errichteten Hallenkirche steht von der Ausstattung des Vorgängerbaus ein romanischer Taufstein. Sehenswert ist auch das steinerne barocke Vesperbild.

Erle (Kreis Borken)

Das Bauerndorf an der Bundesstraße 224 (4 km südöstlich von Raesfeld) hat den vielleicht ältesten Baum Deutschlands aufzuweisen: eine 5 m dicke und 15 m hohe Feme-Eiche, die weit über 1000 Jahre alt ist.

Sie wird auch Ravens- oder Rabeneiche genannt, und man mag daraus den Hinweis auf eine alte germanische Kultstätte entnehmen, die dem Gott Odin geweiht war, dessen heiliger Vogel der Rabe war.

Füchtorf (Kreis Warendorf)

In der weiten Wald-, Heide- und Moorlandschaft nördlich von Sassenberg liegt der 1251 erstmals urkundlich bezeugte Ort. Ein wuchtiges Rundbogentor öffnet den Zugang zum dicht umbauten Kirchplatz; hier im Grenzgebiet der Bistümer Münster und Osnabrück dürfte es Teil einer alten Befestigungsanlage gewesen sein.

Die heutige *Pfarrkirche Mariä Himmelfahrt* von 1846 gehört zu den frühesten neugotischen Kirchen Westfalens.

Gerleve (Kreis Coesfeld)

Die *Benediktinerabtei St. Joseph* ging aus einer Stiftung der Bauernfamilie Wermelt (1898) hervor. Wilhelm Rincklage errichtete ab 1901 die hochgelegene Baugruppe; die Doppelturmfassade der Klosterkirche wurde 1938 von Dominikus Böhm umgestaltet.

Von Gerleve gingen entscheidende Impulse zur Reform des liturgischen Gesanges aus; auf diesem Gebiet hat sich in der jüngsten Vergangenheit Pater Gregor Schwabe einen Namen gemacht. Ein Mustergut des Klosters bildet den bäuerlichen Nachwuchs aus.

Gimbte (Kreis Steinfurt)

Die *Pfarrkirche* des Bauerndorfs (10 km nördlich von Münster) liegt am Ortsrand. Ihr zum Teil noch romanischer Westturm deutet auf das hohe Alter der Pfarre. Der anschließende klassizistische Saalbau entstand um 1837. Von der Ausstattung sind der Taufstein (12. Jahrhundert), die steinernen Seitenaltäre von 1699 und eine große geschnitzte Gruppe der Taufe Christi (1726) hervorzuheben.

Gronau (Kreis Borken)

Nördlich der weiten Moorlandschaft des Amts-Venns entwickelte sich im 14. Jahrhundert am Deventer Hellweg eine Siedlung, die für die Herren von Steinfurt wegen der Grenzlage als Stützpunkt Bedeutung hatte. Die wirtschaftliche Grundlage bildet wie in zahlreichen anderen Orten des Westmünsterlandes die Textilindustrie.

Im Dinkeltal lädt der *Stadtpark* mit *Volkstiergarten* zum Besuch ein.

Groß Burlo (Kreis Borken)

In dem auch heute noch siedlungsarmen Flachland nördlich von Rhede ließen sich 1245 Wilhelmiten-Eremiten nieder, die 1448 die Zisterzienserregel annahmen. 1803 wurde ihr Kloster säkularisiert; heute ist dort ein Gymnasium untergebracht. Das umfangreiche Gräftensystem, das Kirche und Kloster einst schützte, ist nur noch teilweise zu erkennen.

Rektorats- und Klosterkirche St. Maria: Während der Chor und die drei östlichen Joche des Saalbaus noch dem Beginn des 14. Jahrhunderts entstammen, wurden die fünf westlichen Joche 1474 vollendet. Bemerkenswert sind zwei moderne Glasfenster von Georg Meistermann (1953).

Heek (Kreis Borken)

Auf einem künstlich aufgeschütteten Hügel erhebt sich die *Pfarrkirche St. Ludgerus,* die im Kern aus dem 13. Jahrhundert stammt. Während das Langhaus aus Bruchsteinmauerwerk besteht, wurde der spätgotische Chor Anfang des 16. Jahrhunderts in Werkstein ausgeführt. Der neuromanische Turm entstand 1857. Beachtung verdient die Ausstattung: Taufstein (13. Jahrhundert), spätromanischer Kruzifixus, Sakramentshäuschen (um 1520), Rokokokanzel (1755).

Haus Keppelhorst: Das Herrenhaus der Wasseranlage ist ein schlichter, werksteingegliederter Backsteinbau aus der zweiten Hälfte des 17. Jahrhunderts.

Ahle

Die *Kreuzkapelle,* ein Neubau von 1927, birgt eine hölzerne Muttergottesfigur (um 1225), die als Gnadenbild verehrt wird.

Heessen (Stadt Hamm)

Die Geschichte des heute modernen Industrieortes am Nordufer der Lippe reicht ins frühe Mittelalter zurück. Im 12. Jahrhundert übten die Grafen von Altena-Isenburg Besitzrechte aus, und im 14. Jahrhundert gelangte der Oberhof an die Herren von Volmarstein, die auch eine neue Burg bauen ließen.

Haus Heessen: Um 1360 legten die Herren von Volmarstein auf einer großen dreieckigen Insel die Wasserburg an, die nach 1429 an die Familie von der Recke und 1778 an die Herren von Boeselager gelangte. Das heutige Herrenhaus mit seinen fialenbesetzten Treppengiebeln stammt im Kern aus der Zeit um 1440, erhielt seine bestehende Form aber bei einem durchgreifenden Umbau 1905–1908. Die Vorburggebäude entstanden sämtlich gegen Ende des 16. Jahrhunderts. Besonders eindrucksvoll ist das Torhaus mit vorspringendem Eckturm. Das

Schloß wird heute als Landschulheim genutzt. (Besichtigung nach Voranmeldung, ✆ 023 81/3 40 42)

Herbern (Kreis Coesfeld)

Die 1138 erstmals genannte Pfarre erhielt im 17. Jahrhundert die heutige *Kirche St. Benedikt*, die deutlich zeigt, wie die Formensprache der Hallenkirche in Westfalen auch in nachgotischer Zeit weiterlebt.

Haus Itlingen (4 km nordöstlich von Herbern): Auf einer unregelmäßig geformten Insel erhebt sich das dreiflügelige Herrenhaus mit zwei runden Pavillontürmen an den Ecken. Die Anlage stammt zum größten Teil von 1692, dürfte im Kern aber wesentlich älter sein. Um 1755 gab Johann Conrad Schlaun dem vormals etwas klobig und altertümlich wirkenden Bau durch wenige Zutaten eine neue, anmutige Gestalt: Ein schmaler, die Südfront gliedernder Mittelrisalit und ein schlanker Dachreiter nehmen den Flügeln die Schwere und fassen die vorher auseinanderstrebenden Kräfte zusammen. Schlaun lieferte auch die Pläne für neue Raumausstattungen; besonders gut gelungen ist die Stuckdecke im Saal.

Schloß Westerwinkel: Die seit dem 16. Jahrhundert im Besitz der Grafen von Merveldt befindliche frühbarocke Wasseranlage zeigt noch den alten Typus des vierflügeligen, von Pavillontürmen bewachten Schlosses. 1663–1668 wurde das Herrenhaus errichtet. Es liegt auf der östlichen der beiden Inseln (die westliche ist Garteninsel), eingeschlossen im Norden von den Gebäuden der Vorburg und an den übrigen Seiten von einem Wall mit Eckbastionen. Sehr streng wirken die schmucklosen Wände, die nur durch die Reihen altertümlicher Stein-

kreuzfenster gegliedert werden. Kein Risalit lockert die Flächen auf. So konzentriert sich alle Gestaltungskraft auf die vier Eckpavillons, deren hohe, eingezogene Hauben mit den Wetterfahnen in dieser Form allerdings erst Anfang des 19. Jahrhunderts entstanden. Von der ursprünglich reicheren und farbigeren Gliederung der Mauern künden nur noch der West- und der Ostflügel. Ein Erker und vor allem die bunten Fensterläden in Wappenfarben beleben die Fassade.

Breit lagern sich die Gebäude der Vorburg (1663–1696) vor den Nordtrakt des Herrenhauses, auf derselben Insel gelegen, doch von diesem durch den Hausteich getrennt. Den kräftigsten Akzent setzt der das Torhaus flankierende dicke Eckpavillon mit seiner mächtigen Dachhaube.

Die Zufahrt führt, wiederholt abgewinkelt, von der Garteninsel durch die Vorburg, dann wieder, seitlich verschoben, durch den Nordtrakt des Hauptschlosses. Das Abweichen von der Ausrichtung auf die Achse ist bezeichnend für die gesamte Anlage.

Haus Venne: Neubau einer älteren Wasseranlage, 1710–1716 durch Lambert Friedrich von Corfey für Johann Matthias von Ascheberg erbaut, dessen Nachkommen bis heute das schlichte Herrenhaus bewohnen. Zu beiden Seiten des Hofes liegen – auf das Herrenhaus hin ausgerichtet – zwei gleichartige Gebäude: Im linken befindet sich die *Kapelle Mariä Himmelfahrt* mit reicher Rokoko-Ausstattung.

Herzebrock (Kreis Gütersloh)

Der alte Klosterort liegt wenige Kilometer nordwestlich von Rheda. Nach der Überlieferung wurde hier 860 von den sächsischen

Edelleuten Eckehard und Wallburg ein Kanonissenstift gegründet, dem Kaiser Otto II. 976 freie Äbtissinnenwahl und Immunitätsrecht bestätigte. Anfang des 13. Jahrhunderts nahmen die Klosterfrauen die Benediktinerregel an; 1803 wurde das Kloster aufgehoben.

Seit einem Neubau der *Stiftskirche*, den man 1474 als gotischen Saal an den romanischen Westturm anlehnte, dient das Gotteshaus gleichzeitig als Pfarrkirche. 1901 wurde das einschiffige Langhaus durch Anbau von Seitenschiffen zur Basilika erweitert. Bemerkenswert ist die lebensgroße steinerne Muttergottesfigur (Mitte des 14. Jahrhunderts), die zu dem Kreis der rheinisch beeinflußten Madonnenstatuen jener Zeit gehört (s. auch Stromberg, S. 171 f.). In den Gewölbefeldern hat man in jüngster Zeit spätgotische Rankenmalereien aufgedeckt.

Nördlich der Kirche stehen die ehemaligen Klostergebäude (um 1700) mit einem Rest des spätgotischen Kreuzgangs.

Herzfeld (Kreis Soest)

Das Patrozinium der *Pfarrkirche St. Ida* erinnert an die alte Geschichte dieses Ortes. Karl der Große schenkte nämlich den ursprünglichen Königshof dem sächsischen Grafen Ekbert und dessen Gemahlin Ida, die 980 heiliggesprochen wurde. Die bestehende große neugotische Basilika (1901) besitzt einen romanischen Kruzifixus aus Holz (um 1100) und einen bildhauerisch gut gearbeiteten Taufstein von 1523. Das Sandsteinepitaph (um 1540) mit der Darstellung Christi als Weltenrichter und anbetenden Stiftern und Heiligen wird der Brabender-Werkstatt zugeschrieben.

Hiddingsel (Kreis Coesfeld)

Pfarrkirche St. Georg: Die 1911 anstelle einer spätromanischen Saalkirche erbaute neuromanische Basilika besitzt noch mehrere beachtenswerte Stücke der alten Ausstattung.

Höpingen s. Darfeld

Hoetmar (Kreis Warendorf)

Das hübsche, von Wiesen, Feldern und Waldstücken umgebene Dorf am Wieninger Bach (Silbermedaille im Wettbewerb ›Unser Dorf soll schöner werden‹) geht wahrscheinlich auf eine eigenkirchliche Gründung des Grafen Konrad von Rietberg (um 1250) zurück. Die heutige *Pfarrkirche St. Lambertus* von 1516 ersetzt einen romanischen Vorgängerbau.

Im südöstlich benachbarten **Buddenbaum** steht die 1735 erbaute *Wallfahrtskapelle zur Schmerzhaften Muttergottes*, die im Altaraufsatz eine steinerne Pietà (um 1440) aus dem Kreis der Nienborger Vesperbilder besitzt.

Holtwick (Kreis Coesfeld)

Pfarrkirche St. Nikolaus: Die bestehende neugotische Halle baute Emil von Manger aus Oelde 1860. Beachtenswert ist der mit einem Weinrankenfries und vorgeblendeten Arkaden verzierte Taufstein aus dem 13. Jahrhundert.

Horstmar (Kreis Steinfurt)

Auf einer Anhöhe am Fuß des Schöppinger Berges entstand im Schutz einer Burg der planmäßig auf rechteckigem Grundriß angelegte Ort. 1269 verkauften die Edelherren von Horstmar ihre Herrschaft an das Stift Münster, die Bischöfe bauten die Burg zur Landesfestung aus und verliehen dem Ort Stadtrechte. Im Dreißigjährigen Krieg zerstörten hessische Söldner die Burg; nur wenige Überreste sind heute im Gelände zu finden. Dagegen blieben von den an der Stadtmauer entlang angeordneten ehemals acht *Burgmannshöfen* noch fünf erhalten: An das Alte Burgtor im Norden der Stadt grenzt der *Sendensche Hof* (Schloßstraße 13, von ihm zeigt die Abb. 83 das Torhaus), ein zweiflügeliges Herrenhaus aus Ziegeln und Werkstein, das seine jetzige Gestalt nach Umbauten im 18. Jahrhundert erhielt. Der *Merfelder Hof* (Gossenstraße) stammt im wesentlichen aus dem 16. Jahrhundert. Einige Gebäudeteile zeigen den malerischen Wechsel von Ziegel- und Hausteinlagen (›Speklagen‹-System). Am Schöppinger Tor, im Westen der Stadt, steht der *Falkenhof;* er ist besonders stark verändert worden. Dagegen bietet der *Borchorster Hof* (Südring) mit seinen Fialen-Stufengiebeln noch das altertümliche Bild des 16. Jahrhunderts. Auch der *Münsterhof* stammt im Kern aus dem 16. Jahrhundert. Er steht am Münstertor, dem Osteingang zur Stadt, wo einst der ›Horstmarer Landweg‹ mündete, den die Bischöfe von Münster als direkte Verbindungsstraße benutzten, als Horstmar ihr bevorzugter Aufenthaltsort war.

Die *Pfarrkirche St. Gertrud* geht auf eine Gründung der Herren von Horstmar zurück. Von der Ausstattung des dreischiffigen, in Werkstein errichteten Hallenbaus gefallen besonders das turmförmige Sakramentshaus (um 1500) und die reich geschnitzte Barockkanzel.

Das kleine *Rathaus* (16. Jahrhundert) legt sich quer vor den Chor der Pfarrkirche.

Über dem massiven Erdgeschoß kragt das in Ziegelfachwerk ausgeführte Obergeschoß vor.

2 km nordwestlich von Horstmar erhebt sich aus den Ausläufern der Baumberge der *Schöppinger Berg* (158 m), ein markanter Aussichtspunkt. Die 1651 gegründete Antonius-Bruderschaft baute hier eine Kapelle, an deren Choraußenwand ein steinernes Vesperbild aus dem 15. Jahrhundert auffällt.

Hovestadt (Kreis Soest)

Wasserschloß: Bereits in spätkarolingischer Zeit gab es in Hovestadt eine Befestigung, wenn auch nicht nachzuweisen ist, daß sie an genau der Stelle lag, an der im 13. Jahrhundert die Erzbischöfe von Köln ihre Landesburg errichten ließen. Als strategisch wichtiger Stützpunkt zwischen Münster und Kurköln erlebte sie manche Zerstörung und manchen Wiederaufbau.

Nach völligem Verfall erhielt Laurenz von Brachum den Auftrag für einen Neubau (1563–1572), der ursprünglich wohl als Vierflügelanlage mit quadratischen Ecktürmen geplant war. Ausgeführt wurden jedoch nur zwei Flügel und ein dreigeschossiger Pavillonturm. Die Verwandtschaft mit dem unmittelbaren Vorbild, Schloß Horst, ist sowohl im architektonischen Gerüst als auch in der Wandgestaltung nicht zu übersehen. Brachum, der ja auch dort für die Bauplastik verantwortlich zeichnete, schuf hier in Hovestadt sein besterhaltenes Meisterwerk in der Kunst des Fassadenschmucks. Pfeiler aus unbehauenen Blöcken gliedern die Außenwände des Turms und der Flügel, die besonders zur Wasserseite zudem noch reich von vielförmigen plastischen Ziermustern überzogen sind.

1733 ging das Schloß in den Besitz der Grafen von Plettenberg-Lenhausen über. Im Zuge des damals durchgeführten Umbaus schuf Johann Conrad Schlaun den Neubau der Vorburg. (Besichtigung auf Anfrage; ✆ 0 29 23/526)

Karthaus s. Dülmen

Krechting s. Rhede

Laer (Kreis Steinfurt)

Bei Bauern und Händlern war der Ort seit dem 14. Jahrhundert durch die ›Larmisse‹ bekannt, einen Markt, der alljährlich am Bartholomäustag, dem Fest des Pfarrpatrons, abgehalten wurde. Und bis heute wird die Bedeutung, die der Marktflecken besaß, in der *Kirche* auf eindrucksvolle Weise deutlich. Die dreischiffige spätgotische Halle wird überragt von einem mächtigen, fünfgeschossigen Westturm. Grundsteinlegung zu diesem Gotteshaus war 1484, doch wurden in den Neubau Reste einer romanischen Vorgängerkirche einbezogen, Bauteile wohl jener Kirche, die 1181 erstmals urkundlich bezeugt ist, aber sicher noch um einiges älter war, möglicherweise sogar auf eine Gründung des heiligen Liudger zurückging.

Die Ausstattung paßt sich dem breitgelagerten, doch nicht reizlos wirkenden spätgotischen Raum an. Die überlebensgroße steinerne Bartholomäusfigur am nördlichen Chorpfeiler (13. Jahrhundert) erinnert an die Tradition der Pfarre; stilistisch ist sie den Apostelstatuen im Domparadies zu Münster verwandt.

Auf einem bewaldeten Höhenvorsprung, zwei Kilometer westlich von Laer, entdek-ken wir die *Oldenburg*, Reste einer Ringwallanlage, die bis auf die karolingische Zeit zurückgehen.

Langenberg (Kreis Gütersloh)

Pfarrkirche St. Lambertus und St. Laurentius: Von dem ursprünglich romanischen Gotteshaus (1234 genannt) steht noch der Westturm. Das Langhaus wurde Anfang des 16. Jahrhunderts durch einen Saalbau ersetzt, den man 1892 zur Halle erweiterte. Von der Ausstattung sind der um 1230 entstandene Taufstein und die Hälfte einer Doppelmadonna (Anfang des 16. Jahrhunderts) zu erwähnen.

Langenhorst (Kreis Steinfurt)

Als Franko von Wettringen von seinem Bruder die Burg an der Vechte erbte, gründete er 1178 dort ein Augustinerinnenkloster, das von Bischof Hermann II. nach 1200 mit zahlreichen Schenkungen und Privilegien ausgestattet, aber nicht so berühmt wurde wie Vreden oder Metelen. Die ehemalige Stiftskirche (heute *Pfarrkirche St. Johannes der Täufer*, Abb. 79–81) ist jedoch eine der herausragenden münsterländischen Hallenkirchen gebundener Ordnung, bei der vor allem der architektonische Aufbau überrascht: Wie ein Querschiff wirkt der (turmlose) Westbau; wenn er heute auch nur noch an der Südseite über die Langhausfront herausragt. Dagegen wird das östliche Querschiff von zwei schlanken Türmen flankiert.

Kirche und ehemalige Klostergebäude (1811 wurde das seit 1576 freiweltliche adelige Stift aufgehoben) stehen auf einer Insel, die noch heute von Gräben und Teilen der alten Burg umgeben sind.

Leer (Kreis Steinfurt)

Die kleine frühgotische *Pfarrkirche St. Cosmas und Damian* besitzt ein bemerkenswertes Astkruzifix aus der Zeit um 1300.

Zwei Kilometer südöstlich von Leer, jenseits der Straße nach Burgsteinfurt, steht *Haus Alst.* Hauptburg und Vorburg der bereits 1217 genannten Anlage wurden auf zwei Inseln innerhalb eines Ringwalles errichtet. Den Neubau des Herrenhauses veranlaßte 1624 der kaiserliche Feldwachtmeister Bernhard von Westerholt zu Hackfurt. Zweigeschossig, mit einem Turm an der Südwestecke, erhebt es sich über einem hohen, gewölbten Keller. Am auffälligsten ist die farbige Wandgestaltung, bei der niederländischer Einfluß deutlich wird: Diese in den nördlichen Niederlanden als ›Speklagen‹-System entwickelte Bauart wurde im frühen 17. Jahrhundert gern in Westfalen angewendet. (Im Münsterland ist Haus Hameren bei Billerbeck dafür ein weiteres Beispiel.)

Legden (Kreis Borken)

Der Ort gehört zu den wenigen im westlichen Münsterland, die ihre charakteristischen Straßenbilder mit zum Teil alten Fachwerk- und Ziegelhäusern des 16. und 17. Jahrhunderts auch über den Zweiten Weltkrieg herübergerettet haben.

Die *Pfarrkirche St. Brigitta* (einziges Patrozinium der irischen Heiligen im Münsterland) steht stilistisch in engem Zusammenhang mit der Billerbecker Johanniskirche, besitzt jedoch ein für Westfalen in dieser Vollständigkeit einmalig erhaltenes Zeugnis spätromanischer Glasmalerei: das berühmte Legdener Glasfenster in der Mitte der Dreifenstergruppe des Ostchores. In glutvollen Farben, von denen Smaragdgrün und Blau überwiegen, zeigt es den Stammbaum Christi.

Haus Egelborg liegt westlich des Ortes in den Wäldern an der Dinkel. Die um 1400 im Besitz der Herren von Billerbeck befindliche Zwei-Inselanlage ging 1670 durch Heirat an die Freiherren von Oer über. Ein rechteckig geführter Wall umgibt Haupt- und Vorburg. Das heutige Herrenhaus entstand aus einem älteren Nordflügel (1559) mit achteckigem Treppenturm im Hof und dem angefügten schlichten barocken Westtrakt.

Lembeck (Kreis Recklinghausen)

Wasserschloß (s. S. 243 f.)

Pfarrkirche St. Laurentius: 1936 wurde das Gotteshaus aus dem 15. Jahrhundert erweitert, so daß die alte Anlage heute das Querschiff bildet. Die Epitaphe für Johannes von Lembeck († 1526), für Bernhard von Westerholt († 1554) und für dessen Sohn († 1596) sind zu erwähnen.

Die *St.-Michaelis-Kapelle* baute Johann Conrad Schlaun 1726 für die Witwe des letzten Grafen von Westerholt.

Lette (Kreis Warendorf)

Bereits wenige Jahre nach der 1133 von Cappenberg aus vorgenommenen Tochtergründung eines Prämonstratenser-Doppelklosters siedelten die Mönche nach Clarholz über. Der in Lette verbliebene, vom Clarholzer Propst abhängige kleine Nonnenkonvent löste sich im 16. Jahrhundert auf; von den Klostergebäuden ist nichts mehr zu sehen.

Die ehemalige Klosterkirche (jetzt *Pfarrkirche St. Vitus)* erhielt ihr heutiges Gesicht im wesentlichen 1858 (Westturm) und 1921 (Osterweiterung), doch zeigt sie auch noch einige beachtenswerte romanische Details: Zwei Rundfenster auf der Südseite dienten zur Beleuchtung des Raumes unter der Nonnenempore; die Säulen des rundbogigen Portals (erstes Viertel des 13. Jahrhunderts) weisen Kapitelle mit reichem plastischen Schmuck auf.

Lippborg (Kreis Soest)

Die *Pfarrkirche St. Cornelius und St. Cyprian*, eine neugotische Basilika (1859/60) von Vinzenz Statz aus Köln, besitzt außer einem Taufstein aus der Mitte des 13. Jahrhunderts einen der wenigen in Westfalen erhaltenen mittelalterlichen Reliquienschreine. Gestiftet wurde er Ende des 15. Jahrhunderts von den Herren von Ketteler, deren Wappen neben den Figuren der Kirchenpatrone und Apostel angebracht ist.

Haus Assen (nordöstlich von Lippborg, Farbabb. 9, Abb. 41): Wie Schloß Hovestadt (s. S. 282 f.) gehörte Haus Assen im 16. Jahrhundert den Herren von Ketteler, bevor es 1653 an die Grafen von Galen verkauft wurde. So darf es nicht verwundern, daß derselbe Baumeister, Laurenz von Brachum, 1564 für den Neubau herangezogen wurde.

Der Architekt fügte den mächtigen Rundturm des Vorgängerbaus in die neue Anlage ein, deren vier Flügel er einen rechteckigen Binnenhof umschließen ließ. (Anstelle des abgebrochenen Westflügels baute Friedrich Wilhelm Buchholtz eine neugotische Kapelle, nachdem der Kölner Dombaumeister Hilger Hertel zwar erste Entwürfe gefertigt, den Auftrag jedoch nicht erhalten hatte.) Besondere Aufmerksamkeit widmete Lau-renz von Brachum wieder der Außengliederung. Während die Hoffassade deutlich die Verwandtschaft mit dem Horster Vorbild erkennen läßt, folgt die reich mit plastischen Backsteinornamenten verzierte Eingangsfront der Wandgestaltung von Schloß Hovestadt. (Außenbesichtigung nur nach schriftlicher Voranmeldung)

Marbeck (Kreis Borken)

Nahe der Bundesstraße 70, zwischen Borken und Raesfeld, liegt *Haus Döring*. Das heutige, 1727 auf mittelalterlichen Fundamenten errichtete Herrenhaus aus Backstein steht auf einem künstlich aufgeschütteten Erdhügel und ist damit ein gutes Beispiel für eine sogenannte ›Motte‹ (s. S. 238).

Marienthal s. Brünen

Mesum (Kreis Steinfurt)

Der Überlieferung nach wurde die heute bestehende *evangelische Kirche* (früher katholische Kirche St. Johannes der Täufer) aus den Steinen der 1343 zerstörten ›Schwanenburg‹ der Herren von Steinfurt (s. auch Elte, S. 238) erbaut. Von den spätgotischen Wand- und Gewölbemalereien konnten nur wenige Reste freigelegt werden. Der Hochaltar und mehrere barocke Steinfiguren werden dem Rheiner Bildhauer Bernd Meiering oder seiner Werkstatt zugeschrieben.

Milte (Kreis Warendorf)

Pfarrkirche St. Johannes der Täufer: An den wuchtigen romanischen Westturm (seine Treppengiebel entstanden wohl in spätgotischer Zeit) schließt sich das 1829 in strengen klassizistischen Formen errichtete Lang-

40884

haus an. Aus dieser Zeit stammt auch die eindrucksvolle, harmonisch gegliederte Altarfront mit einem lebensgroßen Kruzifixus (das Modell schuf Wilhelm Achtermann für die Berliner Hedwigsgemeinde).

VINNENBERG
Auf einer Insel in der Bever gründeten die Ritter Bernhard und Johann von Vinnenberg um 1250 ein Zisterzienserinnenkloster, das 1810 aufgehoben wurde. Die Gebäude wurden zum größten Teil abgebrochen. Neubauten entstanden, als 1898 Benediktinerinnen nach Vinnenberg kamen.

Nach verheerenden Bränden im 16. Jahrhundert wurde die heute noch bestehende *Kloster- und Wallfahrtskirche Mariä Geburt* wiedererrichtet, ihre Westfassade 1704 umgestaltet.

Neuenkirchen (Kreis Steinfurt)

Das Gotteshaus der seit 1554 selbständigen Pfarre wurde 1247 als Tochterkirche des nahen Rheine gegründet. Wilhelm Rincklage baute 1896–1900 die bestehende Basilika, die mit ihrer Doppelturmfassade und dem achtseitigen Vierungsturm mächtig die Häuser des Kirchplatzes überragt.

Nienborg (Kreis Borken)

Nur ein Torhaus (im Kern aus dem 14. Jahrhundert), Reste der Ringmauer und drei Burgmannshäuser erinnern an das »castrum novum«, das Bischof Hermann II. von Münster um 1198 als Landesburg anlegen ließ. Zahlreiche Burgmänner, deren Höfe sich entlang der Befestigung reihten, hatten die Interessen des Bischofs zu schützen. Doch schon im 16. Jahrhundert verlor die Burg ihre politische und strategische Bedeu-

tung; im 19. Jahrhundert war sie verfallen. Im Nordabschnitt sind der *Hof von Heiden* (sogenanntes Hohes Haus) mit charakteristischen Dreistaffelgiebeln und der *Hof von Raesfeld* (frühere Amtsverwaltung), im Süden der *Hof von Keppel* erhalten.

Die *Pfarrkirche St. Petrus und Paulus,* eine neugotische Basilika von 1906, erhebt sich inmitten des ehemaligen Burgbereichs. Die Ausstattung des Vorgängerbaus wurde zum großen Teil übernommen, und davon verdient ein steinernes Vesperbild (um 1430) besondere Beachtung, gilt es doch als Prototyp einer Gruppe von Marienklagen, die in jener Zeit von einer unter burgundischem Einfluß stehenden münsterländischen Werkstatt geschaffen wurden (Abb. 77).

Nordkirchen (Kreis Coesfeld)

Wasserschloß (s. S. 265 ff.)

Pfarrkirche St. Mauritius: Das heutige Gotteshaus erstellten Gottfried Laurenz und Peter Pictorius der Jüngere 1715–1719 als barocke Hallenkirche, außen wie innen gleichermaßen schlicht. Auffällig ist nur der hohe Backsteinturm mit seiner geschwungenen Haube.

Auch die achteckige *Nepomuk-Kapelle* (heute Ehrenmal) ist ein Werk der Brüder Pictorius. Das barocke Altargemälde stellt das Martyrium des heiligen Nepomuk dar.

Nordwalde (Kreis Steinfurt)

Genaue Daten zur Baugeschichte der *Pfarrkirche St. Dionysius* sind nicht überliefert, doch dürfte die seit 1193 bezeugte Pfarre aus einer domkapitularischen Eigenkirche hervorgegangen sein. Das bestehende Gotteshaus setzt sich zusammen aus einem spätgotischen Hallenbau und modernen Erweiterungen im Westen und Osten. Alle Architekturteile und Plastiken erhielten durch die Umbauten neue Standorte. Bemerkenswert ist ein fein gearbeitetes Michaelsrelief vom Anfang des 13. Jahrhunderts in der Südkapelle.

Der Ort entwickelte sich auf dem Grund und Boden von zwei münsterschen Amtshöfen: Vom einstigen *Pröpstinghof* ist ein gotischer Speicher erhalten, der im Inneren aber umgebaut wurde und heute mit anderen modernen Gebäuden als Schwesternerholungsheim dient. Auch vom *Bispinghof* steht nur noch der Speicher (im Kern aus der ersten Hälfte des 16. Jahrhunderts), ein massiver dreigeschossiger, rings von Wassergräben umgebener, wehrhafter Bau (heute Jugendheim der evangelischen Kirchengemeinde).

Ochtrup (Kreis Steinfurt)

Die nahe der nordwestlichen Grenze des Hochstifts Münster gelegene Siedlung wurde 1593 befestigt, und noch heute erinnert der Verlauf des gärtnerisch gestalteten Grüngürtels an die inzwischen abgetragenen Wälle. 1949 wurde der Ort zur Stadt erhoben.

Schon vor Jahrhunderten bildeten die Tonvorkommen des Westmünsterlandes die Grundlage für ein aufstrebendes Töpferhandwerk. Wie Stadtlohn und Vreden wurde Ochtrup zum Ort der ›Pottbäcker‹, die ihre Erzeugnisse in großen Kiepen auch nach Holland trugen. Als Ochtruper Spezialität galten die ›Siebenöhrige‹, ein Topf mit sieben Henkeln, und die ›Ochtruper Nachtigall‹, eine Tonflöte für Kinder. Neben der Töpferei entwickelte sich, besonders seit der Mitte des 19. Jahrhunderts, die

Textilindustrie, deren Erzeugnisse inzwischen Weltruf genießen. In diesem Zusammenhang sind die Textilwerke Gebrüder Laurenz bemerkenswert: Das Verwaltungsgebäude vom Ende des vorigen Jahrhunderts erinnert an Schloßbauten der niederländischen Renaissance.

Die jetzige *Pfarrkirche St. Lambertus* baute Hilger Hertel der Ältere 1868–1873. Aus der Vorgängerkirche stammt der romanische Taufstein.

Besonders eindrucksvoll mit ihrem wuchtigen Turm ist die *Pfarrkirche St. Marien*, die Dominikus Böhm 1951–1953 errichtete. Eine große Fensterrose durchbricht den Westgiebel.

Oeding (Kreis Borken)

Von der alten *Burg,* die im 14. Jahrhundert in den Besitz des Bischofs von Münster gelangte und nach einer Zerstörung von 1371 verstärkt aufgebaut wurde, steht als besterhaltener Bauteil noch ein wuchtiger, runder Backsteinturm mit zwölfeckigem Obergeschoß.

In der *Pfarrkirche St. Jakobus d. Ä.* (1911) gefallen vor allem die barocken Ausstattungsstücke, darunter die prächtig geschnitzte Kanzel.

Das heutige *Gotteshaus der evangelischen Gemeinde,* die sich auch nach der Gegenreformation hier halten konnte, ist ein kleiner klassizistischer Saalbau.

Olfen (Kreis Coesfeld)

Der Ort am Dortmund-Ems-Kanal liegt im beliebten Naherholungsgebiet am Rande des Reviers zwischen Lippe und Stever.

Pfarrkirche St. Vitus: In der neugotischen Basilika (1882–1895) von Hilger Hertel dem

Älteren steht ein sehenswerter achteckiger, von Tierkonsolen gestützter gotischer Taufstein.

Inmitten der weiten Parklandschaft im Südosten des Ortes liegt *Haus Sandfort*. Ein stattlicher Torturm mit geschwungener Haube setzt den kräftigsten Akzent in der unmittelbar aus dem Wasser ragenden Baugruppe des Herrenhauses. Im Kern ist die Anlage noch mittelalterlich, doch wurde sie seit dem 16. Jahrhundert durch etliche Um- und Anbauten immer wieder verändert. (Besichtigung des Innenhofes nach Voranmeldung, ☎ 025 95/6 89)

Ostbevern (Kreis Warendorf)

Pfarrkirche St. Ambrosius: Nur im Kern ist der Turm noch romanisch, und auch von dem im 16. Jahrhundert angefügten Saalraum sind nur noch zwei Joche erhalten. Ein moderner Neubau entstand 1961/62 an der Westseite des Turms.

Haus Loburg (2 km nordöstlich) erbaute Hermann Schaedler zu Beginn unseres Jahrhunderts anstelle des durch Brand zerstörten Wasserschlosses, das um 1760 nach Plänen Johann Conrad Schlauns angelegt worden war (Farbabb. 16).

RENGERING

An das Anfang des 19. Jahrhunderts aufgelöste Kloster erinnert nur noch die steinerne, dreibogige Brücke über die Bever mit einer Statue des heiligen Johann Nepomuk (1754).

Ostenfelde (Kreis Warendorf)

Pfarrkirche St. Margaretha: Die Tradition der Pfarre reicht ins 11. Jahrhundert zurück, doch wurde im 19. Jahrhundert das alte Gotteshaus abgebrochen und auf einem anderen Platz eine neugotische Hallenkirche errichtet. Für die auf Vornholz residierende Familie von Nagel hat man eine Empore eingebaut.

Haus Vornholz (0,5 km nordöstlich des Ortes): Auf den beiden Inseln einer älteren Anlage wurde ab 1666 ein neues Schloß für die Familie von Nagel erbaut, die den Besitz zehn Jahre zuvor übernommen hatte. Ein wuchtiges Herrenhaus mit niedrigen Seitenflügeln und je einem Eckturm und schließlich die unsymmetrisch zur Hauptburg angeordneten Vorburggebäude bilden die eindrucksvolle Gesamtanlage. Die Freiherren von Nagel sind als passionierte und erfolgreiche Pferdezüchter bekannt, und die Liebe zum Pferd begründete auch die Entwicklung eines Kavalleriemuseums im Schloß, das Uniformen und Ausrüstungsgegenstände einstiger Reiterregimenter zeigt. (Besichtigung nach Vereinbarung, ☎ 025 24/22 22)

Osterwick (Kreis Coesfeld)

Pfarrkirche St. Fabian und Sebastian: Das im ersten Viertel unseres Jahrhunderts durch Erweiterungsbauten (Querschiff, Kuppel, Westtürme) pompös veränderte Äußere läßt die ursprünglich schlichte Hallenkirche aus dem 13. Jahrhundert kaum noch erkennen. Dagegen ist die Gliederung des Innenraumes weitgehend erhalten geblieben. Bemerkenswert sind die Schlußsteine und die mit Pflanzen- und Tiermotiven geschmückten Kapitelle sowie von der Ausstattung vor allem der gotische Taufstein, ein hölzerner Kruzifixus (15. Jahrhundert) und der prächtige Kronleuchter von 1672.

Ottenstein (Kreis Borken)

Wie die Herrschaft Ahaus gelangte auch die Ottensteiner Burg Anfang des 15. Jahrhunderts in die Hand der münsterschen Bischöfe, die sie zur Landesfestung ausbauten. Im 18. Jahrhundert verfiel sie und wurde geschleift; nur ein paar Gräben sind die einzig sichtbaren Zeugen.

Die schlichte, einschiffige *Pfarrkirche St. Georg* aus Backstein besitzt noch einige Ausstattungsstücke aus dem 17. Jahrhundert, darunter ein von Christoph Bernhard von Galen gestiftetes Hochaltarbild.

Ottmarsbocholt (Kreis Coesfeld)

Pfarrkirche St. Urban: Neugotisches Hallenlanghaus aus Ziegeln mit Werksteingliederung. Der dreigeschossige Turm mit seinem schlanken, spitzen Helm stammt noch vom Ende des 15. Jahrhunderts.

Raesfeld (Kreis Borken)

Wasserschloß (s. S. 240 ff.)

Pfarrkirche St. Martin: Hilger Hertel der Ältere baute die große Stufenhalle 1856 bis 1860 in neugotischen Formen und lehnte sie dem alten Westturm aus dem 13. Jahrhundert an.

Das *Heimatmuseum* in der Alten Schule an der Weseler Straße zeigt vor allem steinzeitliche Funde und Waffen aus dem Dreißigjährigen Krieg.

Ramsdorf (Kreis Borken)

Weniger glücklich als die der anderen Städte des Bistums verlief die Entwicklung von Ramsdorf. 1319 verlieh Bischof Ludwig von Münster der Siedlung alle städtischen Rechte und Freiheiten. Noch heute lassen die Straßenzüge die städtebaulich durchdachte Anlage erkennen: ›Hüpohl‹ und ›Eiland‹ folgen der ehemaligen Befestigung, die ›Lange Straße‹ durchzieht als Längsachse die Stadt. Im Verlauf der Stiftsfehde (1451 bis 1456) sank die Bedeutung des Ortes, und auch die 1425 erbaute bischöfliche *Burg* wurde zerstört. Ihr Neubau 1732, bei dem Reste der alten Anlage einbezogen wurden (runder Eckturm), dient heute als Jugendheim und Heimatmuseum.

Die *Pfarrkirche St. Walburga* wurde um 1410 als Stufenhalle aus Backstein errichtet, der in den Obergeschossen durch Maßwerkblenden und -friese reich gegliederte Turm 1513 hinzugefügt; Querschiff und Chor stammen von 1914. Im Inneren achte man auf die phantasievoll, wenn auch derb gestalteten Figuren der Gewölbekonsolen. Sie werden im Volksmund ›Düwelkes‹ (Teufelchen) genannt. Eindrucksvoll ist auch der überlebensgroße Christophorus aus Eichenholz, eine niederrheinische Arbeit um 1520.

Während *Hügelgräber* in der Zeit, in der sie errichtet wurden, meist an Wegen, immer aber an exponierter, gut zugänglicher Stelle lagen, sind sie heute meist in Waldgebieten versteckt, so daß es nicht leicht ist, sie aufzuspüren. 2 km südöstlich von Ramsdorf hat man eine Anzahl Hügelgräber entdeckt, und ihretwegen ist das ganze Gebiet unter Naturschutz gestellt worden (›Hügelgräberfeld‹).

Reken s. Groß Reken

Rengering s. Ostbevern

Rhede (Kreis Borken)

Um eine im 12. Jahrhundert gegründete Ei-

genkirche der alten Familie von Rhete entwickelte sich eine Siedlung; die Burg wurde
um 1324 zerstört. Dann ging der Besitz an
die Herren von Rhemen über, denen der
münstersche Bischof 1426 die Erlaubnis erteilte, ihre Burg wieder aufzubauen.

Haus Rhede: Bauherr war Lubbert von
Rhemen, der den Herrensitz im 15. Jahrhundert an die heutige Stelle (Ostrand des
Ortes) verlegte. Sein Wappen, in Verbindung mit dem seiner Gemahlin Hillegunde
von Diepenbrock zu Kortenhorn, finden
wir am achteckigen Treppenturm, der im
Innenwinkel der beiden Wohnflügel steht.
(Außenbesichtigung nach Vereinbarung, ✆
02872/1081)

Den eindrucksvollen Backsteinbau der
Pfarrkirche St. Gudula errichtete Hilger
Hertel 1898–1901 in neugotischen Formen.

Im Westen des Ortes, an der Straße nach
Bocholt, steht *Haus Tenking,* eine vornehme Dreiflügelanlage im Stil des niederländischen Barock, ausgeführt in Ziegeln mit
Werksteingliederung. Eine schöne Freitreppe führt zum Hauptportal.

Südlich von Rhede liegen Dorf und Haus
Krechting. In die ehemalige Freiheit führt
nur ein schmaler Zugang. Sehenswert sind
ein Feldkreuz an der Ortseinfahrt mit einem
lebensgroßen, sehr plastischen Christus von
Johann Adolf Sasse (1739) und die barocke
Nepomukstatue an der Aa-Brücke.

Rinkerode (Kreis Warendorf)

Aus dem außerordentlich schmucken Ortsbild erhebt sich die *Pfarrkirche St. Pankratius.* Vierkantig steigt der Turm zunächst
auf, geht dann ins Achteck über und endet
schließlich in einer geschwungenen Haube.
Die zartgelbe Sandsteinverblendung seiner
Westseite kontrastiert mit dem warmen Zie-
gelrot der umstehenden Häuser und bildet
so einen lebendigen Akkord.

Gottfried Laurenz Pictorius errichtete
das Gotteshaus 1721–1724 als gewölbten
Wandpfeilersaal. Wenn der Betrachter auch
hier noch das Festhalten an gotischer Bauweise beobachten kann, das nicht nur für die
abgelegeneren Kirchen des Münsterlands im
16. und 17. Jahrhundert charakteristisch ist
(man denke nur an den Kapellenkranz um
den Chor des Münsterschen Doms), so do-
minieren in dieser Kirche doch auffällig die
barocken Formen.

An *Haus Bisping* (2 km südwestlich des
Ortes) entdecken wir die noch schlichte
Form des Dreistaffelgiebels. Von der ehemaligen, 1364 erstmals genannten Wasserburg ist nur noch das Torhaus von 1651
erhalten. Seit dem 16. Jahrhundert gehört
das Haus, in dem 1606 Christoph Bernhard
von Galen geboren wurde, dieser Familie.
Neben der typisch münsterländischen Gie-
belform bemerken wir hier ein weiteres
architektonisches Detail, dem die Renais-
sance-Baumeister ihre Aufmerksamkeit
widmeten: zwei mit Wappen und Ornamenten verzierte Erker.

Haus Borg (2,5 km westlich von Rinkerode): Seit 1466 ist die Wasserburg im Besitz
der Familie von Kerckerinck. Malerisch
gruppieren sich die einzelnen, vom 15. bis
18. Jahrhundert entstandenen Backstein-
und Bruchsteinbauten auf zwei Inseln. Das
einfache Herrenhaus mit Dreistaffelgiebeln
stammt im Kern noch aus dem 15. Jahrhundert, im 16. Jahrhundert wurde es nach Westen erweitert. Um 1717 erlebte das Haus
vor allem im Inneren eine durchgreifende
Veränderung. (Außenbesichtigung nach
Voranmeldung, ✆ 02538/468)

Haus Göttendorf (2,5 km südöstlich von Rinkerode): Schlichtes, dreiflügeliges Herrenhaus von 1704.

Rorup (Kreis Coesfeld)

Im Wettbewerb ›Unser Dorf soll schöner werden‹ wurde der Ort wiederholt ausgezeichnet.

Der Erweiterungsbau der *Pfarrkirche St. Agatha* von 1912 bezieht die alte Dorfkirche aus dem 14. Jahrhundert ein. Sehenswert sind der romanische Kruzifixus über dem Altar des Altbaus und eine kleine wertvolle Anna Selbdritt in der Taufkapelle.

Saerbeck (Kreis Steinfurt)

Bereits 1196 wird die Pfarre erwähnt, wahrscheinlich geht sie aber auf die Zeit des heiligen Liudger zurück. Die heutige *St.-Georg-Kirche* wurde 1896 von Wilhelm Rincklage in neugotischen Formen errichtet, wobei er von dem spätgotischen Vorgängerbau den Turm in seinem unteren Teil übernahm. Auch von der alten Ausstattung ist noch einiges vorhanden, so der mit einem Rankenfries geschmückte Taufstein (13. Jahrhundert), eine Madonna aus Holz (um 1480) und ein ausgezeichnetes steinernes Vesperbild (um 1630).

Schöppingen (Kreis Borken)

Dem Kunstfreund ist der Ort durch den gemalten Flügelaltar des Meisters von Schöppingen ein Begriff. Er ist das Hauptwerk des Künstlers (s. auch S. 20), der um die Mitte des 15. Jahrhunderts vielfältige Anregungen (zum Beispiel des Daruper Meisters, von Meister Francke und aus dem niederländischen Realismus) aufnahm und weitervermittelte.

Der Altar befindet sich in der *Pfarrkirche St. Brictius*, einer erhöht liegenden, zweischiffigen Halle mit mächtigem, von einem Treppengiebel bekröntem romanischem Westturm. Verkündigung und Weihnacht sind auf den Flügelaußenseiten des Altars dargestellt. Bei aller Liebe zum Detail im gemalten Wohnraum (Verkündigungsszene, sie zeigt die Abb. 51) und in der Landschaft (Weihnacht) bleibt doch das jeweilige Ereignis mit den wenigen beteiligten Personen die Hauptsache. Während sich der Maler demnach auf den beiden Außenseiten mit der Darstellung je einer Szene begnügte, drängt sich auf dem geöffneten Altar eine Vielzahl von Figuren, um die Geschichte Christi von der Gefangennahme bis zur Himmelfahrt und Pfingsten zu erzählen. Die Landschaft mit Felsen, Bäumen und bemoosten Hügeln – recht altertümlich dargestellt – hat die Funktion der Szenenteilung.

An einer platzartigen Verbreiterung der Hauptstraße steht das kleine *Rathaus* von 1582. Farbige Fensterläden beleben die hell verputzte Fassade; die münsterländischen Dreistaffelgiebel sind mit kugelbesteckten Radmuschelaufsätzen geschmückt.

Selm (Kreis Unna)

Die spätgotische Dorfkirche wurde vor einiger Zeit als *Friedenskirche* geweiht. Auf das hohe Alter der Pfarre deutet noch der romanische Turm. Das schönste in diesem Gotteshaus sind zweifellos die freigelegten Gewölbemalereien aus der Zeit um 1530: Vielgestaltige Pflanzenmotive wechseln mit lehrhaften Sequenzen, die zuweilen einen deutlich satirischen Einschlag aufweisen und zum Teil in den Gewändern der damaligen Zeit vorgeführt werden.

Senden (Kreis Coesfeld)

Pfarrkirche St. Laurentius: 1873 erhielt der Ort anstelle eines spätgotischen Vorgängerbaus eine neugotische Basilika, in deren Ausstattung sich ein hohes, steinernes Sakramentshäuschen aus dem alten Gotteshaus befindet.

Die von Dümmer, Stever und anderen Wasserläufen durchflossene Parklandschaft bot besonders günstig die natürlichen Voraussetzungen zur Anlage von Wasserburgen. Von den vielen Rittersitzen überall im Lande konnten in der Umgebung Sendens drei Anlagen die zerstörerischen Fehden überstehen:

Haus Senden: Eine breite Gräfte und ein mit Bäumen bewachsener Ringwall umgeben die rechteckige Insel, auf deren Ostseite das einfache Herrenhaus aus der zweiten Hälfte des 15. Jahrhunderts steht. Der steile Dreiecksgiebel mit Seiten- und Firststaffeln ist nicht nur ein Beispiel unter vielen, sondern er wurde geradezu zur Leitform für die Gestaltung der münsterländischen Profanbauten in der Renaissance-Zeit. Von den anderen Gebäuden, die die Insel trägt, sind vor allem das breite Bauhaus im Westen und das mit einem reizvollen Uhrtürmchen gekrönte Gebäude an der Nordwestecke zu erwähnen.

Das ehemals bischöfliche Lehen fiel um 1350 an die Herren von Senden, ein halbes Jahrhundert später an die von Droste zu Kakesbeck. Heute ist das Schloß ein Domizil der Funnemann-Privatschulen. (Innenbesichtigung nur nach Vereinbarung, ✆ 0 25 97/3 80)

Haus Groß-Schonebeck (5 km nordwestlich von Senden): Die Burg der Herren von Schonebeck wurde 1270 zerstört. 1398 erwarb das Domkapitel zu Münster den Besitz und ließ die Burg, zu der ein Gerichtsbezirk gehörte, als Amtshaus neu errichten. Seit 1832 ist sie im Besitz des Herzogs von Croy.

Das heutige Wohnhaus mit Resten des domkapitularischen Herrenhauses ist unscheinbar. Interessant dagegen ist das zur Vorburg gehörige quadratische ehemalige Gerichtshaus mit Treppenturm. Herrensitze, zu denen ein Gerichtsbezirk gehörte, besaßen zuweilen solch ein eigenes Gerichtshaus. Die Gerichtsstube lag dann, wie hier, im Obergeschoß, während das Untergeschoß als Gefängnis diente.

Haus Klein-Schonebeck (4,5 km nordwestlich von Senden): Im Gegensatz zu Haus Groß-Schonebeck blieb Klein-Schonebeck bis zur Mitte des 16. Jahrhunderts im Besitz der gleichnamigen Herren. Ursprünglich war das Haus eine Zwei-Inselanlage, doch sind die Gräften heute zum Teil zugeschüttet.

Ziegelmauern mit Werksteingliederung und ein achteckiger Treppenturm sind in Westfalen nicht außergewöhnlich. Die altertümlichen Stufengiebel mit den übereck gestellten Fialen sind dagegen etwas Besonderes, obwohl man sie auch andernorts ab und an findet. Sie zeigen hier jedoch, daß sich die gotische Formensprache bis ins 16. Jahrhundert hinein gehalten hat.

Östlich von Senden liegt das Naturschutzgebiet Venner Moor, (Farbt. 35, Abb. 78), ein etwa 600 Jahre altes Hochmoor. Heute wird nur noch an den Rändern dieser Landschaft Torf gestochen, im übrigen bieten Heideflächen und Birkenbruchwälder seltenen Pflanzen und Tieren wie Königsfarn, Moos- und Krähenbeeren, Bergeidechsen, Blindschleichen und Kreuzottern eine Heimat.

Sendenhorst (Kreis Warendorf)

Die Gründung des Kirchspiels wird für das 12. Jahrhundert angenommen, wenn es auch erstmals 1230 als Pfarre erwähnt wird. Eine Urkunde von 1315 nennt Sendenhorst ›oppidum‹, und bald darauf wurde die junge Stadt mit Wall und Graben umzogen und durch Tore befestigt. Pest, Kriege und Feuersbrünste machten ihr immer wieder zu schaffen; noch 1806 sank mehr als die halbe Stadt in Schutt und Asche. Sendenhorst hat deshalb ein verhältnismäßig junges Gesicht. Wall und Graben wurden bereits 1778 zu Promenaden umgewandelt, die Tore 1840/41 abgerissen.

Das weithin sichtbare Wahrzeichen der Stadt ist die dreitürmige *Pfarrkirche St. Martin*, eine von Vinzenz Statz 1855–1865 in neugotischen Formen erbaute Hallenkirche.

Nach dem letzten Stadtbrand 1806 wurde auch ein neues *Pfarrhaus* am Kirchplatz errichtet. Der breite Bau mit dem schweren Mansarddach gilt als das schönste Haus in Sendenhorst.

Das 1889 eingeweihte *St.-Josefs-Stift* verdankt seine Entstehung einem Mann, der als Buchhändler in Rom reich geworden war: Joseph Spithöver. Er schenkte seiner Geburtsstadt Sendenhorst 680000 Goldmark für den Bau und Unterhalt des Stiftes und kam auch zur Einweihung von Rom hierher. 1944/45 suchte der damalige Bischof von Münster, Clemens August Graf von Galen, Zuflucht in dem Stift, um von hier aus die Geschicke der Diözese zu lenken.

Südkirchen (Kreis Coesfeld)

Pfarrkirche St. Pankratius: An den im Kern romanischen Westturm lehnt sich ein schlichter Gewölbesaal an, der, zwischen 1691–1694 gebaut, die Nachwirkungen der Gotik wiederum nicht verleugnet. Der Erweiterungsbau von 1965 besitzt einen spätromanischen Taufstein und eine Anna Selbdritt (um 1540), die Johann Brabender zugeschrieben wird.

Südlohn (Kreis Borken)

Aus drei verschiedenen Bauepochen stammt die jetzige *Pfarrkirche St. Vitus:* 1507 begann man mit der Errichtung der spätgotischen Halle und fügte sie dem älteren Chor an. Eine Erweiterung nach Westen nahm man erst 1936 vor, wobei der romanische Turm durch einen Neubau ersetzt wurde. Bemerkenswert sind die 1961 freigelegten Gewölbemalereien (im Chor aus der zweiten Hälfte des 15. Jahrhunderts, im Langhaus um 1520): Rankenwerk schlingt sich um Einzelfiguren und Szenen der biblischen Geschichte. Da die Fresken der Vredener Stiftskirche im Krieg zerstört wurden, haben die von Südlohn besonderen Wert. Von der Ausstattung sind vor allem der gotische Taufstein und die prächtige Barockkanzel zu erwähnen.

Tungerloh (Kreis Borken)

Inmitten des Friedhofs der Bauerschaft steht eine gotische Backsteinkapelle. Sie besitzt ein spätgotisches steinernes Relief mit der Darstellung der Gregorsmesse.

Vellern (Kreis Warendorf)

Pfarrkirche St. Pankratius: Die ursprünglich zweischiffige Hallenkirche des 14. Jahrhunderts wurde 1933 um ein drittes Schiff

erweitert, der romanische Turm erhöht. Sehenswert ist der Taufstein (13. Jahrhundert)
und die zwei schönen Leuchterengel aus
dem 15. Jahrhundert. Zwei allerdings nicht
vollständig erhaltene Altartafeln aus der
Werkstatt des Liesborner Meisters sind neuerdings rechts und links der spätgotischen
Sakramentsnische angebracht.

Vinnenberg s. Milte

Vorhelm (Kreis Warendorf)

Haus Vorhelm: Das schlichte, verputzte
Herrenhaus aus dem 17. Jahrhundert,
mehrfach umgebaut, besitzt zwei Fach-
werkobergeschosse. Dagegen sind die Ne-
benflügel mit ihren charakteristischen Dreistaffelgiebeln massiv gebaut. Breite Gräften
umgeben die auf zwei Inseln erbaute malerische Anlage, zu der auch eine in Fachwerk
errichtete Wassermühle gehört. (Außenbesichtigung nach Voranmeldung, ✆ 02528/
8496)

Wadersloh (Kreis Warendorf)

Als Wilhelm Rincklage 1892–1894 den großen Hallenbau der *Pfarrkirche St. Margaretha* in neugotischen Formen errichtete,
übernahm er von dem alten romanischen
Gotteshaus das Tympanonrelief mit einer
Kreuzigungsdarstellung und verwendete es
im Aufbau des Altars im nördlichen Seitenschiff.

Walstedde (Kreis Coesfeld)

Die *Pfarrkirche St. Lambertus* ist ein (später
erweiterter) Saalbau von 1740. Sehenswert
ist der lebensgroße Kruzifixus (Mitte des
12. Jahrhunderts) über dem Hochaltar.

Welbergen (Kreis Steinfurt)

Das Dorf liegt an der Vechte, etwas abseits
der Bundesstraße 54, zwischen Burgsteinfurt und Ochtrup. Auf dem Friedhof steht
die alte *Dionysiuskirche,* eine schon im
12. Jahrhundert bezeugte, wahrscheinlich
aber ältere Filialgründung von Metelen. Der
romanische Saalbau mit Westturm erhielt
1511 einen großen spätgotischen Chor; dabei wurden auch die Schiffwände erhöht
und die ursprüngliche Flachdecke durch
eine hölzerne Längstonne ersetzt. Das Gotteshaus ist eine der ältesten erhaltenen Dorfkirchen des Münsterlandes.

Etwa 1,5 km südlich des Dorfes, auf der
anderen Seite der Bundesstraße, spiegelt
sich *Haus Welbergen* (Abb. 49) in den breiten, vom Gauxbach gespeisten Gräften. Seit
1505 war die Wasseranlage im Besitz der
Herrn von Oldenhues. Auf Christian von
Oldenhues, der um 1560 fürstlich münsterscher Hofmeister war, geht der Neubau des
heutigen Herrenhauses zurück. Der große
wuchtige Ziegelbau ist ein typisches Beispiel
für die zweistöckig über hohem Keller errichteten Herrenhäuser, deren Giebel zur
Schauwand gestaltet wurden. (Innenbesichtigung nur nach Vereinbarung, ✆ 0251/
40477)

Werne (Kreis Unna)

Fast auf ihrer gesamten Länge bildet die
Lippe die Nahtstelle zwischen dem bäuerlich geprägten Münsterland und dem Indu-
strierevier. So wird das Bild Wernes von
beiden beeinflußt.

Um einen schon 834 erwähnten bischöflichen Haupthof mit Kirche wuchs an dem
wichtigen Flußübergang sehr bald eine
Marktsiedlung. Die Grenzlage zwischen

dem Bistum Münster und der Grafschaft Mark zog die Stadt in die zwischen beiden geführten Auseinandersetzungen hinein, und die Kriege des 16. und 17. Jahrhunderts brachten holländische, spanische, kaiserliche und hessische Besatzung. In der Neuzeit brachte der Bergbau wieder wirtschaftlichen Aufschwung.

Pfarrkirche St. Christophorus: Die wohl schon vor der Zeit St. Liudgers gegründete Urpfarre wurde 1139 dem Kloster Cappenberg übertragen. Beachtenswert sind im Inneren des gotischen Gotteshauses der achteckige spätromanische Taufstein mit seinen zahlreichen figürlichen Reliefs und eine spätgotische Doppelmadonna.

Schöne *Fachwerkhäuser* umsäumen den Kirchplatz, von dem nur ein schmaler Durchgang zum benachbarten Markt führt, an dem das von 1512–1514 errichtete *Rathaus* (Farbabb. 32) mit seiner offenen Bogenhalle den bestimmenden Akzent setzt. Der ursprüngliche münsterländische Stufengiebel mit Eckfialen wurde 1561 durch einen wuchtigen Dreistaffelgiebel ersetzt. Für die Geschichte des westfälischen Profanbaus ist dieses Kleinstadtrathaus von größter Bedeutung, weil es in seiner Form den im Weltkrieg zerstörten Bogenhäusern von Münster entspricht. – Beachtung verdient auch das *Steinhaus,* der erste steinerne, schon im 14. Jahrhundert erwähnte Profanbau Wernes.

Das *Stadtmuseum Altes Amtshaus* (Kirchhof 13) besitzt seit seiner Neueröffnung 1980 neben einer geologischen und paläontologischen Abteilung eine sehr gut aufbereitete Sammlung zur Stadtgeschichte. Weiterhin geben wechselnde Ausstellungen und Ton-Bild-Schauen Einblick in die Geschichte und Kultur der Region.

1659 ließen sich die Kapuziner am Südrand der Stadt nieder. Ihre Kirche baute der Ordensbruder Ambrosius von Oelde, der 1705 hier verstarb.

Werth (Kreis Borken)

Zu den zahlreichen Adelssitzen im südlichen Westmünsterland gehörte auch die kleine Herrschaft Werth, die 1316 eine Burg besaß und 1426 städtische Rechte erhielt. 1709 kaufte das Stift Münster die Herrschaft. Das Schloß wurde 1886 abgebrochen und an seinen Platz von Hilger Hertel die katholische Pfarrkirche gestellt.

Älter ist das *Gotteshaus der evangelischen Gemeinde,* ein kleiner gotischer Bau, dessen Innenraum von einer spitzbogigen Holztonne gedeckt ist.

Die das Ortsbild bestimmende *Turmwindmühle* (Abb. 32) war in die Befestigungsanlagen einbezogen und konnte zu Verteidigungszwecken genutzt werden.

Altertümlich-reizvoll wirkt das kleine zweigeschossige *Rathaus* (Abb. 33), das gleichzeitig Torhaus ist.

Wessum (Kreis Borken)

Das hübsche Dörfchen wird überragt vom wuchtigen Turm der *Pfarrkirche St. Martin.* Die 1899 nach Osten vorgenommene Erweiterung hat das einheitliche Gesamtbild des Hallenbaus aus dem 14. Jahrhundert nicht beeinträchtigt.

Als *Kriegergedächtniskapelle* dient heute die spätgotische Halle an der Westseite des Kirchplatzes. Im Inneren finden wir eine steinerne Passionssäule (15. Jahrhundert), wie wir sie schon von Dülmen und anderen Orten her kennen.

Westbevern (Kreis Warendorf)

Etwas abseits der Ems, 5 km nördlich von Telgte, liegt das Dorf, dessen *Pfarrkirche St. Cornelius und Cyprian* – ein neugotischer Hallenbau vom Ende des 19. Jh.s – noch den romanischen Turm besitzt. Sehenswert ist vor allem der von Gerhard Gröninger 1631 geschaffene steinerne Altaraufsatz mit figurenreichem Kreuzigungsrelief.

Haus Langen (1,5 km südwestlich) liegt inmitten eines riesigen, fast kreisrunden, von Wällen und Wassergräben umschlossenen mittelalterlichen Burgplatzes. Ältestes erhaltenes Gebäude ist ein Backsteinhaus vom Anfang des 17. Jahrhunderts.

Westkirchen (Kreis Warendorf)

Etwa 1,5 km nördlich des Dorfes liegt *Haus Dieck,* eine seit dem 14. Jahrhundert bezeugte ehemalige Wasseranlage. Das bestehende schlichte Herrenhaus wird Johann Conrad Schlaun zugeschrieben.

Wettringen (Kreis Steinfurt)

Bereits 838 wird das Kirchspiel erwähnt. Die heutige *Pfarrkirche St. Petronilla* ist ein Neubau, den Emil von Manger 1861/62 in neugotischen Formen errichtete. Von der Ausstattung der alten Kirche stammt der spätromanische Taufstein.

Wüllen (Kreis Borken)

Das etwa 2 km südwestlich von Ahaus gelegene Dorf besitzt eine spätgotische *Hallenkirche,* die sich an einen in Baumberger Quadern errichteten wuchtigen romanischen Turm anlehnt. Dessen gotische Treppengiebel sind ebenso wie die zweischiffige Halle aus Backstein gemauert.

Wulfen (Kreis Recklinghausen)

Die *Pfarrkirche St. Matthäus* weist Bauteile verschiedener Epochen auf: Chor und Sakristei noch von 1744/45, der Turm aus der Mitte des 19. Jahrhunderts wurde nach dem Krieg wiederhergestellt, während das zerstörte Langhaus durch einen Neubau ersetzt wurde. Interessant ist der romanische Taufstein mit seinem prächtigen Palmetten- und Weinlaubfries, in den Tierfratzen und Gesichtsmasken eingearbeitet sind.

Im Ortsteil **Deuten** steht die *Rektoratskirche Herz Jesu,* 1940 nach Plänen Dominikus Böhms errichtet. Der untersetzte Turm hat die gleiche Breite wie das Kirchenschiff. Wie bei anderen Sakralbauten des Architekten entwarf er auch für dieses Gotteshaus die Glasfenster.

Zwillbrock (Kreis Borken)

Bocholter Minoriten gründeten hier 1651 eine Seelsorgestation zur Betreuung niederländischer Katholiken. Das von Fürstbischof Christoph Bernhard von Galen geförderte Kloster wurde 1811 aufgehoben.

Die heutige *Pfarrkirche St. Franziskus* von 1717/18 ist ein schlichter Ziegelbau, an dessen Äußerem nur der geschwungene Westgiebel und die Vorhalle auffallen. Um so mehr überrascht die barocke Innenausstattung (Farbabb. 27), wie sie in solch vollständiger Einheitlichkeit in keiner anderen Kirche des Münsterlandes mehr anzutreffen ist. Hier stimmt alles zueinander: die farbenfrohen Altäre, die reichverzierte Kanzel und die prächtige Orgel; Holz- und Zinnintarsien schmücken die Kommunionbank. Ungefaßt ist das Chorgestühl, farbig daran nur die Bandelwerkfüllungen; die Beichtstühle tragen Volutenaufsätze.

Praktische Reisehinweise

Ferien mit Kindern

Liebe Mädchen und Jungen! Besteht darauf, daß Euch die Eltern mitnehmen nach Münster und in die anderen Orte des Landes. Die Größeren unter Euch könnten eine Wochenend-fahrt selber so vorbereiten, daß Ihr das zu sehen bekommt, was Euch besonders interessiert. Wie wäre es zum Beispiel mit einer Wasserburgen-Fahrt? Viele dieser Anlagen verstecken sich abseits der großen Straßen, sie liegen – wie Burg Vischering – so verträumt, daß man sich in ein Märchenreich versetzt glaubt. Andere machen durch einen besonders eigenartig gestalteten Gebäudeteil auf sich aufmerksam. So erinnert zum Beispiel der mächtige geschachtelte Turmhelm von Schloß Raesfeld an ein riesiges Fernrohr. Die Geschehnisse vieler Jahrhunderte haben ihre Mauern geprägt, und wenn Ihr aufmerksam hinschaut, berichten sie Euch manche spannende Episode.

Mit der Zeit werdet Ihr Erfahrung sammeln und die verschiedenen Baustile unterscheiden können. Glaubt nicht, es sei langweilig, sich damit etwas näher zu beschäftigen. Denkt doch nur daran, daß Menschen diese Bauwerke geschaffen haben; die Mauern sind also mehr als nur toter Stein; es steckt mehr in ihnen als nur der Zweck, dem sie dienen sollten. Die verschiedenen Bauformen bedeuten auch mehr als nur eine Laune der betreffenden Architekten. Jedem Baustil liegt eine bestimmte Idee zugrunde, und es kann richtig spannend sein, nicht nur diese Idee zu erkennen, sondern auch zu sehen, auf welch vielfältige Weise die Baumeister in ihrer Zeit diese Idee verwirklicht, welchen Ausdruck sie ihr gegeben haben. Das gilt für Burgen, Schlösser und andere Wohnbauten ebenso wie für Kirchen und Rathäuser.

Auch vor einem Museumsbesuch solltet Ihr nicht zurückschrecken. Einige sind in Wasserburgen beheimatet und strahlen allein schon dadurch eine besondere Atmosphäre aus. Haus Rüschhaus zum Beispiel birgt das Annette-von-Droste-Hülshoff-Museum. Und wenn Ihr daran denkt, daß die Dichterin hier lange gewohnt, geschrieben und den Dorfkindern spannende Geschichten erzählt hat, hilft vielleicht das Museum, jene Zeit um 1830 wieder lebendig werden zu lassen. So hat auch jedes der vielen Heimatmuseen im Münsterland seine ›persönliche‹ Note; das von Reken (zwischen Dülmen und Borken) zum Beispiel ist in einer alten Windmühle untergebracht.

Ob ein Museumsbesuch zu einem wirklichen Erlebnis wird, hängt in der Regel nicht von den Ausstellungsstücken ab, die dort zu sehen sind, sondern von Euch selbst. Entdeckerfreude und Phantasie gehören dazu, damit – auch an einem Regentag – mehr daraus wird als eine Verlegenheitslösung.

Kulturelle Veranstaltungen und Freizeitangebote

Einen besonders stimmungsvollen Rahmen bieten alte Kirchen, Burgen und Schlösser für **Konzertveranstaltungen.**
Ahaus: Kammermusikabende im Fürstensaal des Schlosses.
Anholt: Konzerte in der katholischen Pfarrkirche und im Wasserschloß.
Borken: Konzerte im Rathaussaal (ehemalige Heilig-Geist-Kirche).
Cappenberg: Vespermusik in der Stiftskirche (von April bis September, jeweils am 1. Sonntag im Monat um 17 Uhr).
Heessen: Konzerte im Schloß.
Lembeck: Kammerkonzerte im Wasserschloß.
Liesborn: Geistliche Musik in der Abteikirche.
Lüdinghausen: Schloßkonzerte in der Burg Vischering.
Münster: Konzerte im Dom, in den Altstadtkirchen, im ehemaligen fürstbischöflichen Schloß (Universität) und im Erbdrostenhof.
Nordkirchen: Schloßkonzerte (im Sommerhalbjahr).
Ochtrup: Kammerkonzerte in der Wasserburg Haus Welbergen.
Raesfeld: Kammermusikabende im Wasserschloß.
Rheine: Konzerte im Bürgersaal des Falkenhofs.
Warendorf: Konzerte in der Laurentiuskirche.

Zwillbrock: Orgelkonzerte in der Pfarrkirche.

Selbstverständlich besitzt das Münsterland neben Kirchen, Wasserburgen und Museen auch noch andere Einrichtungen, um einen Aufenthalt kurzweilig gestalten zu können. Hierzu ein paar Anregungen:

Angeln: Die zahlreichen Bäche, Flüsse und Teiche des Landes bieten den Freunden des Angelsports vielfältige Möglichkeiten, ihrem Hobby nachzugehen. In rund 30 Orten werden Angelscheine ausgegeben; die Anschriften und Auskunft darüber, wo man welche Fischarten antrifft, erfrage man beim Landesverkehrsverband Westfalen e. V.

Freizeitparks mit phantasievoll ausgestatteten Spielplätzen (zum Beispiel Kinder-Eisenbahn, Sommer-Rodelbahn, Pony-Reiten, Freiluftschach, Märchenwald) gibt es in Dülmen, Gronau, Haltern-Lavesum, Olfen, Reken, Rheine, Stadtlohn, Warendorf.

Golf: Anlagen mit je neun Löchern gibt es in Isselburg-Anholt, Münster, Nordkirchen und Steinfurt.

Segeln kann man auf den Seen von Bocholt, Ladbergen, Lüdinghausen, Münster, Selm, Wadersloh-Liesborn, Warendorf und Wettringen-Haddorf, doch werden Botte nur in Münster, Warendorf und Haddorf vermietet.

Wildgehege und Tierparks gibt es in: Ahlen, Anholt, Beckum, Billerbeck, Bocholt, Cappenberg, Coesfeld, Dülmen, Everswinkel, Gescher, Gronau, Haltern-Lavesum, Heiden, Lette, Metelen, Münster, Ochtrup, Oelde, Reken, Rhede, Rheine, Telgte, Vreden, Westkirchen.

Besonders interessant wird es sein, Betriebe zu besichtigen, in denen **heimisches Handwerk** noch gepflegt wird:
Ahaus-Wessum: Holzschuhmacherei
Altenberge: Holzschuhmacherei Gausling, Entrup 40, ✆ 025 05/479.
Anholt: Holzschuhmacherei, Messerschmiede.
Billerbeck: Blaudruckerei Rosemarie Jeszenowski-Müllers, Aulendorf 25.
Gescher: Glockengießerei Petit & Edelbrock (Besichtigungen montags bis donnerstags).
Metelen: Münsterländer Korn-Brennerei.
Nottuln: Blaudruckerei (Handdruck).
Ochtrup: Töpferei Eiling, Töpferstraße.
Ostbevern: Holzschuhmacherei Heinrich Drees, Dorfbauerschaft 65.
Recke: Holzbildhauerbetrieb Fink, Brennerskamp 14, ✆ 054 53/72 18.
Stadtlohn: Töpferei Wilhelm Erning, Hegebrockstraße 15, ✆ 023 63/480; Töpferei B. Erning-Söhne, Eschstraße 31, ✆ 025 63/562; Töpferei Arnold Brockhoff, Vredener Str. 13–19.
Telgte: Töpferei Paul-Adolf Schäfer, Grabenstraße 22, ✆ 025 04/17 57.
Holzschuhfabrik Kortbus & Herwing, Alverskirchener Straße 22, ✆ 025 04/18 56.
Wettringen: Holzschuhmacherei Werning.
Wolbeck: Holzschuhmacherei Antonius Pöppelmann, Angelmodder Weg 11, ✆ 025 06/76 71.

Wer sich selber aktiv betätigen möchte, hat die Möglichkeit, **Ferienkurse** zu belegen:
Bad Waldliesborn: Spinnen, Basteln, Gitarrenkurse im Haus der Kurgäste.
Borken, Segelfluggelände Hoxfeld: Segelfliegerkurse und Rundflüge.
Ennigerloh, Ballonsportgruppe Ennigerloh e. V., Im Drubbel 8, ✆ 025 24/21 25: Heißluftballon- und Gasballonfahrten nach Vereinbarung.
Ennigerloh, Bauernmalerei-Kurse: Dirk Jansen, Hauptstraße 13, ✆ 025 28/84 99.
Greven, Sportflugplatz: Segelfliegerkurse und Rundflüge.
Gronau, EUREGIO-Volkshochschule, ✆ 025 62/1 23 40: Mal- und Zeichenkurse.
Lüdinghausen, Borkenberge, ✆ 025 94/38 33: Segelfliegerkurse und Rundflüge.
Ochtrup, Töpferei Eiling, Töpferstraße: Kurse nach Vereinbarung; Töpferei Ostkotte, Oster: Kurse nach Vereinbarung; Volksbildungswerk: Töpferkurse.
Rhede, Volkshochschule: Töpferkurse.
Rheine, Familienbildungsstätte, ✆ 059 71/60 56: Töpferkurse.
Rheine, Sportflugplatz Eschendorf, ✆ 059 71/701 13: Segelfliegerkurse und Rundflüge.
Stadtlohn, Töpferkurse (Anfrage beim Verkehrsverein, ✆ 025 63/871 und 81 05)
Stadtlohn, Flugplatz Wenningfeld, ✆ 025 63/35 36: Segelfliegerkurse und Rundflüge.
Steinfurt-Borghorst, Luftsportgemeinschaft Borghorst: Segelfliegerkurse und Rundflüge.
Telgte, Töpferei P.-A. Schäfer, Grabenstraße 22, ✆ 025 04/17 57: Töpferkurse.
Telgte, Flugplatz Telgte-Münster, Berdel, ✆ 025 04/33 66: Segelfliegerkurse, Rundflüge, Heißluftballonsport.

Schon diese wenigen Hinweise, die keinen Anspruch auf Vollständigkeit erheben, lassen erkennen, daß das Münsterland gerade Familien vielfältige Möglichkeiten zur gemeinsamen Urlaubsgestaltung bietet, denn die Freizeiteinrichtungen und kulturellen Veranstaltungen sprechen Kinder und Jugendliche ebenso an wie die Erwachsenen. Wer Genaueres (Anschriften, Öffnungszeiten, Termine) erfahren möchte, wende sich an die örtlichen oder regionalen Verkehrsämter.

Die bedeutendsten Wasserburgen und -schlösser

Anschrift	Besuchsmöglichkeit
Schloß Ahaus Kreis Borken Im Piepershagen 17 4280 Borken Ø 0286/821	Außenbesichtigung ist jederzeit möglich. Für eine Innenbesichtigung ist vorherige Anmeldung (1 Woche vorher) erforderlich. Auskunft: Verkehrsverein Ahaus, Ø 02561/72288.
Wasserburg Anholt Fürstlich Salm-Salmsche Verwaltung Museum Wasserburg Anholt 4294 Isselburg-Anholt Ø 02874/2039 und 2310	Öffnungszeiten für Museum und Park: 1.4.–30.9.: 10–18 Uhr, 1.10.–31.3.: 13–17 Uhr, montags geschlossen. Im Schloß auch Hotel und Restaurant.
Schloß Burgsteinfurt Fürst zu Bentheimsche Domänen-Kammer Burgstraße 1 4330 Steinfurt Ø 02551/1231	Besichtigungen nur nach vorheriger Anmeldung im Verkehrsverein Steinfurt, Altes Rathaus, Ø 02551/1383.
Schloß Darfeld Gräflich Droste zu Vischeringsche Generalverwaltung 4421 Rosendahl Darfeld Ø 02545/653	Besichtigung ist **nicht** möglich. Auch das Betreten des Innenhofes wird nur in Ausnahmefällen nach vorheriger Terminvereinbarung gestattet. Bescheinigung ausstellen lassen und am Torhaus vorzeigen!

Anschrift	Besuchsmöglichkeit
Jugendburg Gemen Jugendbildungsstätte des Bistums Münster 4280 Borken-Gemen ∅ 02 86 1/50 68 und 50 69	Innenbesichtigung ist nur nach vorheriger Terminabsprache möglich.
Schloß Harkotten (Doppelschloßanlage) a) Forst- und Gutsverwaltung Freiherr von Korff-Harkotten Harkotten 2 b) Freiherr von Kettelersche Verwaltung Klosterstraße 13 4400 Münster ∅ 02 51/4 30 84	a) Die Außenanlagen können besichtigt werden. b) Besichtigung ist nur nach vorheriger Vereinbarung möglich.
Haus Hülshoff Verwaltung Droste zu Hülshoff Schonebeck 6 4401 Havixbeck 1 ∅ 02 5 34/10 52	Außenbesichtigung ist jederzeit möglich, Innenbesichtigung nur nach Vereinbarung. Im Burgkeller befindet sich ein Restaurant (montags geschlossen).
Schloß Lembeck Graf von Merveldtsche Rentei 4274 Lembeck ∅ 02 3 69/71 67	Außenbesichtigung ist jederzeit möglich. Innenbesichtigung: 15. 3.–15. 11. täglich 9–17 Uhr, im Schloß auch Hotel und Restaurant. Das Restaurant ist täglich (außer montags) ab 10 Uhr geöffnet.
Schloß Nordkirchen Direktor der Fachhochschule für Finanzen Nordrhein-Westfalen 4711 Nordkirchen ∅ 02 5 96/10 01	Innenbesichtigung des Schlosses ist sonntags von 14–16.30 Uhr und nach vorheriger Anmeldung möglich. Der Park – soweit er sich im Besitz des Landes NRW befindet – kann jederzeit aufgesucht werden.
Schloß Raesfeld Akademie des Handwerks 4281 Raesfeld ∅ 02 8 65/2 30	Außenbesichtigung ist jederzeit möglich. Im Schloßkeller befindet sich eine Gaststätte, zu der auch der Rittersaal gehört.

Wiedenbrück. Der Reckenberg. Zeichnung von Renier Roidkin, um 1730 ▷

Anschrift	Besuchsmöglichkeit

Schloß Rheda
Fürstlich zu Bentheim-
Tecklenburgische Kanzlei
Postfach 48
4840 Rheda-Wiedenbrück
℘ 052 42/4 42 43

Außenbesichtigung ist jederzeit möglich.
Die kunstgeschichtlich bedeutende Doppel-
geschoßkapelle kann nur nach Voranmeldung bei der Verwaltung besichtigt werden.

Haus Rüschhaus
Museumsleitung: C. Lucas
Schonebeck 28
4401 Münster-Nienberge
℘ 025 33/13 17

Besichtigungszeiten:
täglich außer montags 9–12 Uhr und
14.30–17 Uhr; vom 22. 12.–10. 1. geschlossen.

Haus Stapel
Besitzerin: Ermengard Freifrau Raitz
von Frentz
Gennerich 19
4401 Havixbeck
℘ 025 07/12 10

Außenbesichtigung ist jederzeit, doch möglichst nach Voranmeldung, möglich.

Schloß Varlar
Fürst zu Salm-Horstmar
4421 Osterwick-Höven

Außenbesichtigung ist möglich.

Schloß Velen
Schloßverwaltung
Postfach 29
4282 Velen

Außenbesichtigung ist jederzeit möglich.
Das im Orangeriekeller eingerichtete Restaurant ist dienstags bis freitags ab 16 Uhr
und samstags und sonntags ab 10 Uhr geöffnet; montags ist Ruhetag.

Burg Vischering
Gräflich Droste zu Vischeringsche
Generalverwaltung
4732 Haus Vorhelm über Ahlen
℘ 025 28/1 96
Anfragen: Burg Vischering
4710 Lüdinghausen
℘ 025 91/36 21

Münsterlandmuseum. Konzerte und wechselnde Ausstellungen im Rittersaal. Öffnungszeiten:
1. 3.–31. 10. täglich außer dienstags
8.30–12.30 Uhr und 14–17.30; 1. 11.–28. 2.
täglich außer dienstags 10–12.30 Uhr und
14–15.30 Uhr.

Haus Welbergen
Bertha Jordaan-van-Heek-Stiftung
(Geschäftsführung)
Postfach 46
4400 Münster
✆ 0251/40477

Außenbesichtigung ist jederzeit möglich, Innenbesichtigung nur nach Absprache mit der Geschäftsleitung.

Schloß Westerwinkel
Graf von Merveldtsche Verwaltung
4715 Ascheberg-Herbern
✆ 02599/431

Außenbesichtigung ist jederzeit möglich, die Innenbesichtigung dienstags–freitags 14–17 Uhr und samstags und sonntags 14–18 Uhr.

Für Besuche von Gruppen (eventuell mit Führung) können in der Regel überall terminliche Sondervereinbarungen getroffen werden.

Für Fuß- und Radwanderer: ›Pättkesfahrten‹

Kaum eine andere deutsche Landschaft ist dem Radwanderer so wohlgesonnen wie das Münsterland. Nicht nur wegen der höchstens geringen Steigungen, die es hier und da zu überwinden gilt, die das ganze Land durchziehenden Wanderwege (›Pättkes‹) sind auch durchweg gut angelegt und werden in ordentlichem Zustand gehalten. Abseits der lebhaften Verkehrsstraßen erschließen sie dem Reisenden die nächste Umgebung der Städte, ziehen ihn hinaus in die reizvollen Park-, Heide- und Moorgebiete, die er so in aller Beschaulichkeit erleben kann, und führen ihn still zu den oft versteckt liegenden alten Gräftenhöfen, Wasserburgen und Schlössern.

Wer mit dem Auto unterwegs ist, kann die zahlreichen Wanderparkplätze als Ausgangspunkt benutzen. Die Pättkes sind Fußgängern und Radfahrern vorbehalten;

motorisierte Fahrzeuge haben hier nichts zu suchen. Daß sich Wanderer, auch wenn sie in Gruppen unterwegs sind, der Natur gegenüber verantwortlich zeigen, sollte selbstverständlich sein. (Den Freunden des Reitsports – das Münsterland ist ja seit jeher ein Pferdeland – stehen vor allem im Kreis Warendorf gezeichnete Reitwege zur Verfügung.)

Der inzwischen so beliebte Service ›Fahrrad am Bahnhof‹ wurde erstmals 1965 von der Bundesbahndirektion Münster eingerichtet. Darüber hinaus stellen auch zahlreiche private Unternehmen Räder zur Verfügung. Auskunft darüber, wo sie zu mieten sind, erteilen sowohl die Bahnhöfe der Deutschen Bundesbahn wie die örtlichen Fremdenverkehrsvereine. Für Münster seien die betreffenden Stellen hier noch einmal zusammengefaßt:

Hauptbahnhof-Gepäckabfertigung,
℡ 0251/691–320;
Parkhaus Stubengasse, ℡ 0251/56161;
Mühlenhof-Freilichtmuseum, Sentruper
Straße 223, ℡ 0251/82074;
Bhf. MS-Amelsbüren, ℡ 02501/5006;
Bhf. MS-Handorf, ℡ 0251/32156;
Bhf. MS-Hiltrup, ℡ 02501/3502.
Telefonische Vorbestellung ist in jedem Fall
zu empfehlen.

Da es den Rahmen dieses Buches spren-
gen würde, solche Fuß- und Radwanderun-
gen kurz aufzulisten (womit wenig gewonnen wäre) oder gar im einzelnen zu beschreiben, sei auf den im Aschendorff-Verlag
erschienenen ›Pättkesführer‹ von Theo Brei-
der hingewiesen. 70 ausgesuchte Touren
führen auf stillen Wegen durchs Münsterland. Dem Büchlein ist eine Karte beigefügt.

Auf dem Rücken der Pferde …

Pferdezucht und Reiten haben im Münster-
land Tradition. Im Laufe des Jahres findet in
diesem Zusammenhang eine ganze Reihe
von Veranstaltungen statt, von denen hier
die bedeutendsten genannt seien:
Januar (4 Tage, Donnerstag–Sonntag):
Reit- und Springturnier in Münster: Sportli-
che Reiterwettkämpfe, Eröffnung der deutschen Reitturniersaison. (Veranstalter:
Westfälischer Reiterverein.)
Mai (letztes Wochenende, 1 Tag, Samstag):
Wildpferdefang im Merfelder Bruch bei
Dülmen: Einlaufen der Wildpferdeherde,
Abfangen der einjährigen Hengste aus der
Herde, reiterliche Vorführungen. (Veran-
stalter: Herzog von Croy'sche Verwal-
tung.)
August (1. Sonntag): Traditionelles Pferde-
rennen in Drensteinfurt: Galopp- und Trab-
rennen auf der Rennbahn Erlfeld.
August (letztes Wochenende): Düstermüh-
lenmarkt in Legden: Ältester Pferdemarkt
Westfalens.

September (4 Tage, Samstag–Dienstag):
Mariä-Geburts-Markt in Telgte: Größter
Pferdemarkt Westfalens, Reitturnier, Um-
zug, Landmaschinenausstellung. (Veran-
stalter: Stadt Telgte.)
September/Oktober (2 Tage, letzter Sonn-
tag im September und erster Sonntag im
Oktober): Hengstparade in Warendorf:
Vorstellung der Hengste, reiterliche Dar-
bietungen, Dressurreiten, Gespannfahrten.
(Veranstalter: Nordrhein-Westfälisches
Landgestüt Warendorf.)

Wenn es ums Pferd geht, braucht man jedoch nicht nur passiv zuzuschauen. In mehr
als 50 Orten des Münsterlandes gibt es
Reithallen und Übungsplätze, Einstellbo-
xen und die Möglichkeit, Pferde zu mieten;
Kutsch- und Planwagenfahrten werden angeboten. Wer solche Angebote wahrneh-
men möchte, wende sich an die örtlichen
Fremdenverkehrsvereine, die nähere Auskunft erteilen.

Kleiner Volksfest-Kalender

Eine umfassende Aufzählung kann hier nicht geboten werden. Wer sich zum Beispiel für die vielen Schützenfeste interessiert, wendet sich am zweckmäßigsten an die örtlichen Verkehrsämter um Auskunft. Die nachfolgende Aufstellung beschränkt sich auf die Veranstaltungen, die besonders landschaftsgebunden sind und volkskundlichen Charakter besitzen.

Januar (4 Tage, Donnerstag–Sonntag): Reit- und Springturnier in Münster.

Februar: Rosenmontagszüge, Kinderkarneval in mehreren Orten, meist unter Beteiligung auch niederländischer Gruppen.

Ostern: Osterfest in Oelde-Stromberg: Musikdarbietungen, Tanz, Abbrennen großer Holzhaufen in der ›Stromberger-Schweiz‹.

Ostersonntag: Osterfeuer und -prozession in Vreden.

Mai: Maitremse in Borken: Maisingen mit Musikkapellen und Chören, Bewirtung der Kinder in den einzelnen Nachbarschaften, Reigentänze der Kinder, Aufstellen des Maibaums.

Mai (letztes Wochenende): Wildpferdefang im Merfelder Bruch bei Dülmen.

Pfingsten: Pfingstwoche in Coesfeld: Große Kreuztracht, Kirmes.

Kranzspiele und Fackelzüge der Kinder in Oelde.

Juni: ›Guter Montag‹ der Bäcker in Münster: Umzug mit Fahnenschlag vor dem Bischof, Regierungspräsidenten und Oberbürgermeister. (Alle 3 Jahre, nächstes Fest 1985)

Juli (2. Montag): Große Pest- und Brandprozession in Münster.

August (1. Sonntag): Traditionelles Pferderennen in Drensteinfurt.

August (14./15. 8. oder am darauffolgenden Wochenende): Mariä-Himmelfahrt-Fest in Warendorf: Festschmuck der Innenstadt und abendliche Beleuchtung durch ›Bögen‹ und ›Bungen‹, Stadtprozession mit dem Gnadenbild.

August (letztes Wochenende): Düstermühlenmarkt in Legden.

September (1.–17. 9.): Lambertusspiele in Münster: Fackelzüge der Kinder in allen Stadtteilen, Tanz- und Reigenspiele.

September: Mariä-Geburts-Markt in Telgte.

September: Emsuferparty in Rheine: Großer Bootskorso mit illuminierten Booten, Feuerwerk.

September (letzter Dienstag): Traditioneller Mettwurstmarkt in Ennigerloh.

September/Oktober: Hengstparade in Warendorf.

November (am Wochenende, das dem 11. 11. am nächsten liegt): Martinimarkt in Nottuln: Umzug, Kirmes, Kram-, Wurst- und Trödelmarkt.

Dezember (5. 12): Empfang des St. Nikolaus auf dem Schloßhof von Ahaus durch Rat und Bürger.

Da die genauen Veranstaltungstermine von Jahr zu Jahr verschieden sein können, wende man sich rechtzeitig an die örtlichen Verkehrsämter um genauere Auskunft.

Wer von Herzen betet, soll auch herzhaft essen!

Im flachen Münsterland ist der Himmel den Menschen nah, und wer einmal einen Blick in die immer noch zahlreichen Räucherkammern der Bauern wirft, dem scheint er gar voller Schinken und Mettwürste zu hängen. Westfälischer Schinken, Steinhäger und Pumpernickel sind auch über die Landschaftsgrenzen hinaus bekannt, die beiden zuletzt genannten Genüsse vielleicht oft nur dem Namen nach, weshalb ein paar Erläuterungen zum Schluß dieses Kapitels angefügt werden sollen.

Die Westfalen lieben es deftig. Das Bodenständige, das ›Zuverlässige‹, das Bäuerlich-Derbe, das uns so oft in der Kunst des Landes begegnet, bestimmt auch die Münsterländer Hausmannskost. Allerdings wird es dem Reisenden immer schwerer gemacht, sie kennenzulernen. In den größeren Städten schießen – wie wohl überall heutzutage – ausländische Spezialitätenrestaurants wie Pilze aus dem Boden, und auch die Burg- und Schloßgaststätten bieten hauptsächlich internationale Küche. Westfälisch geblieben sind – wie gesagt – Schinken, Steinhäger und Pumpernickel, die überall angeboten werden. Doch ihretwegen brauchte man nicht ins Münsterland zu fahren. Aber keine Sorge, in Dorfkrügen, Bauernkneipen und Gartenwirtschaften, überall auf dem Lande, kann der Fremde erfahren, daß sich aus Schweinen, Rindern und Korn mehr machen läßt. Zum Beispiel das **Münsterländer Töttchen.** Es ist dem Ragout fin ähnlich, aber mit Pfefferkörnern, Zwiebeln, Essig und Zucker stärker gewürzt. Folgt man dem Originalrezept, dann gehören vom Kalb der Kopf, das Herz und die Lunge hinein, doch heute verwendet man meistens das Fleisch von Schulter oder Brust und die Zunge des Kalbes. Mit Worcestersauce oder Senf mag man dem ›Töttchen‹ noch den I-Punkt geben. Ein Brötchen oder frisches Bauernbrot, ein Altbier und ein Kornschnaps gehören dazu.

Dicke Bohnen mit Speck sind von alters her ein Leibgericht der Münsterländer, das sogar von heimischen Poeten gerühmt wurde. Zur Zeit des Dreißigjährigen Krieges sollen die Bohnenfelder das Landschaftsbild bestimmt haben. Ausgereift und getrocknet wurden die Bohnen (andernorts werden sie auch Sau- oder Puffbohnen genannt) früher das ganze Jahr hindurch gegessen; heute bekommt man sie frisch auf den Tisch. Kosten Sie, und vielleicht stimmen Sie in den Stoßseufzer ein: »O heilige Große-Bohnen-Zeit, o Bauch, werd' mir noch mal so weit!«

Eine ebenso deftige Mahlzeit ist das **Münstersche Pfefferpotthast,** bei dem magerer, in Würfeln geschnittener Rinderkamm mit Zwiebeln, Schmalz, geschrotetem Pfeffer und anderen Gewürzen bis zum Garen in Fleischbrühe gekocht und dann zu Salzkartoffeln serviert wird. Wichtig bei diesem dem Gulasch ähnlichen Gericht ist, daß die Sauce zwar gebunden, aber »nicht zu dicklich« sein darf, wie die Pfarrerstochter Henriette Davidis (1801–1876) in ihrem 1844 erstmals erschienenen Kochbuch schreibt. Sollte es dagegen an Sämigkeit fehlen, empfiehlt sie, etwas feingestoßenen Zwieback mit durchkochen zu lassen.

Vielleicht liegt aber dort, wo wir gerade essen wollen, einmal keine Speisekarte auf. Es lohnt sich wohl nicht, weil die Gegend zu einsam ist; zu selten kommt einmal ein Gast. Zu verhungern brauchen wir auch in diesen Dorfschänken nicht. Wir müssen uns halt mit dem zufrieden geben, was die Gastwirtsfamilie selber ißt. Da mag es als Vorspeise eine **Milchsuppe mit Zwiebeln** geben oder eine **Brotsuppe mit Bier,** die durch hinzugefügte Korinthen und darübergestreuten Zimt beinahe einen exotischen Geschmack gewinnt. Der Hauptgang besteht vielleicht aus selbstgemachtem **Panhas.** Hierzu wird aus Wurst- und Fleischresten, ausgelassenem Speck, Blut und viel Buchweizenmehl eine rotbraune Masse gekocht, die durch Zugabe verschiedener Gewürze die eigene Note erhält. In dicken Scheiben gebraten kommt der Panhas auf den Tisch. Zum Abschluß wird uns eine Schale süßer **Dickmilch mit Zwieback und Zimt** erfreuen, eine Wohltat besonders an heißen Tagen.

Wer sich aber auf das Abenteuer einer solchen Mahlzeit nicht einlassen möchte, kann sich auch ›nur ein **Schinkenbrot**‹ bestellen, und er braucht sich seiner Begeisterung darüber dann nicht zu schämen. Der Ruhm des westfälischen Schinkens ist uralt. Schon Kaiser Sigismund (1410–1437) soll sich lobend über ihn geäußert haben, und der Fürst von Thurn und Taxis bezog im 18. Jahrhundert als Generalpostmeister in Regensburg alljährlich zwei Dutzend davon. Wen wundert's schließlich, daß der bissige Heinrich Heine ironisch, doch nicht unfreundlich von Westfalen als dem »Vaterland der Schinken« sprach! Daß zu solch deftigen Mahlzeiten ein Schnaps gehört, leuchtet ein. Und damit

kommt endlich, wie versprochen, der **Steinhäger** auf den Tisch, jener Kornbranntwein, dem die Heilkräfte der Wacholderbeere mitgegeben sind. Das Besondere an ihm ist, daß zuerst die Wacholderbeeren vergoren und gebrannt werden, der entstandene ›Wacholderlutter‹ dann mit Korn- oder auch Kartoffelschnaps vermischt und alles noch einmal destilliert wird. Sein Name wurde zum Begriff, seit Friedrich Wilhelm von Brandenburg, genannt der Große Kurfürst, den Bewohnern von Steinhagen 1688 die Genehmigung erteilte, den bisher nur als Hausbrand für den eigenen Bedarf erlaubten Wacholderschnaps (so ändern sich die Zeiten!) nun auch in größeren Mengen herzustellen. Während der ›Steinhäger‹ international bekannt wurde, ist das Dorf am Fuße des Teutoburger Waldes außerhalb der westfälischen Grenzen wohl nur noch einigen Kunstfreunden ein Begriff, denn die kleine (evangelische) Kirche besitzt einen bemerkenswerten Flügelaltar (um 1450) aus dem Umkreis des Johann Koerbecke (s. auch S. 21).

Die dritte weltbekannte Spezialität Westfalens – neben Schinken und Steinhäger – ist der **Pumpernickel,** ein *Schwarzbrot* im wahrsten Sinne des Wortes, auf den ersten Blick einem Stück Torf zum Verwechseln ähnlich. Doch fester und schwerer liegt der Laib in der Hand, und aufgeschnitten gibt er sein weiches, etwas feuchtes Inneres preis.

Ob Grimmelshausen über die Herstellungsweise unterrichtet war, als er in seinem ›Simplizissimus‹ neben den westfälischen Schinken und Würsten auch das »schwarze Brot« pries? Die mit Rübenkraut gesüßte Roggenschrotmasse muß 20 Stunden gären. Erst dann kommt sie in den Ofen, wo der Backprozeß 24 Stunden dauert.

In früheren Zeiten mußten die Bäckerjungen den Teig mit bloßen Füßen im Trog kneten. Doch daß das Brot daher seine dunkle Farbe habe, ist ein boshaftes Gerücht, denn selbstverständlich wird auch der Pumpernickelteig heute maschinell zubereitet, und die Farbe ist trotzdem so schwarz wie eh und je.

Nützliche Anschriften

von Institutionen, die zu allen Fragen touristischer Art Auskunft erteilen:

Landesverkehrsverband Westfalen, Balkenstraße 4,
4600 Dortmund 1, ∅ 0231/571715;
Fremdenverkehrsverband e. V. ›Das grüne Band im Münsterland‹,
Altes Rathaus, 4430 Steinfurt, ∅ 02551/5090;
Verkehrsverein Münsterland e. V., Berliner Platz 22,
4400 Münster, ∅ 0251/4922740 und 40495

Adressen, Telefonnummern und Bestimmungen aller Art können sich aus den verschiedensten Gründen manchmal rasch ändern. Wir bitten dafür um Ihr Verständnis. Verlag und Autor sind daher für jeden ergänzenden Hinweis dankbar (DuMont Buchverlag, Mittelstraße 12–14, 5000 Köln 1).

Raum für Reisenotizen

Anschriften neuer Freunde, Foto- u. Filmvermerke, neuentdeckte gute Restaurants, etc.

Raum für Reisenotizen

Anschriften neuer Freunde, Foto- u. Filmvermerke, neuentdeckte gute Restaurants, etc.

Register

Orts- und Sachregister

Personenregister

A = Architekt
B = Bildhauer
M = Maler

Literaturhinweise

WERNER ALBSMEIER, Münster – Metropole Westfalens. 3., neubearbeitete und erweiterte Auflage, Münster 1977

JOSEF BERGENTHAL, Münster steckt voller Merkwürdigkeiten. 25. Auflage, Münster 1981

LIOBA BEYER, Die Baumberge. Landschaftsführer des Westfälischen Heimatbundes Nr. 8, Münster 1975

HANS JOACHIM BÖCKENHOLT, Rundwanderungen Münsterland. 2., überarbeitete Auflage, Stuttgart 1975

HARALD BUSCH, Westfalen, Land der roten Erde. Mit einer Einleitung von Josefa Berens-Totenohl und Erläuterungen von Helmut Domke. 2. Auflage, Frankfurt a. M. 1956

GEORG DEHIO, Westfalen (Handbuch der Deutschen Kunstdenkmäler). Bearbeitet von Dorothea Kluge und Wilfried Hansmann. Unveränderte Neuauflage, München–Berlin 1977

HELMUT DOMKE, Westfalen und Land an der Ruhr. 4. Auflage, München 1959

ANNETTE VON DROSTE-HÜLSHOFF, Sämtliche Werke. Herausgegeben, in zeitlicher Folge geordnet und mit Nachwort und Erläuterungen versehen von Clemens Heselhaus. 2. Auflage, München 1955

RICHARD VAN DÜLMEN, Reformation als Revolution. München 1977

GUSTAV ENGEL, Politische Geschichte Westfalens. 2., durchgesehene Auflage, Köln–Berlin 1968

WILFRIED HANSMANN, Kunstwanderungen in Westfalen. Stuttgart 1966

WILFRIED HANSMANN, Baukunst des Barock. Köln 1978

ANTON HENZE, Westfälische Kunstgeschichte. Recklinghausen 1957

KARL EMERICH KRÄMER, Burgenfahrt durchs Münsterland. 2. Auflage, Wuppertal 1977

KARL EMERICH KRÄMER, Von Burg zu Burg in Westfalen. 3. Auflage, Duisburg 1978

RAINER A. KREWERTH, Zu Gast im Münsterland. Münster 1970

RAINER A. KREWERTH/DIETER RENSING, Münsterland. Frankfurt a. M. 1980

WULF LIGGES/DIETER THOMA, Westfalen. 4. Auflage, Köln 1978

LUDWIG MAASJOST/C. F. HAGEMANN, Parken und Wandern im Münsterland. Iserlohn 1973

FRITZ MIELERT, Westfalen, Münsterland – Industriegebiet – Sauerland – Siegerland. Bielefeld–Leipzig 1923

FRANZ MÜHLEN, Münsterland. 2., verbesserte Auflage, München–Berlin 1972

KARL E. MUMMENHOFF, Wasserburgen in Westfalen. 4., veränderte Auflage, München–Berlin 1977

PAUL PIEPER, Meisterwerke der gotischen Malerei Westfalens. Honnef o. J.

JOSEPH PRINZ, Mimigernaford – Münster, Münster 1960

LEVIN SCHÜCKING/FERDINAND FREILIGRATH, Das malerische und romantische Westfalen. Neu bearbeitet von Ludwig Brungert. 3. Auflage, Paderborn 1890

GISELA SCHWARZE, Westfalen. Landschaft – Geschichte – Wirtschaft – Kunst. Nürnberg 1968

WALTER VOLLMER, Westfälische Städtebilder. Gütersloh 1963

HEINRICH WIEBRINGHAUS, Westfälische Wasserburgen. Recklinghausen 1958

Bildnachweis

Farbaufnahmen

Michael Jeiter, Aachen   12, 15, 28
Wulf Ligges, Flaurling   1, 2, 21, 34
Werner Otto, Oberhausen   3, 11, 13, 24, 27, 31, 32, Umschlagrückseite
Hans Reker, Dortmund   17, 23
Dieter Rensing, Münster   5, 6, 9, 10, 14, 18–20, 22, 25, 26, 29, 30, 33, 35, Umschlagvorderseite, vordere Umschlagklappe
Westfälisches Landesmuseum für Kunst und Kulturgeschichte, Münster   4, 7, 8

Schwarzweißaufnahmen

Hans Jürgen Bomke, Münster   7
Gerhard Kerff, Hamburg   2, 5, 6, 12–15
Lothar Klimek   22, 27, 36, 37, 40–43, 50, 52, 55, 58–60, 64, 68–71, 74, 77, 83, 88, 90
Wulf Ligges, Flaurling   1, 3, 8, 9, 10, 11, 17, 21, 34, 35, 38, 51, 61–67, 72, 78, 93–95
Werner Otto, Oberhausen   4, 20, 23–26, 28–33, 44–49, 53–56, 57, 85, 86, 89
Dieter Rensing, Münster   18, 19, 87, 91, 92
Westfälisches Amt für Denkmalspflege, Münster   75, 77, 79–82, 84
Westfälisches Landesmuseum für Kunst und Kulturgeschichte, Münster   16, hintere Umschlagklappe

Textabbildungen

Abb. Frontispiz, S. 30, 50, 52, 58/59, 61, 64/65, 67, 69, 71, 74, 80/81, 94, 114, 131, 175, 177, 203, 215, 235, 236, 266   Westfälisches Landesmuseum für Kunst und Kulturgeschichte, Münster
Abb. S. 15, 31, 73, 76, 89, 191, 204, 211, 212, 268/269   Westfälisches Amt für Denkmalpflege, Münster
Abb. S. 10, entnommen aus: Hermann Fley, Annales Circuli Westphalici, Köln 1640
Abb. S. 26/27, 125, 135, 136, 143,183, 196, 198, 202, entnommen aus: Matthaeus Merian, Topographia Westphaliae
Abb. S. 55, entnommen aus: Münster – Westliches Münsterland – Tecklenburg, Teil II: Exkursionen (= Führer zu vor- und frühgeschichtlichen Denkmälern Bd. 46) Mainz 1981, mit freundlicher Genehmigung des Philipp von Zabern Verlages
Abb. S. 91 Lothar Klimek, Worpswede
Abb. S. 93, 122, 139, 170, 172, 182, 187, 189, 200, 205, 206, entnommen aus den Bänden: Die Bau- und Kunstdenkmäler von Westfalen, 1880 ff.

Abb. S. 95, entnommen aus: Levin Schücking und Ferdinand Freiligrath, Das malerische und romantische Westfalen, 3. bearb. Aufl., Paderborn 1890

Abb. S. 120/121, 204 Staatsarchiv Münster

Abb. S. 127, entnommen aus: Jodokus Herman Nünning, Westphalico – Mimigardico – Gentile, Coesfeld 1713

Abb. S. 131, 133 Stadtarchiv Bocholt

Abb. S. 141, mit freundlicher Genehmigung des Besitzers

Abb. S. 142, Bildarchiv Preußischer Kulturbesitz

Abb. S. 185, 186, entnommen aus: Die Vredener Kirchen, Vreden 1979

Abb. S. 191, 193, entnommen aus: Daniel Meisner, Politisches Schatzkästlein. II. Buch, 4. Teil, Frankfurt 1630

Die übrigen Vorlagen stammen aus dem Archiv des Autors

Von Bernd Fischer erschienen in unserem Verlag:

Wasserburgen im Münsterland

206 Seiten mit 15 Farb- und 23 Schwarzweiß-Fotos, Literaturhinweisen, Verzeichnis der Wasseranlagen, Register, Übersichtskarte, kartoniert (DuMont Taschenbücher, Band 99)

»Der Autor beschreibt die Architektur der Wasserburganlagen, ihre historische Funktion als Festung und ihre baulichen Veränderungen vom Mittelalter über Renaissance, Barock und Klassizismus bis heute. Dabei führt er den Leser nicht nur zu den großen hervorragenden Schlössern, sondern auch zu den kleineren, vielfach bescheiden ›Haus‹ genannten Gräftenhöfen. Ausführliche Bilderläuterungen, ein alphabetisches Verzeichnis der Wasseranlagen mit Übersichtskarte, Hinweise auf Besichtigungsmöglichkeiten und Öffnungszeiten machen dieses Buch zu einem handlichen, anschaulichen und informativen Wegbegleiter auf einer Wasserburgreise durch das Münsterland.«
Neue Osnabrücker Zeitung

Das Bergische Land

Kultur, Geschichte, Landschaft zwischen Ruhr und Sieg
Mit einem Beitrag von Hermann Josef Roth: ›Das Bergische Land für Naturfreunde‹. 320 Seiten mit 67 farbigen und 154 einfarbigen Abbildungen, 70 Zeichnungen und Plänen, Literaturauswahl, Register, 16 Seiten praktischen Reisehinweisen (DuMont Kunst-Reiseführer)

»Auf der Reise durch das Land, auf der Bernd Fischer den Leser sachkundig begleitet, entdeckt man bedeutende Kunstwerke wie den Altenberger Dom, Industriedenkmäler wie die Wuppertaler Schwebebahn und die erste deutsche Talsperre bei Remscheid, Burgen und Schlösser, eindrucksvolle Landschaften und gigantische Industrieanlagen wie in Leverkusen. Was aber den Charme des Landes ausmacht – trotz aller Lebendigkeit – seine Verborgenheit, die heimelige Stille.« *Frankfurter Allgemeine Zeitung*

Tirol

Nordtirol und Osttirol
Kunstlandschaft und Urlaubsland an Inn und Isel
340 Seiten mit 60 farbigen und 106 einfarbigen Abbildungen, 62 Plänen und Zeichnungen, 11 Seiten praktischen Reisehinweisen, Literaturangaben, Register (DuMont Kunst-Reiseführer)

Hanse-Städte

Geschichte und Kultur
213 Seiten mit 15 farbigen und 98 einfarbigen Abbildungen und Zeichnungen, 2 Karten, Zeittafel, Literaturhinweisen, Verzeichnis der Hanse-Städte (DuMont Taschenbücher, Band 109)

DuMont Kunst-Reiseführer

Ägypten und Sinai – Geschichte, Kunst und Kultur im Niltal
Vom Reich der Pharaonen bis zur Gegenwart. Von Hans Strelocke

Algerien – Kunst, Kultur und Landschaft
Von den Stätten der Römer zu den Tuareg der zentralen Sahara. Von Hans Strelocke

Belgien – Spiegelbild Europas
Eine Einladung nach Brüssel, Gent, Brügge, Antwerpen, Lüttich und zu anderen Kunststätten. Von Ernst Günther Grimme

Bulgarien
Kunstdenkmäler aus vier Jahrtausenden von den Thrakern bis zur Gegenwart. Von Gerhard Eckert

Volksrepublik China
Kunstreisen durch das Reich der Mitte. Von Frank Rainer Scheck (Hrsg.) (Herbst '86)

Dänemark
Land zwischen den Meeren. Kunst – Kultur – Geschichte. Von Reinhold Dey

Deutsche Demokratische Republik
Geschichte und Kunst von der Romanik bis zur Gegenwart. Brandenburg, Mecklenburg, Sachsen-Anhalt, Sachsen, Thüringen. Von Gerd Baier, Elmar Faber und Eckhard Hollmann

Bundesrepublik Deutschland

Das Allgäu
Städte, Klöster und Wallfahrtskirchen zwischen Bodensee und Lech. Von Lydia L. Dewiel

Das Bergische Land
Kultur, Geschichte, Landschaft zwischen Ruhr und Sieg. Von Bernd Fischer

Bodensee und Oberschwaben
Zwischen Donau und Alpen: Wege und Wunder im ›Himmelreich des Barock‹. Von Karlheinz Ebert

Bremen, Bremerhaven und das nördliche Niedersachsen
Kultur, Geschichte und Landschaft zwischen Unterweser und Elbe. Von Hans-Christoph Hoffmann

Die Eifel
Entdeckungsfahrten durch Landschaft, Geschichte, Kultur und Kunst – Von Aachen bis zur Mosel. Von Walter Pippke und Ida Pallhuber

Franken – Kunst, Geschichte und Landschaft
Entdeckungsfahrten in einem schönen Land – Würzburg, Rothenburg, Bamberg, Nürnberg und die Kunststätten der Umgebung. Von Werner Dettelbacher

Hessen
Vom Edersee zur Bergstraße. Die Vielfalt von Kunst und Landschaft zwischen Kassel und Darmstadt. Von Friedhelm Häring und Hans-Joachim Klein

Köln
Stadt am Rhein zwischen Tradition und Fortschritt. Von Willehad Paul Eckert (Herbst '86)

Kölns romanische Kirchen
Architektur, Ausstattung, Geschichte. Von Werner Schäfke

Die Mosel
Von der Mündung bei Koblenz bis zur Quelle in den Vogesen. Landschaft, Kultur, Geschichte. Von Heinz Held

München
Von der welfischen Gründung Heinrichs des Löwen bis zur Gegenwart: Kunst, Kultur, Geschichte. Von Klaus Gallas

Münster und das Münsterland
Geschichte und Kultur. Ein Reisebegleiter in das Herz Westfalens. Von Bernd Fischer

Zwischen Neckar und Donau
Kunst, Kultur und Landschaft von Heidelberg bis Heilbronn, im Hohenloher Land, Ries, Altmühltal und an der oberen Donau. Von Werner Dettelbacher

Der Niederrhein
Das Land und seine Städte, Burgen und Kirchen. Von Willehad Paul Eckert

Oberbayern
Kultur, Geschichte, Landschaft zwischen Donau und Alpen, Lech und Salzach. Von Gerhard Eckert

Oberpfalz, Bayerischer Wald, Niederbayern
Regensburg und das nordöstliche Bayern. Kunst, Kultur und Landschaft. Von Werner Dettelbacher

Ostfriesland mit Jever- und Wangerland
Über Moor, Geest und Marsch zum Wattenmeer und zu den Inseln Borkum, Juist, Norderney, Baltrum, Langeoog, Spiekeroog und Wangerooge. Von Rainer Krawitz

Die Pfalz
Die Weinstraße – Der Pfälzer Wald – Wasgau und Westrich. Wanderungen im ›Garten Deutschlands‹. Von Peter Mayer

Der Rhein von Mainz bis Köln
Eine Reise durch das Rheintal – Geschichte, Kunst und Landschaft. Von Werner Schäfke

Das Ruhrgebiet
Kultur und Geschichte im ›Revier‹ zwischen Ruhr und Lippe. Von Thomas Parent

Sauerland
mit Siegerland und Wittgensteiner-Land. Kultur und Landschaft im gebirgigen Süden Westfalens. Von Detlev Arens

Schleswig-Holstein
Zwischen Nordsee und Ostsee: Kultur – Geschichte – Landschaft. Von Johannes Hugo Koch

Der Schwarzwald und das Oberrheinland
Wege zur Kunst zwischen Karlsruhe und Waldshut: Ortenau, Breisgau, Kaiserstuhl und Markgräflerland. Von Karlheinz Ebert

Sylt, Amrum, Föhr, Helgoland, Pellworm, Nordstrand und Halligen
Natur und Kultur auf Helgoland und den Nordfriesischen Inseln. Entdeckungsreisen durch eine Landschaft zwischen Meer und Festlandküste. Von Albert am Zehnhoff (DuMont Landschaftsführer)

»Richtig reisen«